HEINZ-JÜRGEN KALB

Rechtsgrundlage und Reichweite der Betriebsrisikolehre

Schriften zum Sozial- und Arbeitsrecht

Band 33

Rechtsgrundlage und Reichweite der Betriebsrisikolehre

Von

Dr. Heinz-Jürgen Kalb

DUNCKER & HUMBLOT / BERLIN

Gedruckt 1977 bei Buchdruckerei Bruno Luck, Berlin 65
Printed in Germany
ISBN 3 428 04003 1

Dem Andenken
an meinen lieben Vater

Vorwort

Die Arbeit hat der Rechtswissenschaftlichen Fakultät der Universität Köln im Wintersemester 1976/77 als Dissertation vorgelegen. Das Manuskript wurde zwar im Oktober 1976 abgeschlossen, einschlägige Neuerscheinungen sind jedoch bis Juni 1977 zumindest in den Fußnoten berücksichtigt.

Herr Professor Dr. *Manfred Lieb* hat die Arbeit angeregt und bis zu ihrer Drucklegung umfassend gefördert, nicht zuletzt dadurch, daß er mir während meiner Assistententätigkeit bei ihm in großzügiger Weise Zeit für ihre Anfertigung ließ. Dafür sage ich ihm an dieser Stelle herzlichen Dank.

Herrn Ministerialrat a. D. Prof. Dr. *J. Broermann* danke ich für die Aufnahme der Arbeit in die Schriftenreihe des Verlages Duncker & Humblot.

Efferen/Köln, im Juni 1977

Heinz-Jürgen Kalb

Inhaltsverzeichnis

Zweiter Teil

Kritik der tragenden Begründungselemente

Dritter Teil

Die Rechtsgrundlage der Lohnfortzahlungsregel

Vierter Teil

Das bestandsgefährdende Betriebsrisiko

Fünfter Teil

Die Reichweite der Betriebsrisikolehre im Arbeitskampf

Sechster Teil

Zur Dispositivität der Lohnfortzahlungsregel

Die in dieser Arbeit verwendeten Abkürzungen entsprechen den Vorschlägen von *Kirchner*, Abkürzungsverzeichnis der Rechtssprache, 2. Aufl., Berlin 1968.

Einleitung

Das Betriebsrisikoproblem besitzt arbeitsrechtliche Tradition. Es geht um die Fälle, in denen der Arbeitnehmer zur Arbeit fähig und bereit ist, der Arbeitgeber ihn aber aus tatsächlichen oder zwingenden rechtlichen Gründen nicht beschäftigen kann, ohne daß hieran eine Vertragspartei ein Verschulden trifft[1]. Ob der Arbeitgeber gleichwohl abweichend von dem Schlagwort „ohne Arbeit kein Lohn" dem arbeitswilligen Arbeitnehmer gegenüber zur Lohnfortzahlung verpflichtet ist, beantwortet sich seit nunmehr einem halben Jahrhundert nicht mehr nach den angeblich lückenhaften Vorschriften des BGB, sondern nach der eigens dafür entwickelten sog. Betriebsrisikolehre[2].

Danach trägt grundsätzlich der Arbeitgeber das Betriebsrisiko, so daß er den Lohn fortzuzahlen hat[3]. Dieser Grundsatz soll nach der sog. Sphärentheorie dann keine Anwendung finden, wenn die Betriebsstörung auf ein Verhalten der Arbeitnehmer, insbesondere auf einen Streik zurückzuführen ist. Wegen der Solidarität der Arbeitnehmer untereinander entfalle hier der Lohnanspruch ohne Rücksicht auf die Organisationszugehörigkeit und darauf, ob der Streik in einem fremden Betrieb stattfinde. Eine zweite Ausnahme soll dann gelten, wenn das die Betriebsstörung herbeiführende Ereignis den Betrieb so schwer trifft, daß bei Lohnfortzahlung seine Existenz gefährdet würde.

Nach einer Phase trügerischen Akzeptierens dieser im Wege der richterlichen Rechtsfortbildung aufgestellten Regeln ist die Betriebsrisikolehre in letzter Zeit stark angegriffen worden[4]. Die Kritik rich-

---

1 Der Sache nach handelt es sich um eine klassische Problemstellung, mit der sich schon die römischen Juristen im Recht der locatio conductio operarum, also im Recht der „freien" Lohnarbeiter, befaßt haben. Sie entwickelten dabei eine Art Betriebsrisikolehre, wie etwa die folgende berühmte Gefahrtragungsregel belegt: „Qui operas suas locavit, totius temporis mercedem accipere debet, si per eum non stetit, quo minus operas praestet." Oder noch deutlicher: „Advocati quoque, si per eos non steterit, quo minus agant, honoraria reddere non debent." (Paulus D 19. 2. 38 pr.) Vgl. dazu RGZ 3, 179, 182 m. w. N.; ferner *Kaser*, Römisches Privatrecht (5. Aufl.), S. 170; *Mayer-Maly*, RdA 1967, S. 281, 285; mit Bezug auf die heutige Rechtslage *Söllner*, AcP 167 (1967), S. 132, 143; *Erman / Küchenhoff*, § 615 Rdnr. 10.

2 Zum Entstehungsprozeß der Betriebsrisikolehre sogleich im 1. Teil unter A.

3 Vgl. nur BAG AP Nr. 2, 3 zu § 615 BGB Betriebsrisiko; dazu im einzelnen unten 1. Teil, B. I. II.

4 Vgl. *Mayer-Maly / Nipperdey*, Risikoverteilung in mittelbar von recht-

tet sich nicht gegen den jedenfalls im Ergebnis unstreitigen Lohnfortzahlungsgrundsatz, sondern gegen die erwähnten Ausnahmen und hier vor allem gegen die derzeitige Lohnrisikoverteilung im Arbeitskampf.

Daß die geltende Fassung der Betriebsrisikolehre insoweit eine überzeugende Lösung bietet, muß in der Tat ernstlich bezweifelt werden. Wie gerade die neuere Diskussion zeigt, gehört die Frage nach der gerechten Verteilung des arbeitskampfbedingten Lohnrisikos „zu den rechtspolitisch und rechtsdogmatisch umstrittensten und ungeklärtesten Problemen des deutschen Arbeitsrechts überhaupt“[5]. Ein besonders schwerwiegender Vorwurf gegen die herrschende Lehre besagt etwa, die Sphärentheorie und der ihr zugrunde liegende Gedanke der Solidarität aller Arbeitnehmer beruhe auf dem Kommunistischen Manifest und habe keine rechtliche Grundlage[6]. Einem anderen Einwand zufolge wirft die Unterscheidung von Streiks und Aussperrungen als Ursache von Betriebsstörungen verwickelte Kausalitätsprobleme und heillose Beweisfragen auf[7]. Ferner sei die hergebrachte Unterscheidung zwischen Wirtschafts- und Betriebsrisiko nicht gerechtfertigt, weil es vom Zufall abhänge, ob ein Unternehmen als Zulieferer oder Abnehmer der Kampfbetriebe zur Arbeitseinstellung gezwungen werde[8]. Schon diese kleine Auswahl aus der Argumentationspalette der Kritiker läßt die Fragwürdigkeit der überkommenen Regelung deutlich zutage treten[9].

Die im Spannungsfeld von Individual- und Kollektivarbeitsrecht angesiedelte Problematik gewinnt zusätzlich an Komplexität durch den Grundsatz der staatlichen Neutralität im Arbeitskampf, wie er in dem neugefaßten § 116 AFG und der dazu ergangenen sog. Neutralitäts-Anordnung der Bundesanstalt für Arbeit seinen Niederschlag gefunden hat. Ganz gleich, wie man diesen Zusammenhang im einzelnen sehen mag[10], gilt es Wertungswidersprüche zwischen Risikoverteilung und Neutralitätsregelung auf jeden Fall zu vermeiden. So darf der Arbeitgeber sicherlich nicht in den Fällen zur Lohnfortzahlung ver-

---

mäßigen Arbeitskämpfen betroffenen Betrieben, 1965; *Biedenkopf*, Die Betriebsrisikolehre als Beispiel richterlicher Rechtsfortbildung, 1970; *Krasnitzky*, Die Lehre vom Betriebsrisiko, Diss. 1971; *Danz*, Die Verteilung des Lohnrisikos in kampfbetroffenen Drittbetrieben, Diss. 1972; *Ehmann*, DB 1973, S. 1946 ff., 1994; *Weiss*, AuR 1974, S. 37 ff.

[5] *Säcker*, Gruppenparität und Staatsneutralität als verfassungsrechtliche Grundprinzipien des Arbeitskampfrechts (1974), S. 71.

[6] Vgl. *Biedenkopf*, Betriebsrisikolehre, S. 18.

[7] Vgl. *Mayer-Maly / Nipperdey*, S. 17 ff.

[8] Vgl. *Brox / Rüthers*, Arbeitskampfrecht (1965), S. 268.

[9] Vgl. zu den einzelnen Alternativkonzepten unten, 1. Teil, C.

[10] Dazu unten 5. Teil, C. III.

pflichtet sein, in denen sogar die Arbeitslosen- bzw. Kurzarbeitergeldansprüche nach Maßgabe der Neutralitäts-Anordnung ruhen würden. Eine solche Situation könnte aber bei aussperrungsbedingten Arbeitsunterbrechungen, die nach der Sphärentheorie in die Risikosphäre des Arbeitgebers fallen, durchaus entstehen[11]. Insoweit ist die Korrekturbedürftigkeit der herrschenden Lehre evident.

Besondere Rechtsunsicherheit ist eingetreten, seitdem das Arbeitsgericht Kassel in einem aufsehenerregenden Urteil vom 17. 4. 1972[12] die Anwendung der Sphärentheorie nach eingehender Kritik abgelehnt hat und eigene Wege gegangen ist. Nach der rechtskräftigen Entscheidung sollen die Arbeitnehmer das Lohnrisiko nur dann tragen, „wenn der Streik von einer für ihren Betrieb zuständigen Gewerkschaft auch in ihrem Interesse geführt wird".

Einen neuen Lösungsansatz scheint nun auch das BAG zu suchen, wenn es in seinem neuesten einschlägigen Urteil[13] ausdrücklich dahinstehen läßt, ob die Lohnverweigerung gegenüber Arbeitnehmern in kampfbetroffenen Drittbetrieben mit der über ihren Betrieb hinausreichenden Solidarität aller Arbeitnehmer begründet werden kann. Noch bemerkenswerter ist die Tatsache, daß entgegen hergebrachten Grundsätzen dem bekl. Arbeitgeber das *streikbedingte* Betriebsrisiko auferlegt wird. In der Begründung dazu findet sich der ziemlich vage Hinweis, das Lohnrisiko dürfe nur in solchen Fällen den Arbeitnehmer treffen, in denen der vom Arbeitskampf mittelbar betroffene Betrieb seines Arbeitgebers sich in einer der Lage im Kampfbetrieb vergleichbaren Situation befinde und der Arbeitgeber daher mit einem entsprechenden Risiko belastet sei[14]. Mit der darin zum Ausdruck kommenden restriktiven Tendenz setzt sich der 5. Senat in deutlichen Widerspruch zu der bisher vom 1. Senat geprägten Rechtsprechung des BAG, wonach das streikbedingte Betriebsrisiko den Arbeitnehmern ohne jeden Vorbehalt zugewiesen wird[15]. Trotz aller Besonderheiten des Falles, die sogar im Leitsatz des Urteils[16] herausgestellt werden, signalisiert das Gericht damit in ihrem Ausmaß freilich noch nicht abzu-

---

[11] Vgl. *Ehmann*, DB 1973, S. 1946, 1950.

[12] ArbG Kassel, DB 1972, S. 1121 ff.

[13] BAG DB 1976, S. 776 = BB 1976, S. 511 = NJW 1976, S. 990 = AP Nr. 30 zu § 615 BGB Betriebsrisiko *(Seiter)*; vgl. dazu neuerdings auch *Schmid*, JuS 1977, S. 92 ff.

[14] BAG, a.a.O., unter 3. der Gründe in Anlehnung an *Hueck / Nipperdey* II, 2, S. 946.

[15] Vgl. insb. BAG AP Nr. 2 und 3 zu § 615 BGB Betriebsrisiko.

[16] „Ein Unternehmen des Rohrleitungs- und Heizungsbaus trägt das Lohnrisiko, wenn es seinen angestellten Monteur deshalb nicht beschäftigen kann, weil der Betrieb bestreikt wird, in dem das Rohrleitungsunternehmen eine Rohrverlegungsarbeit ausführt."

sehende Veränderungen. Die — entgegen der Meinung des 5. Senats[17] — in Ergebnis und Begründung von der bisherigen Judikatur abweichende Entscheidung leitet möglicherweise einen allgemeinen Wandel in der höchstrichterlichen Rechtsprechung zum kampfbedingten Lohnrisiko ein.

Das Problem der Reichweite der Betriebsrisikolehre im Arbeitskampf erhält durch diese Entwicklung ungewöhnliche Aktualität, seine Untersuchung bildet einen Schwerpunkt der vorliegenden Arbeit[18].

Ferner soll die Beteiligung der Arbeitnehmer am existenzgefährdenden Betriebsrisiko überprüft werden. Angesichts des heute so hoch entwickelten Arbeitnehmerschutzes erscheint es fraglich, ob die traditionelle Einschränkung der Betriebsrisikolehre für diesen Fall aufrechterhalten werden kann[19].

In den Problemkreis der Untersuchung gehört schließlich die sehr bedeutsame, bisher stark vernachlässigte Frage nach der Geltungsweise der Betriebsrisikoregeln. Die herrschende Lehre vertritt insoweit seit jeher die Ansicht, daß die Verteilung des Betriebsrisikos mangels zwingender gesetzlicher Bestimmungen der freien Vereinbarung unterliege[20]. Die rechtsfortbildend entwickelten Grundsätze stellen demzufolge nicht nur tarifdispositives, sondern schlechthin nachgiebiges Recht dar. Ob man die Lohnfortzahlungsregel, „frühes Glanzstück des deutschen Arbeitsrechts“[21], derart relativieren kann, wird kritisch zu erörtern sein[22].

Eine zuverlässige Aussage über die Reichweite der Betriebsrisikolehre in den verschiedenen genannten Richtungen setzt jedoch eine genaue Kenntnis ihrer Rechtsgrundlage voraus. Daß hierüber Klarheit besteht, kann nur der flüchtige Betrachter annehmen, der sich vom allgemeinen Konsens über den Lohnfortzahlungsgrundsatz blenden läßt. In Wirklichkeit liegt auch hier noch manches im Dunkeln[23]. Fehlvorstellungen und Versäumnisse bei der Grundlagenbestimmung haben nicht unwesentlich zu der anhaltenden Diskussion über die Risikoverteilung beigetragen. Denn Spezialuntersuchungen bleiben Stückwerk, solange sie nicht auf einer sicheren Basis aufbauen können. Mit

---

17 BAG NJW 1976, S. 990 unter 3. der Gründe.

18 Vgl. dazu unten 5. Teil.

19 Vgl. dazu unten 4. Teil.

20 Vgl. BAG AP Nr. 5 zu § 615 BGB Betriebsrisiko; *Hueck / Nipperdey* I, S. 349.

21 *Hanau*, SAE 1969, S. 118.

22 Vgl. dazu unten 6. Teil.

23 Vgl. eing. zur Rechtsgrundlage des Risikotragungsgrundsatzes bisher nur *Wiedemann*, Das Arbeitsverhältnis als Austausch- und Gemeinschaftsverhältnis (1966), S. 83 ff.

der vorliegenden Arbeit soll daher der Versuch einer klärenden „Gesamtschau" der Betriebsrisikoproblematik unternommen werden, wobei die Analyse der Rechtsgrundlage des Lohnfortzahlungsgrundsatzes von maßgeblicher Bedeutung ist[24].

Die Auffindung der Entscheidungsgrundlagen und ihre transparente Beschreibung ist nicht zuletzt deswegen erforderlich, weil die Betriebsrisikolehre das Ergebnis richterlicher Rechtsfortbildung darstellt. Deren Autorität leidet darunter, wenn die tragenden Wertungen nicht offengelegt, sondern durch allgemeine Gerechtigkeits- und Zumutbarkeitserwägungen verdeckt werden, die rationaler Kritik entzogen sind[25]. Es kommt hinzu, daß jedem Rechtsfortbildungsakt eine bestimmte Normsituation zugrundeliegt, die sich im Laufe der Zeit mit den sozialen, wirtschaftlichen, politischen oder rechtlichen Verhältnissen wandeln kann[26]. Insofern bedarf gerade das Richterrecht ständiger Kontrolle, ob es noch zeitgemäß ist, d. h. nach wie vor eine überzeugende Problemlösung bietet, oder etwa neuen Bedingungen und Erkenntnissen angepaßt werden muß. Das gilt in besonderem Maße für ein so permanent in der Entwicklung begriffenes Rechtsgebiet wie das Arbeitsrecht und hier speziell für die relativ alten Betriebsrisikogrundsätze, begegnen sie doch dem Vorwurf, unreflektiert tradiert zu werden[27].

Auch unter diesem Aspekt ist an die gestellte Aufgabe heranzugehen. Die Arbeit hätte ihr Ziel erreicht, wenn sie der Praxis als Entscheidungshilfe bei einer Neufassung der Betriebsrisikolehre dienen könnte.

---

24 Vgl. dazu unten 3. Teil.

25 Vgl. *Biedenkopf*, Betriebsrisikolehre, S. 26 f.; ähnlich *Hilger*, in: Festschr. f. Larenz (1973), S. 109, 114 f.

26 Vgl. *Larenz*, Methodenlehre (3. Aufl.), S. 423, 426.

27 Dazu etwa *Biedenkopf*, Betriebsrisikolehre, S. 14: „Die Ergebnisse der Betriebsrisikolehre werden vielmehr so selbstverständlich übernommen, daß es nicht mehr für erforderlich gehalten wird, sich ihrer teleologischen und rechtspolitischen Grundlagen zu vergewissern, auf denen sie beruht. Das kann zu problematischen Fehlleistungen führen."

Erster Teil

Die bisherige Verteilung des Betriebsrisikos

A. Entstehungsprozeß der Betriebsrisikolehre

Für ein besseres Verständnis der grundlegenden Argumentation erscheint es notwendig, die wesentlichen Stationen im Entstehungsprozeß der Betriebsrisikolehre darzustellen. Dabei wird sich zeigen, wie stark zeitbedingte Anschauungen auf die Begründung eingewirkt haben. Gerade dieses Phänomen darf bei der heutigen Kritik nicht vernachlässigt werden.

I. Die Ausgangsproblematik

Auf dem Boden rein zivilrechtlicher Dogmatik hängt die Risikoverteilung zunächst davon ab, ob der Störungstatbestand unter den Begriff der Unmöglichkeit oder des Annahmeverzuges zu subsumieren ist.

Bei gegenseitigen Verträgen, zu denen auch der Arbeitsvertrag gehört[1], entfällt gem. § 323 I BGB die Pflicht zur Gegenleistung, wenn die Leistung infolge eines von keiner Seite zu vertretenden Umstandes unmöglich wird. Sieht man nun den Inhalt der Arbeitspflicht in der tatsächlichen Arbeitsleistung, die wegen der Betriebsstörung nicht erbracht werden kann, so wird der Arbeitnehmer nach § 275 BGB zwar von seiner Leistungspflicht befreit, verliert nach § 323 I BGB aber auch seinen Lohnanspruch.

Geht man andererseits davon aus, daß der Arbeitnehmer nur verpflichtet ist, dem Arbeitgeber seine Arbeitskraft zur Verfügung zu stellen, so bleibt die geschuldete Leistung zweifellos möglich. Der Arbeitgeber, der infolge der Betriebsstörung die ihm obliegenden Mitwirkungshandlungen nicht vornehmen kann, gerät dann in Annahmeverzug (§§ 293 ff. BGB) mit der Folge des § 615 BGB, daß er den Lohn fortzuzahlen hat.

Nach der bekannten Formulierung *Essers* kann man also an die Fälle der Betriebsstörung „von beiden Seiten heran"[2]. Eine sichere Entscheidung scheint ausgeschlossen.

---

1 Vgl. *Hueck / Nipperdey* I, S. 133.

2 Vgl. *Esser, Schuldrecht* (2. Aufl., 1960), S. 322; ferner *Söllner*, AcP 167 (1967), S. 132 (140).

Angesichts dieser Schwierigkeiten läge es eigentlich nahe anzunehmen, daß die Schöpfer des BGB die geschilderte Problemlage übersehen haben und insofern eine spezielle Regelung des Betriebsrisikos im Rahmen der §§ 611 ff. BGB unterblieben ist. Daß dies nicht der Fall war, mag zwar verwundern, kennzeichnet aber gleichzeitig den Rang des gesetzlich nicht gelösten Problems.

Im Zusammenhang mit der Spezialvorschrift des heutigen § 615 BGB[3], der die Vergütungsgefahr während des Annahmeverzuges ausdrücklich dem Dienstberechtigten zuweist, ist im Gesetzgebungsverfahren außerordentlich kontrovers darüber diskutiert worden, ob die Betriebsrisikofälle von dieser Regelung erfaßt würden[4].

Ausgehend von der Überlegung, daß in den Fällen unverschuldeter Betriebsstörung keineswegs immer Annahmeverzug des Dienstgebers mit der Rechtsfolge des § 615 BGB vorliege, war beantragt worden, den jetzigen § 616 BGB zu ändern. Und zwar sollten die Worte „durch einen in seiner Person liegenden Grund" ersetzt werden durch die Worte „außer dem in § 615 BGB bezeichneten Fall"[5]. Der Antragsteller hatte darauf hingewiesen, daß der Dienstpflichtige beim Annahmeverzug nicht nur zur Leistung der Dienste persönlich fähig und bereit, vielmehr auch objektiv dazu imstande sein müsse. Folglich liege bei Wegfall der Arbeitsplätze, z. B. durch einen Fabrikbrand, nicht Annahmeverzug, sondern Unmöglichkeit der Arbeitsleistung vor. Ohne die beantragte Erweiterung des § 616 BGB würde der Dienstnehmer in einem solchen Fall nach § 323 I BGB den Vergütungsanspruch einbüßen[6].

Zwar wurde der Antrag von der Kommissionsmehrheit abgelehnt. Dabei traten jedoch bezüglich der materiellen Rechtslage zwei Standpunkte hervor, die später nach Inkrafttreten des BGB auch die sich anschließende literarische Erörterung beherrschten.

Ein Teil der Mehrheit vertrat die Meinung, der Dienstgeber komme in Annahmeverzug, „wenn der Dienstnehmer sich zur Leistung der Dienste erbiete und persönlich dazu imstande sei, die Sache ihm aber nicht vom Dienstgeber bereit gestellt werde. Hiernach könne z. B. der Arbeiter, welcher in Folge Störung des Fabrikbetriebes verhindert sei zu arbeiten, für die ganze Zeit der Störung, sofern das Dienstverhältnis wäh-

---

3 Der besseren Übersicht wegen werden im folgenden nur die jetzigen Paragraphenzahlen zitiert. Vgl. die ursprünglichen Ziffern des Entwurfs I bei *Fabricius*, Leistungsstörungen im Arbeitsverhältnis (1970), S. 54 f.

4 Vgl. dazu ausf. *Fabricius*, Leistungsstörungen, S. 53 ff. m. w. N.

5 Vgl. *Mugdan*, Die gesammelten Materialien zum Bürgerlichen Gesetzbuch für das Deutsche Reich, Bd. II, Recht der Schuldverhältnisse (1899), Protokolle zu § 562, S. 899.

6 Vgl. *Mugdan*, S. 899 f.

rend derselben fortbestehe, Lohn verlangen. Dies entspreche auch allein der Billigkeit, nicht aber, wenn nach der dem Antrag zu Grunde liegenden Auffassung der Dienstnehmer nur für eine verhältnismäßig unerhebliche Zeit die Vergütung erhalte. Nur in Ausnahmefällen gehe der Sinn des Dienstvertrages dahin, daß der Dienstnehmer für die wirkliche Ausführung der Dienstleistung an der Sache, auf welche diese sich beziehen soll, einzustehen habe, in solchen Fällen dürfe er aber auch bei verhältnismäßig kurzer Verhinderung keine Vergütung erhalten[7]."

Der andere Teil der Mehrheit stimmte dem Antragsteller zwar darin zu, daß in den von ihm angesprochenen Fällen nicht Annahmeverzug, sondern objektive Unmöglichkeit der Leistung anzunehmen sei, hielt es aber für angemessen, daß in diesen Fällen der Dienstnehmer nach § 323 I BGB den Anspruch auf die Vergütung verliere[8].

Wie diese Reminiszenzen belegen, waren schon die Verfasser des BGB darüber zerstritten, welche Rechtsfolge bei den seinerzeit erkannten Betriebsrisikofällen billig oder angemessen sein sollte. Die insoweit extreme Kontroverse wurde wider Erwarten nicht durch eine gesetzliche Spezialregelung entschieden.

II. Zivilrechtliche Lösungsversuche der älteren Literatur

Nach Wirksamwerden des BGB im Jahre 1900 versuchte die Rechtswissenschaft verständlicherweise zunächst, eine Lösung des Betriebsrisikoproblems auf der Grundlage des neuen Gesetzes zu erreichen[9]. Durch die Auseinandersetzungen während des Gesetzgebungsverfahrens vorgezeichnet, standen sich vor allem die Unmöglichkeitslehre und die Lehre vom Annahmeverzug gegenüber[10].

Die Anhänger der Unmöglichkeitstheorie[11] gingen davon aus, daß infolge der Betriebsstörung die Leistung des Arbeitnehmers „im Sinne voller Effektuierung der Arbeit"[12] unmöglich werde, wobei es gleichgültig sei, ob die Unmöglichkeit der Erfüllung auf dem Fehlen eines

---

[7] Vgl. *Mugdan,* S. 900.

[8] Vgl. *Mugdan,* S. 900.

[9] Vgl. dazu näher *Jorns,* Das Betriebsrisiko (1957), S. 15 ff.; *Eisenstein,* Die Lohnansprüche arbeitswilliger Arbeitnehmer bei Arbeitskämpfen (Diss. 1962), S. 19 ff.; beide m. w. N.

[10] Neben diesen beiden Hauptrichtungen gab es einige andere Ansichten. Vgl. die Übersicht bei *Staudinger / Nipperdey / Mohnen / Neumann,* § 615 Rdnr. 51 ff.

[11] Vgl. *Titze,* Die Unmöglichkeit der Leistung nach deutschem bürgerlichen Recht (1900), S. 24 f.; *Rümelin,* Dienstvertrag und Werkvertrag (1905), S. 82; *Lotmar,* Der Arbeitsvertrag, Bd. II (1908), S. 282.

[12] *Staudinger / Nipperdey / Mohnen / Neumann,* § 615 Rdnr. 54.

Arbeitssubstrats oder auf einem Verhalten der Arbeitnehmer beruhe. Annahmeverzug sei daher gem. § 297 BGB ausgeschlossen, vielmehr liege von keiner Seite zu vertretende Unmöglichkeit der Arbeitsleistung vor, so daß nach § 323 I BGB der Lohnanspruch entfalle.

Demgegenüber meinten die Vertreter der Annahmeverzugslehre[13], daß der Arbeitnehmer nur gehalten sei, das zur Arbeit seinerseits erforderliche zu tun, nämlich seine Arbeitskraft zur Verfügung zu stellen. Dazu sei er auch bei Betriebsstörungen in der Lage. Unmöglichkeit der Arbeitsleistung sollte nach dem restriktiven Begriff dieser Lehre nur dann vorliegen, „wenn die nach dem Vertrage dem Schuldner obliegende Leistung derart unmöglich ist, daß auch unter der Voraussetzung der bereits erfolgten vertragsmäßigen Mitwirkung des Gläubigers eine Erfüllung unmöglich sein würde“[14]. Da bei den Betriebsrisikofällen eben wegen der fehlenden Mitwirkung des Gläubigers die Erfüllung vereitelt werde, die Leistung des Arbeitnehmers im Hinblick auf § 297 BGB aber weiterhin möglich bleibe, gerate der Arbeitgeber in Annahmeverzug mit der Konsequenz der Lohnfortzahlung gem. § 615 BGB.

Abweichend von diesem Grundsatz sollte jedoch die Lohnzahlung insbesondere im Fall des Teilstreiks nicht erfolgen, weil hier der Urgrund für die Betriebsstörung auf der Seite der Arbeitnehmer liege[15]. Der rechtspolitische Sinn der Annahmeverzugsregelung bestehe nämlich darin, daß der Gläubiger nur die Nachteile derjenigen Hindernisse zu tragen habe, die in seinem Geschäfts- oder Einwirkungsbereich lägen[16]. Es sei zwar bei einem Teilstreik das Arbeitshindernis nicht bei den arbeitswilligen Arbeitnehmern persönlich entstanden, aber doch innerhalb der gleichen sozialen Gruppe, der auch sie angehörten. Mit Rücksicht auf die unter den Arbeitnehmern bestehende Solidarität sei es daher gerechtfertigt, auch den Arbeitswilligen bei einem Teilstreik den Lohn zu versagen[17]. Allerdings sollte diese Ausnahme vom Grundsatz der Lohnzahlung auf den Fall des Teilstreiks im eigenen Betrieb beschränkt bleiben und nicht den (Teil-)Streik im Zulieferbetrieb erfassen, bei dem wieder Annahmeverzug und damit Lohnzahlungspflicht des Arbeitgebers angenommen wurden[18].

---

[13] Grundlegend *Trautmann,* Gruchot Bd. 59 (1915), S. 434 ff.; ferner *Oertmann,* AcP 116 (1918), S. 1, 24 ff.; ders., Deutsches Arbeitsvertragsrecht (1923), S. 168 ff.; später auch *Titze,* JW 1922, S. 548 ff.; bis zuletzt *Kaskel / Dersch,* Arbeitsrecht (5. Aufl., 1957), S. 169.

[14] *Trautmann,* Gruchot Bd. 59, S. 434, 450.

[15] Vgl. *Oertmann,* Arbeitsvertragsrecht, S. 170 f.

[16] Auf dieser Überlegung basiert auch die spätere Sphärentheorie, deren Ansatz schon hier zu erkennen ist.

[17] Vgl. *Oertmann,* Arbeitsvertragsrecht, S. 170; im Ergebnis ebenso *Titze,* JW 1922, S. 548, 550.

Überblickt man beide hier nur skizzierten Theorien, so läßt sich trotz entgegengesetzter Rechtsfolgen kein formallogischer Fehler in der jeweiligen Argumentation aufdecken[19]. Je nachdem, wie man im Ausgangspunkt die Leistungspflicht des Arbeitnehmers definierte, konnte man die eine Theorie so gut wie die andere vertreten.

III. Die arbeitsrechtliche Entwicklung in der Rechtsprechung des Reichsgerichts und des Reichsarbeitsgerichts

1. Die grundlegende Entscheidung des Reichsgerichts zum Kieler Straßenbahnerstreik vom 6. 2. 1923

Nachdem die frühen literarischen Lösungsversuche zu einem festgefahrenen Meinungsstreit geführt hatten, war es nur konsequent, vom BGB „abzukehren", um dem Dilemma der zivilrechtlichen Dogmatik zu entkommen. Dies geschah in der berühmten Entscheidung des RG vom 6. 2. 1923[20].

a) Darstellung des wesentlichen Inhalts

Zunächst begründet das Gericht die Notwendigkeit einer spezifisch (kollektiv-)arbeitsrechtlichen Betrachtungsweise, indem es ausführt[21]: „Man darf aber, um zu einer befriedigenden Lösung des Streites zu gelangen, überhaupt nicht von den Vorschriften des BGB ausgehen, muß vielmehr die sozialen Verhältnisse ins Auge fassen, wie sie sich seitdem entwickelt und in der Gesetzgebung der neuesten Zeit auch ausdrücklich Anerkennung gefunden haben. Das BGB trägt sozialen Rücksichten vielfach Rechnung, und das trifft namentlich auch für das Recht des Dienstvertrages zu. Immer aber wird dabei nur das Rechtsverhältnis jedes einzelnen Dienstpflichtigen zum Dienstberechtigten betrachtet. Das BGB steht also, den Verhältnissen seiner Entstehungszeit entsprechend, auf einem individualistischen Standpunkt. Inzwischen hat aber der Gedanke der sozialen Arbeits- und Betriebsgemeinschaft Ausbreitung und Anerkennung gefunden, der das Verhältnis zwischen dem Arbeitgeber und den Arbeitnehmern, wenigstens bei größeren Betrieben der hier vorliegenden Art, beherrscht. Von diesem Gedanken und damit von den tatsächlichen sozialen Verhältnissen aus, ergibt sich auch die Lösung im Sinne der Klägerin[22]. Es handelt sich

---

[18] Vgl. *Oertmann,* Arbeitsvertragsrecht, S. 170.

[19] Vgl. *Hueck / Nipperdey* I, S. 350.

[20] RGZ 106, S. 272 ff.

[21] RGZ 106, S. 272, 275 ff.

[22] Die klagende Straßenbahngesellschaft begehrte Feststellung, daß eine Lohnzahlungspflicht gegenüber ihrem arbeitswilligen Fahrpersonal, das wegen eines Streiks in dem betriebszugehörigen Kraftwerk nicht beschäftigt werden konnte, nicht bestehe.

nicht mehr um das Verhältnis des einzelnen Arbeiters zum Arbeitgeber, sondern um eine Regelung zwischen zwei Gruppen der Gesellschaft, dem Unternehmertum und der Arbeiterschaft."

Diese bemerkenswerten Sätze enthalten eine gleichsam historische Weichenstellung. Mit der radikalen Überwindung des individualrechtlichen Ansatzes[23] erschließt das Reichsgericht zwar eine neue Dimension für die Behandlung des Betriebsrisikos, bezieht aber gleichzeitig eine Extremposition, die den Ausgangspunkt für eine problemträchtige Entwicklung bildet[24].

Den zur Entscheidungsgrundlage erklärten Gedanken einer sozialen Arbeits- und Betriebsgemeinschaft konkretisiert das Gericht folgendermaßen[25]: Mit dem nach wie vor erforderlichen Einzelvertrag trete der einzelne Arbeitnehmer in die Arbeiterschaft und damit in die Gesamtorganisation des Betriebes, dessen Ergebnis nicht mehr vom Unternehmer allein mit seinem Kapital und seinen Arbeitsmitteln, sondern im gemeinschaftlichen Zusammenwirken von Unternehmer und Arbeiterschaft gewonnen werde. Auf diesem Gedanken beruhe das Betriebsrätegesetz vom 4. 2. 1920, das den Betriebsvertretungen der Arbeiter und Angestellten eine weitgehende Mitwirkung zur Wahrung der sozialen und wirtschaftlichen Interessen der Arbeitnehmer des Betriebes einräume. „Der Arbeitnehmer", so fährt das RG fort[26], „ist nicht mehr ein bloßes Werkzeug des Unternehmers, sondern ein lebendiges Glied der Arbeitsgemeinschaft. Dem entspricht es dann aber auch, daß, wenn die Arbeitsgemeinschaft aus Gründen, die nicht vom Unternehmer ausgehen, versagt, die Folgen nicht nur ihn treffen. Das gemeinschaftliche Zusammenwirken von Unternehmer- und Arbeiterschaft bildet die Grundlage des Betriebes. Der Betrieb aber und seine Erträgnisse bilden wiederum die Grundlage für die Lohnzahlungen. Ist also der einzelne Arbeiter ein Glied der Arbeiterschaft und der zwischen dieser und dem Unternehmer bestehenden, die Grundlage des Betriebes bildenden Arbeitsgemeinschaft, dann ist es selbstverständlich, daß, wenn infolge von Handlungen der Arbeiterschaft der Betrieb stillgelegt wird und die Betriebseinnahmen versiegen, es dem Unternehmer nicht zugemutet werden kann, für die Lohnzahlungen aus anderen Mitteln zu sorgen."

---

[23] Wegen der Abkehr vom BGB wurde das RG von „gesetzestreuen" Zeitgenossen beschuldigt, „es huldige einer extremen Freirechtslehre". Die Kritik gipfelte in dem bekannt gewordenen Satz: „Das BGB stirbt — und das Reichsgericht ist sein Totengräber." Vgl. *Hueck / Nipperdey* I, S. 350; *Eisenstein*, S. 61 m. w. N.

[24] Vgl. auch *Biedenkopf*, Betriebsrisikolehre, S. 4.

[25] RGZ 106, S. 272, 275.

[26] RGZ 106, S. 272, 275 f.

Das gilt nach dem Judiz des RG auch für den Fall, daß das Versagen der Arbeitsgemeinschaft nur von einem Teil der Arbeiterschaft ausgeht, während andere Arbeitnehmer des Betriebes arbeitsfähig und arbeitswillig bleiben. „Es handelt sich dabei nicht um eine Haftung der Arbeitswilligen für die Streikenden", erklärt das Gericht vorsorglich[27], „sondern darum, daß mit der durch einen Teil der Arbeiterschaft verursachten Stillegung des Betriebes die Grundlage für die Lohnzahlungen im Betrieb ganz allgemein weggefallen ist". Dies müßten sich auch diejenigen Arbeitnehmer entgegenhalten lassen, die sich dem Streik der anderen nicht angeschlossen hätten.

b) Methodenkritische Betrachtung

Einmal abgesehen von der noch zu überprüfenden Ausgangshypothese des RG, dem Bestehen einer Arbeits- und Betriebsgemeinschaft[28], bieten seine scheinbar zwingenden Deduktionen zur konkreten Risikoverteilung ein wenig nachahmenswertes Beispiel apokrypher Rechtsfortbildung. Wenn es an entscheidender Stelle heißt, daß dem Unternehmer die Lohnzahlung „selbstverständlich" nicht mehr zugemutet werden könne, so offenbart dies nur die Schwäche der Argumentation[29]. Die Ableitung des für die weitere Entwicklung der Betriebsrisikolehre maßgeblichen „Sphären"-Gedankens aus dem sozialen Phänomen der Arbeitnehmer und Arbeitgeber umfassenden Betriebsgemeinschaft bleibt undurchsichtig. Ferner vermißt man eine Begründung für die keineswegs selbstverständliche kollektive Haftung der Arbeiterschaft. Das RG vermeidet insoweit den offenen Rückgriff auf die freilich unterstellte Arbeitnehmersolidarität[30], was mit der Bemerkung, es handele sich nicht um eine Haftung der Arbeitswilligen für die Streikenden, vergeblich bestritten wird. Angesichts der nebulösen Argumentation gewinnt man den Eindruck, daß das RG zunächst das Ergebnis gesehen und erst dann nach einer Begründung gesucht hat. Dies gesteht das Gericht auch selbst ein, wenn es in einer Hilfserwägung ausführt[31]: „Wollte man anders entscheiden, so würden sich unmögliche

---

27 RGZ 106, S. 272, 276.

28 Vgl. dazu unten 2. Teil, C.

29 Schon früh wurde der Rechtsprechung wegen des Gebrauchs solcher nichtssagenden Floskeln „Problemverhüllung" und „Scheinbegründung" vorgeworfen. Vgl. die Hinweise zur zeitgenössischen Kritik bei *Krasnitzky*, Die Lehre vom Betriebsrisiko (Diss. 1971), S. 30 ff.

30 So bezeichnet das RG die „Arbeiterschaft" als Gruppe der Gesellschaft, begreift die Verbundenheit der Arbeitnehmer untereinander als Vorstufe zu der umfassenden betrieblichen Arbeitsgemeinschaft und verweist schließlich bei der Risikobelastung der Arbeitswilligen auf die nicht arbeitenden „Genossen", worin die vorausgesetzte Solidarität geradezu verbal zum Ausdruck kommt.

31 RGZ 106, S. 272, 276.

Zustände ergeben. Es könnte sein, daß nur ein kleiner Teil der Arbeiterschaft mit einer für die Fortführung des Betriebes unentbehrlichen Tätigkeit durch Streik den gesamten Betrieb stillegt und der Unternehmer allen anderen Arbeitern den Lohn auszahlen müßte, obwohl diese nur deshalb nicht arbeiten können, weil ihre Genossen nicht arbeiten." So zutreffend diese Überlegung auch sein mag, einen haftungsbegründenden rechtserheblichen Inhalt besitzt sie jedenfalls nicht.

Als Zeichen von Unsicherheit muß schließlich gewertet werden, daß das RG entgegen seiner Prämisse, man dürfe überhaupt nicht von den Vorschriften des BGB ausgehen, das gefundene Ergebnis am Schluß der Entscheidungsgründe zusätzlich mit § 323 BGB abstützt.

Die Methodenkritik braucht indessen nicht weiter vertieft zu werden. Es sollte klar geworden sein, daß die Entscheidung des RG nur im Ansatz, soweit auf die Notwendigkeit einer speziellen arbeitsrechtlichen Problembehandlung hingewiesen wird, Zustimmung verdient, wohingegen die weiteren Ausführungen zur Risikoverteilung kaum überzeugen können[32].

2. *Die wichtige Folgeentscheidung des Reichsarbeitsgerichts vom 20. 6. 1928*

a) Inhaltsübersicht

Bezeichnenderweise hat das RAG erst nach anfänglichem Zögern[33] die Auffassung des RG übernommen. In seinem Urteil vom 20. 6. 1928[34] stellt es bei dem Versuch, eine Lösung aus dem modernen Arbeitsrecht und den modernen Arbeitsverhältnissen zu gewinnen, einleitend auf den vom Reichsgericht proklamierten Gedanken der sozialen Arbeits- und Betriebsgemeinschaft ab. Der „Einzelarbeiter" werde organisches Mitglied des Betriebes, indem er zunächst in die Arbeitnehmerschaft, durch sie in eine Verbundenheit mit dem Betrieb selbst und auf diese Weise mittelbar auch mit dem Arbeitgeber eintrete. Das gemeinsame Zusammenwirken von Unternehmer und Arbeiterschaft bilde die Grundlage des Betriebes, dem der Arbeitnehmer nicht mehr als unbeteiligtes „Einzelindividuum" gegenüberstehe. Vielmehr gehe er eine Verbundenheit mit dem bestimmten Betrieb ein, zu dessen Erhaltung und Wirtschaftlichkeit er mit seiner Arbeitskraft beitragen müsse. Unter Bezug auf die nach dem Betriebsrätegesetz verbesserte Rechtsstellung der Arbeitnehmerschaft stellt das RAG dann fest[35]: „Diesen erweiter-

---

[32] Vgl. auch die Kritik bei *Eisenstein*, S. 62 f. m. w. N.

[33] Vgl. RAG ARS 2, S. 68 ff.; 2, S. 229 ff.

[34] RAG ARS 3, S. 116 ff.

[35] RAG ARS 3, S. 116, 121.

ten Rechten stehen naturgemäß erweiterte Pflichten, nämlich die Mittragung einer gewissen Verantwortlichkeit für den Betrieb, gegenüber. Wer aber für den Betrieb mit einzustehen hat, muß selbstverständlich auch für die Nachteile mit eintreten, die sich aus ihm ergeben." Mit Rücksicht darauf, daß der Arbeitnehmer am Vermögen und in der Regel auch am Ertrag des Betriebes keinen Anteil habe, sei der Gefahrenkreis für ihn allerdings ein beschränkter.

Die Abgrenzung der Gefahrenkreise von Arbeitgeber und Arbeitnehmer soll nach Ansicht des RAG im Einzelfall gem. § 242 BGB unter dem Gesichtspunkt von Treu und Glauben erfolgen. Gleichwohl meint es folgende Richtlinien für die Beurteilung aufstellen zu können[36]:

(1) „Aus der Verbundenheit der Arbeitnehmer untereinander ergibt sich, daß die Gefahr solcher Ereignisse, die auf dem Verhalten der Arbeitnehmerschaft selbst beruhen, von den Arbeitnehmern, auch soweit sie an ihnen nicht beteiligt sind, getragen werden muß."

(2) „Die Verbundenheit der Arbeitnehmerschaft mit dem Betriebe bedingt, daß sie regelmäßig solche Ereignisse mit treffen, die nicht nur die Führung des Betriebes, sondern dessen Bestand beeinträchtigen, den Betrieb vernichten oder auf längere Zeit lahm legen. Hierin gehören besonders Umstände, die von außerhalb auf ihn einwirken, wie z. B. Naturereignisse oder fremde Gewalt."

(3) In die Risikosphäre des Arbeitgebers sollen demgegenüber regelmäßig solche Ereignisse fallen, die nicht den Bestand des Betriebes, sondern seine Führung treffen. Zu dieser Fallgruppe rechnet das RAG „Störungen, die im allgemeinen oder unter den besonderen Verhältnissen des Betriebes öfters vorzukommen pflegen" und vom Arbeitgeber deshalb zu verantworten sind, weil er sie, „wenn auch nicht vermeiden, so doch von vornherein in Rechnung stellen kann".

(4) Eine Ausnahme vom letztgenannten Grundsatz will das RAG schließlich bei Betriebsstörungen zulassen, die zwar den Bestand des Betriebes nicht unmittelbar angreifen, sich jedoch so stark auswirken, „daß sie den Bestand selbst gefährden, insofern der Betrieb nicht in der Lage ist, die wirtschaftlichen Nachteile zu ertragen".

b) Urteilsanalyse

In diesen Richtlinien manifestiert sich die vom RAG im Anschluß an die Grundüberlegungen des RG entwickelte sog. Sphärentheorie, die seither essentieller Bestandteil der Betriebsrisikolehre ist[37]. Wegen der

---

[36] RAG ARS 3, S. 116, 122.

[37] Vgl. die weitere Rechtsprechung des RAG in ARS 3, S. 129 ff.; 4, S. 149 ff.; 5, S. 32 ff.; 5, S. 34 ff.; 7, S. 137 ff.; 9, S. 537 ff.; 23, S. 219 ff.

insoweit hervorragenden Bedeutung des vom RAG bewußt präjudiziell formulierten Urteils verlangt die Begründung besondere Aufmerksamkeit.

Gegenüber der Vorentscheidung des RG fällt zunächst auf, daß sich das RAG um schärfere Konturen in der grundlegenden Argumentation bemüht. Aus dem beherrschenden Gesichtspunkt der Arbeits- und Betriebsgemeinschaft folgert es nicht nur eine spezielle Betriebsverbundenheit des Arbeitnehmers[38], sondern auch eine Verbundenheit der Arbeitnehmer untereinander. Das RAG bezieht damit den schon in der Entscheidung des RG verdeckt enthaltenen Gedanken der Solidarität ausdrücklich in die Argumentation ein[39] und entwickelt daraus in Verbindung mit dem Sphärenprinzip die kollektive Haftung aller Arbeitnehmer für Betriebsstörungen, die von der „Arbeitnehmerschaft" verursacht werden[40].

Während diese erste Richtlinie trotz ihrer materiellen Indifferenz noch am ehesten aus dem Begründungszusammenhang heraus verständlich ist, beruht die Risikoverteilung in den folgenden Richtlinien auf einer undurchsichtigen Verknüpfung von Gemeinschafts- und Sphärengedanken, wobei insbesondere die nicht näher begründete Unterscheidung zwischen Ereignissen, die den Bestand des Betriebes angreifen, und solchen, die nur die Führung betreffen, kaum zu lösende Abgrenzungsprobleme aufwirft[41]. Eine bemerkenswerte Relativierung der sphärenmäßigen Verantwortlichkeit des Arbeitgebers wohl aus dem übergeordneten Gesichtspunkt der Betriebsgemeinschaft stellt schließlich die Einführung einer Bestandsgefährdungsgrenze in der letzten Richtlinie dar. Auch hierfür fehlt eine konkrete Begründung[42].

---

38 Ob diese Verfeinerung Einfluß auf die rechtliche Verwertbarkeit des Gedankens der Arbeits- und Betriebsgemeinschaft hat, ist später in größerem Zusammenhang zu untersuchen. Vgl. unten 2. Teil, C.

39 Vgl. *Gaber*, Die Bedeutung des Solidaritätsprinzips für die Verteilung des Betriebsrisikos im Arbeitskampf (Diss. 1962), S. 15.

40 Besonders prägnant erscheint der Solidaritätsgedanke auch in dem Urteil des LAG Elberfeld vom 4. 4. 1928 (ARS 3 — LAG Nr. 38, S. 127 ff. m. zust. Anm. v. *A. Hueck*) und in der dazu ergangenen Revisionsentscheidung des RAG v. 22. 12. 1928 (ARS 5, S. 32 ff.).

41 Auch bei den späteren Konkretisierungsversuchen des RAG steht, wie schon in dem ausf. wiedergegebenen Grundsatzurteil (ARS 3, S. 116, 122), das Merkmal der Einkalkulierbarkeit im Vordergrund (vgl. z. B. ARS 4, S. 149; 5, S. 34; 5, S. 110; 5, S. 366; 7, S. 137). Nicht zur Führung des Betriebes sollen demnach außergewöhnliche Ereignisse gehören, bzw. solche, die sich wegen ihrer Intensität und Dauer bestandsgefährdend auswirken. Dazu eingehend *Jorns*, S. 23 ff.

42 Vgl. im übrigen die zutreffende Kritik von *A. Hueck*, Anm. zu RAG ARS 3, S. 116, 125: „Macht man mit diesem Grundsatz Ernst, so kommt man dazu, dem reichen Betriebsinhaber ein größeres Betriebsrisiko aufzubürden als dem armen, denn im letzten Falle ist der Bestand des Betriebes durch Lohnzahlungen naturgemäß eher gefährdet als im ersteren. Das ist aber nicht mehr eine Entscheidung nach rechtlichen Gesichtspunkten."

Schon insoweit ist festzustellen, daß die vom RAG vorgenommene Risikoverteilung keine transparente, in sich schlüssige Lösung des Problems beinhaltet, sondern zu neuen Zweifeln und Fragen führt[43]. So bleibt z. B. völlig ungeklärt, wie zu verfahren ist, wenn die Betriebsstörungen von den Arbeitnehmern mitzuverantworten sind[44]. Eindeutig ist nur die in den Richtlinien hervortretende, vor allem in der Bestandsgefährdungsgrenze realisierte Grundwertung des RAG, daß der Arbeitgeber lediglich mit dem kalkulierbaren Risiko belastet sein soll, während existenzgefährdende Störungen sozusagen in die höhere Sphäre der von Arbeitgeber und Arbeitnehmern gebildeten Betriebsgemeinschaft fallen sollen.

Im übrigen setzt sich der schon beim RG zu beobachtende Methodensynkretismus auch in der Entscheidung des RAG fort. Die Lösung des Problems gewinnt das Gericht angeblich „aus dem modernen Arbeitsrecht und den modernen Arbeitsverhältnissen", wobei ihm der kollektive Aspekt einer sozialen Arbeits- und Betriebsgemeinschaft als Argumentationsbasis dient. Auch die darauf aufbauende Güterabwägung findet ausnahmslos auf kollektiv-arbeitsrechtlicher Ebene statt, wie insbesondere die pauschale Risikobelastung der Arbeitnehmerschaft mit allen aus ihrer Sphäre herrührenden Störungen bestätigt. Umso mehr überrascht die vorangehende Bezugnahme auf § 242 BGB, womit das RAG seine kollektiv orientierten Wertungen einfach in das individualrechtliche Verhältnis von Arbeitgeber und Arbeitnehmer einfließen läßt, auf das sie naturgemäß nicht ohne weiteres passen[45].

Die Heranziehung von § 242 BGB bedeutet überdies eine gewisse Entwertung der Vorüberlegungen, nämlich das Eingeständnis, auf ihrer Grundlage keine sichere Entscheidung über die Verteilung des Betriebsrisikos fällen zu können[46]. Dementsprechend sieht sich das RAG nach eigenem Bekunden außerstande, allgemeingültige Grundsätze aufzustellen[47]. Es erscheint aus heutiger Sicht äußerst unglücklich, daß das Gericht nicht bei dieser Selbstbeschränkung geblieben ist, vielmehr

---

[43] In seiner Urteilsanmerkung (ARS 3, S. 125) kommt *A. Hueck* deshalb zu dem Ergebnis: „Die viel umstrittene Frage der Beurteilung des Betriebsrisikos, die in der Praxis der Lösung nahe zu sein schien, wird, wenn das RAG an diesen Richtlinien festhält und sie nicht wenigstens schärfer faßt und näher erläutert, vor einer gesetzlichen Neuregelung gar nicht zur Ruhe kommen." Eine Prophezeihung, die sich voll bestätigt hat!

[44] Vgl. *A. Hueck*, Anm. in ARS 3, S. 125.

[45] Ob das Gericht seine Abwägung in bezug auf den Einzelvertrag über § 242 BGB formaldogmatisch absichern wollte (vgl. *Biedenkopf*, Betriebsrisikolehre, S. 7) oder, was nicht auszuschließen ist, den Argumentationsbruch gar nicht bemerkte, mag dahinstehen.

[46] Besonders deutlich auch RAG ARS 5, S. 38, 39, wo ausdrücklich „eine Billigkeitsabwägung nach § 242 BGB" verlangt wird.

[47] RAG ARS 3, S. 116, 122.

mißverständliche, weil Allgemeingeltung beanspruchende Richtlinien „erlassen" hat. Obwohl diese Richtlinien nach der Intention des RAG bloße Entscheidungshilfen für den Einzelfall sein sollten, sind sie mit der Zeit, wohlgemerkt entgegen ihrer ursprünglichen Zweckbestimmung, zu festen Grundsätzen der Betriebsrisikolehre erstarkt. Hieran zeigt sich beispielhaft, wie gefährlich eine vorschnelle höchstrichterliche Präjudizienbildung für die weitere Rechtsentwicklung sein kann.

3. *Die Zeit des Nationalsozialismus*

Mit der zeitgeschichtlichen Zäsur des Nationalsozialismus von 1933 bis 1945 korrespondiert ein besonderer Abschnitt in der Entwicklungsgeschichte der Betriebsrisikolehre, der vom Einfluß des am 20. 1. 1934 verkündeten Gesetzes zur Ordnung der nationalen Arbeit (AOG) gekennzeichnet ist.

a) Der zeitbedingte Wandel in der Rechtsprechung des RAG

Das Betriebsrisikoproblem verlor zunächst erheblich an praktischer Bedeutung, da aus dem AOG die Unzulässigkeit von Arbeitskämpfen abgeleitet wurde[48], so daß die besonders problematischen Fälle arbeitskampfbedingter Störungen nicht mehr auftraten.

Doch auch für die bisherige Argumentation ergab sich eine wichtige Änderung insofern, als das AOG die nach dem Betriebsrätegesetz von 1920 bestehenden Mitwirkungsrechte der Arbeitnehmer bei der Betriebsleitung aufhob und den nunmehr wieder alleinverantwortlichen Unternehmer ganz im Sinne der nationalsozialistischen Ideologie als „Führer des Betriebes" ansah[49]. Der in Vertiefung des Gemeinschaftsgedankens früher angestellten, überaus fragwürdigen Überlegung, daß mehr Rechte „naturgemäß" zusätzliche Pflichten erzeugen, war somit die Grundlage entzogen. Während daraufhin in der Literatur bald die Meinung vertreten wurde, ein besonderer Gefahrenkreis der Arbeitnehmerschaft könne nun nicht mehr anerkannt werden[50], verhielt sich das RAG abwartend und ließ in der Entscheidung vom 27. 3. 1935[51] noch offen, ob die allgemeinen Rechtsgrundsätze[52] (sic!) über die Tragung der Betriebsgefahr nach dem Durchbruch der nationalsozialistischen Weltanschauung mit Blick auf die Neuordnung des Arbeitsverhältnisses durch das AOG unverändert weiterbestehen könnten.

---

48 Dazu *Eisenstein*, S. 28.

49 Vgl. §§ 1, 2 I AOG.

50 Vgl. z. B. *Stoll*, DAR 1934, S. 199, 203.

51 RAG ARS 23, S. 219 ff., 226.

52 Eine bemerkenswerte und folgenschwere „Mutation": Die früheren „Richtlinien" gelten nun schon als *allgemeine Rechtsgrundsätze*.

Die höchstrichterliche Anpassung der Betriebsrisikolehre an die neuen Verhältnisse erfolgte erst in dem Urteil vom 12. 6. 1940[53]. In zwei Leitsätzen, die auch im Urteilstext nicht näher erläutert werden, heißt es wörtlich: „Nach dem Grundgedanken des neuen Arbeitsrechts und insbesondere mit Rücksicht auf die dem Unternehmer eingeräumte Leitungs- und Führungsbefugnis muß der Unternehmer grundsätzlich das Betriebsrisiko tragen. Außergewöhnliche Umstände können aber dazu führen, auch die Gefolgschaft an der Tragung der Betriebsgefahr durch teilweise oder gänzliche Verneinung des Lohnanspruchs teilnehmen zu lassen, und zwar auch dann, wenn die Betriebsstörung auf das Verhalten der Gefolgschaftsmitglieder zurückzuführen ist, ohne daß der einzelne Gefolgsmann dazu beigetragen hat.“

In einer wenige Monate später folgenden Entscheidung[54] führt das RAG dann genauer aus, daß die Rechtslage aufgrund der gewandelten Auffassung vom Arbeitsverhältnis, wie es insbesondere in den §§ 1 und 2 AOG Gestalt gewonnen habe, zu beurteilen sei. Die Lehre von den verschiedenen Gefahrenkreisen werde deshalb aufgegeben, denn der Sphärengedanke vertrage sich nicht mit der Anschauung über das Arbeitsverhältnis als ein zwischen dem Unternehmer und den Gefolgschaftsmitgliedern bestehendes, durch das Band der Treue und Fürsorge zusammengeschlossenes Gemeinschaftsverhältnis, das eine Aufspaltung zwischen ihnen, wie sie jenem Gedanken zugrunde liege, nicht zulasse. Mit Rücksicht darauf, daß der Unternehmer als Führer des Betriebes in allen betrieblichen Angelegenheiten zu entscheiden habe, sowie aus dem Gedanken der Fürsorgepflicht sei es gerechtfertigt, dem Unternehmer die Verantwortung für den Fortgang des Betriebes aufzuerlegen, so daß er den Lohn grundsätzlich fortzuzahlen habe. Einschränkend meint das RAG dann weiter[55], aus der Betriebsverbundenheit zwischen dem Unternehmer und den Gefolgschaftsmitgliedern (§ 1 AOG) und aus dem Treuegedanken (§ 2 II AOG) sowie aus dem allgemeinen Volksinteresse an der Erhaltung der Betriebe (§ 1 AOG) könne aber unter besonderen Umständen, insbesondere wenn sonst der Bestand des Betriebes gefährdet würde, die Verpflichtung der Gefolgschaftsmitglieder abgeleitet werden, durch eine Beschränkung des Lohnanspruchs und äußerstenfalls durch Verzicht auf ihn die Folgen der Betriebsgefahr für ihr Teil mitzutragen[56].

---

[53] RAG ARS 39, S. 407 ff.

[54] RAG ARS 41, S. 43 ff.

[55] RAG ARS 41, S. 43, 50.

[56] An den hier formulierten Grundsätzen hat das RAG in seiner weiteren Rechtsprechung festgehalten. Vgl. RAG ARS 43, S. 21 ff.; 46, S. 381 ff.

b) Die weitgehende praktische als auch theoretische Kontinuität

Vergleicht man diese Stellungnahme des RAG vom Ergebnis her mit den zuvor maßgebenden Richtlinien, so ist abgesehen von der wegen des Streikverbots nahezu bedeutungslosen Richtlinie (1) kein wesentlicher Unterschied festzustellen. Zwar wird die in Richtlinie (3) statuierte Arbeitgeberverantwortlichkeit unter dem Aspekt des seinerzeit dominierenden „Führerprinzips" betont als neuer Grundsatz herausgestellt und auf nicht einkalkulierbare Ereignisse ausgedehnt[57], ohne daß allerdings die in den Richtlinien (2) und (4) vorgenommene Risikozuweisung entfällt, sondern, wie die beispielhaft genannte Bestandsgefährdung zeigt, nunmehr als Ausnahmeregelung beibehalten wird. Während vorher im Rahmen der Sphärentheorie verschiedene gleichrangige Gefahrenkreise definiert wurden, handelt es sich jetzt um ein Regel-Ausnahme-Verhältnis von Lohnzahlungspflicht des Arbeitgebers und Mithaftung der Arbeitnehmer.

In Anbetracht der bloßen Akzentverlagerung bei ansonsten gleichem Ergebnis stellt sich zwangsläufig die Frage nach der Bedeutung des vormals mitentscheidenden Sphärenprinzips, worauf später noch ausführlicher einzugehen sein wird. Zudem ist nicht recht verständlich, warum sich das RAG mit Hinweis auf das Gemeinschaftsverhältnis zwischen Unternehmer und Gefolgschaft von der Sphärentheorie distanziert hat, da seine frühere Rechtsprechung gerade auf der Verbindung von Gemeinschaft- und Sphärengedanken basiert. Die Erklärung liegt wahrscheinlich in der überzogenen Gemeinschaftsideologie jener Zeit, mit der eine explizit normierte autonome Risikosphäre der Arbeitnehmerschaft schwerlich zu vereinbaren war. Daß der Abschied von der Sphärentheorie auch materiell vollzogen wurde, darf man indessen füglich bezweifeln. Über die höchst unbestimmt formulierte Ausnahme ließ sich im Bedarfsfall „bei außergewöhnlichen Umständen" auch wieder eine alleinige Haftung der Arbeitnehmer erreichen, soweit entsprechend der vormals geltenden Sphärentheorie die Betriebsstörung auf das Verhalten der „Gefolgschaftsmitglieder" zurückzuführen war[58]. Weiterhin kann man nach wie vor einen „Gefahrenkreis" des Arbeitgebers und einen namentlich an der perpetuierten Bestandsgefährdungsgrenze orientierten gemeinsamen Risikobereich von Arbeitgeber und Arbeitnehmern erkennen.

Bei diesem Befund liegt die Vermutung nahe, daß das RAG nur verbal von dem Sphärengedanken abgerückt ist, ohne damit die von ihm geprägte Betriebsrisikolehre materiell verändern zu wollen. Dafür

---

[57] Dazu auch *Jorns*, S. 32.

[58] Vgl. RAG ARS 39, S. 407 m. zust. Anm. v. *A. Hueck*.

spricht auch, daß sich das RAG zur Begründung der Ausnahme auf den schon früher verwendeten, jetzt besonders gut passenden Gesichtspunkt der Betriebsverbundenheit beruft, diesen freilich nicht mehr mit der verbesserten Rechtsstellung der Arbeitnehmer ausfüllen kann, sondern wohl im Bewußtsein der Argumentationsschwäche unterstützend den konturenlosen Treuegedanken, ja sogar das „allgemeine Volksinteresse" an der Betriebserhaltung heranzieht[59]. Es liegt auf der Hand, daß mit dieser an Abstraktion kaum zu übertreffenden Begründung für alle Eventualitäten vorgesorgt war. Hierin kommt wieder die bereits früher beobachtete Tendenz des RAG zum Vorschein, sich die Entscheidung über die Risikoverteilung im Einzelfall offenzuhalten. Dies beweist gleichzeitig, wie wenig juristisch determiniert seine Rechtsprechung zum Betriebsrisiko war, bzw. wieviel Raum für Zumutbarkeits- und Billigkeitsüberlegungen blieb, die bei Vorliegen „besonderer Umstände" die Risikobelastung der Arbeitnehmer rechtfertigen sollten.

Als Fazit bleibt festzuhalten, daß sich die Betriebsrisikolehre während der NS-Zeit durch die jedenfalls verbale Verbannung des Sphärengedankens und das ersatzweise konstruierte Regel-Ausnahme-Verhältnis im Ergebnis kaum verändert hat[60]. Im Grunde genommen ist sie vom RAG nur zeitgerecht modelliert worden. Läßt man das ideologisch gefärbte Vokabular außer Betracht, so enthält die Rechtsprechung des RAG nach 1933 keinen tiefgreifenden Wandel in der theoretischen und noch weniger in der praktischen Behandlung des Betriebsrisikos[61].

4. *Zusammenfassung*

Faßt man zusammen, so sind es im wesentlichen drei Gesichtspunkte, die die Argumentation des RG und besonders des RAG kennzeichnen: die Annahme einer sozialen Arbeits- und Betriebsgemeinschaft, eine offenbar damit implizierte allseitige Arbeitnehmersolidarität und schließlich das Sphärenprinzip.

IV. Die einzelfallorientierte Nachkriegsrechtsprechung der Arbeits- und Landesarbeitsgerichte

Außergewöhnliche praktische Bedeutung gewann die Betriebsrisikofrage nach dem Zusammenbruch im Jahre 1945. Durch Kriegseinwir-

---

[59] Vgl. RAG ARS 41, S. 43, 50.

[60] Vgl. *Hueck / Nipperdey* I, S. 351; *Staudinger / Nipperdey / Mohnen / Neumann,* § 615 Rdnr. 60 a. *Boehmer,* Grundlagen der Bürgerlichen Rechtsordnung, Bd. II, 2, S. 191.

[61] Vgl. aber *Jorns,* S. 31.

kung zerstörte oder schwer beschädigte Produktionsanlagen, Demontage, Versorgungsengpässe und nicht zuletzt zwangswirtschaftliche Maßnahmen, wie Produktionsverbote oder Stromsperren, führten allenthalben zu Betriebsstillegungen von nicht selten längerer Dauer[62]. Entsprechend oft hatten die Arbeits- und Landesarbeitsgerichte über die Verteilung des Betriebsrisikos zu entscheiden, wobei sie überwiegend an die Rechtsprechung des RAG anknüpften[63]. Daß die Urteile vor allem in der Begründung wenig einheitlich ausfielen, lag einerseits am Fehlen eines obersten Gerichts als Revisionsinstanz, andererseits an den Ausnahmetatbeständen der Nachkriegszeit und dem dadurch verstärkten Bemühen um Einzelfallgerechtigkeit[64]. Trotz aller Differenzen waren sich die Gerichte jedoch im Kern darüber einig, daß der Arbeitgeber grundsätzlich das Betriebsrisiko zu tragen habe und lediglich in Ausnahmefällen eine Risikobeteiligung der Arbeitnehmer unter dem Aspekt der sozialen Arbeits- und Betriebsgemeinschaft möglich sei[65].

B. Die gegenwärtige Rechtslage nach der Rechtsprechung des Bundesarbeitsgerichts

I. Das Urteil vom 8. 2. 1957

Am Anfang der ständigen Rechtsprechung des BAG, nach der die geltende Fassung der Betriebsrisikolehre zu bestimmen ist, steht das Urteil vom 8. 2. 1957[66], das sozusagen als „leading case" die Reihe der grundlegenden Entscheidungen zum Betriebsrisiko fortsetzt[67].

In Übereinstimmung mit der früheren Rechtsprechung geht das BAG zunächst davon aus, daß die Betriebsrisikofrage nicht aufgrund der Vorschriften des BGB (§ 323 oder § 615) entschieden werden könne, vielmehr eine Lücke im Gesetz bestehe, so daß sich die Lösung aus den in der bisherigen Entwicklung durch Rechtsprechung und Wissenschaft herausgearbeiteten Grundsätzen ergebe. Diese beruhten auf den allgemeinen Grundgedanken des Arbeitsrechts und auf den Prinzipien

---

[62] Streikbedingte Betriebsrisikofälle spielten in dieser ersten Wiederaufbauphase keine Rolle, sondern stellten sich erst wieder mit zunehmender Normalisierung des Arbeits- und Wirtschaftslebens ein. Vgl. etwa LAG Hannover, BB 1953, S. 886; LAG Hamburg, DB 1955, S. 632.

[63] Vgl. dazu umfassend *Jorns*, S. 36 ff.

[64] Vgl. *Staudinger / Nipperdey / Mohnen / Neumann*, § 615 Rdnr. 60 b.

[65] Ein gutes Beispiel für die Hauptrichtung der Nachkriegsrechtsprechung ist das Urteil des LAG Bremen vom 30. 4. 1947, AR-Blattei (D) „Arbeitsausfall II", Betriebsstörung, Entscheidung 9; vgl. auch LG Göttingen, ebd., Entscheidung 6; LAG Stuttgart, ebd., Entscheidung 11 und 15; anders dagegen LAG Hamburg, ebd., Entscheidung 12.

[66] BAG AP Nr. 2 zu § 615 BGB Betriebsrisiko.

[67] Vgl. *A. Hueck*, Anm. zu BAG AP Nr. 2 zu § 615 BGB Betriebsrisiko, Bl. 3.

unserer Wirtschaftsverfassung, die auch das geltende Arbeitsrecht beherrschten.

Danach gelte in erster Linie der Grundsatz, daß der Arbeitgeber das Betriebsrisiko trägt. Das folgt nach Ansicht des BAG daraus, „daß der Arbeitgeber, der den Betrieb und die betriebliche Gestaltung organisiert, leitet, die Verantwortung trägt und die Erträge bezieht, seinen Arbeitnehmern dafür einstehen muß, das der Betriebsorganismus in Funktion bleibt und die Arbeitsmittel zur Verfügung stehen, die dem Arbeitnehmer die Arbeit und damit die Erzielung des Lohnes ermöglichen“[68].

Dieses Grundprinzip des Betriebsrisikos könne jedoch, wie das BAG einschränkt[69], dann keine Anwendung finden, wenn die Unmöglichkeit der Arbeitsleistung auf dem Verhalten der Arbeitnehmer beruhe, wobei es keinen Unterschied machen soll, ob die Betriebsstörung durch einen Teilstreik im eigenen Betrieb oder durch einen Streik der Arbeitnehmer eines anderen Betriebes veranlaßt ist. Auch hier sei die Berücksichtigung der Solidarität der Arbeitnehmer untereinander entscheidend, die, wie das Bestehen der Gewerkschaften zeige, über den einzelnen Betrieb hinausreiche. Ohne Bedeutung soll ferner sein, „daß ein Streik nur von einer Gewerkschaft ausgeht, die Arbeitswilligen aber einer anderen Gewerkschaft oder gar nicht organisiert sind“. Denn einmal könnten die Gewerkschaften, die das BAG durch die Solidarität der Interessen verbunden wähnt, gegenseitig aufeinander einwirken, zum anderen aber gehe es um Folgen, die der kollektive Zusammenschluß der Arbeitnehmer mit sich bringe und die deshalb ganz allgemein der Arbeitnehmerseite aufzuerlegen seien. Auch eine Unterscheidung danach, ob es sich bei den Arbeitswilligen um Arbeiter oder Angestellte handelt, lehnt das BAG mit dem Hinweis darauf ab, daß der Erfolg eines Streiks in einem Betrieb vielfach auch anderen Arbeitnehmern zugute komme.

Zur Absicherung seiner Rechtsauffassung verweist das Gericht alsdann auf deren Übereinstimmung mit den in der arbeitskampfrechtlichen Grundlagenentscheidung des Großen Senats[70] entwickelten Prinzipien vom kollektivrechtlichen Wesen des Streiks, vom Kampfrisiko und von der Kampfparität oder Waffengleichheit[71]. Mit diesen Prinzipien würde es sich nicht vertragen, wenn Angehörige des den Arbeitskampf nicht betreibenden Sozialpartners zu Leistungen gezwungen werden könnten, für die sie nur auf Grund von Kampfmaßnahmen des anderen Sozialpartners keine Gegenleistung erhielten.

---

[68] BAG AP Nr. 2 zu § 615 BGB Betriebsrisiko, Bl. 1 R.

[69] Ebd., Bl. 2.

[70] BAG AP Nr. 1 zu Art. 9 GG Arbeitskampf.

[71] BAG AP Nr. 2 zu § 615 BGB Betriebsrisiko, Bl. 2 R.

„Aus dem Prinzip der Kampfparität oder Waffengleichheit folgt aber auch", wie das BAG weiter feststellt[71], „daß umgekehrt bei der Anwendung des Kampfmittels der Aussperrung auch die Arbeitgeber die unter ihnen bestehende Solidarität gegen sich gelten lassen müssen. Würde also in einem Betrieb infolge der Aussperrung in einem anderen Betrieb die Arbeit ohne Verschulden der Arbeitsvertragsparteien nicht geleistet werden können, so würde in diesem Fall der Arbeitgeber das Betriebsrisiko tragen und die Löhne auch ohne die Arbeitsleistung zu zahlen haben."

Am Schluß des Urteils versucht das Gericht eine die Risikoverteilung zusätzlich rechtfertigende Interessenabwägung[72], indem es einerseits anerkennt, daß sich für den mittelbar betroffenen Arbeitnehmer, „der auf seinen Lohn angewiesen ist und seinen gesamten Lebenszuschnitt auf die Lohnfortzahlung abgestellt hat", durchaus Härten ergeben können. Als Äquivalent auf Arbeitgeberseite bewertet das BAG mögliche Produktions- und Verdiensteinbußen bei weiterlaufenden Generalunkosten, so daß es abschließend bekräftigen kann: „Bei der Abwägung der beiderseitigen Interessenlage müssen nach dem Grundsatz der Kampfparität der Arbeitnehmerseite die Folgen eines Streiks, der Arbeitgeberseite die einer Aussperrung in einem Betrieb zugerechnet werden."

II. Das Urteil vom 25. 7. 1957

In der bald folgenden Entscheidung vom 25. 7. 1957[73] bestätigt das BAG nicht nur die von ihm aufgestellten Grundsätze, sondern benutzt darüber hinaus die Gelegenheit, seine Rechtsauffassung im Wege authentischer Interpretation noch deutlicher zu artikulieren.

Zu Beginn seiner einschlägigen Darlegungen läßt der 1. Senat keinen Zweifel daran, daß für die Beurteilung des Betriebsrisikos „die Sphärentheorie auch heute als maßgebend, weil vernünftig und gerecht, anzusehen ist"[74]. So dürfe nur in Verbindung mit dem Grundsatz der Lohnfortzahlungspflicht des Arbeitgebers der *zweite Grundsatz* verstanden werden, wonach der erste nicht gelte, wenn die Betriebsstörung auf das Verhalten von Arbeitnehmern zurückzuführen sei. Sein Verständnis der Sphärentheorie erläutert das Gericht folgendermaßen[75]: Der entscheidende Unterschied der beiden Grundprinzipien bestehe gerade darin, daß im ersteren Fall die Ereignisse, die die Arbeitsleistung unmöglich machen, aus dem Bereich des Unternehmers selbst,

[72] Ebd., Bl. 3.

[73] BAG AP Nr. 3 zu § 615 BGB Betriebsrisiko m. zust. Anm. v. *A. Hueck*.

[74] BAG AP Nr. 3 zu § 615 BGB Betriebsrisiko, Bl. 2 R.

[75] Ebd., Bl. 3.

aus der von ihm beherschten oder doch beeinflußten oder beeinflußbaren Gefahrenzone kämen. Der erste Grundsatz berücksichtige auch, „daß die bekannten Ereignisse, die den Betrieb unterbrechen (...), nicht nur unmittelbar gerade den eigenen Betrieb des Unternehmers ganz oder teilweise lahmlegen, sondern gerade auch oder nur die Betriebe anderer Unternehmer, wie etwa seiner Lieferanten im weitesten Sinne des Wortes“. Insofern müsse der Unternehmer auch mit für Ereignisse einstehen, deren Verhinderung vielleicht Sache anderer Unternehmer gewesen wäre oder von diesen nicht zu verhindern war. Er stehe den Arbeitnehmern ein für Geschehnisse, „die — sei es auch durch Zufall — in der Unternehmersphäre sich ereignen“.

Wie das BAG fortfährt[75], könne aber diese sehr weitgehende Belastung des Arbeitgebers dann nicht Platz greifen, wenn die Arbeitsverhinderung auf dem Verhalten gerade von Arbeitnehmern beruhe. „Es kommt also nicht nur auf den Gesichtspunkt einer allseitigen Solidarität der Arbeitnehmerschaft an, in der der Senat nicht nur ein soziologisches Phänomen, sondern ... ein in bestimmten Grenzen zu verwertendes Rechtsprinzip sieht. Entscheidend ist vielmehr, daß hier die Störung des Betriebs aus dem Bereich seiner sozialen Gegenspieler kommt, auf den der Arbeitgeber im allgemeinen keinerlei unmittelbare oder mittelbare Einflußmöglichkeit hat, ...[75]“

Ausgehend von dieser Grundauffassung kommt das Gericht zu dem Ergebnis, daß die arbeitswilligen Arbeitnehmer nicht nur bei einem gewerkschaftlichen Streik, sondern zumindest auch bei einem wilden Teilstreik im eigenen Betrieb ihre Lohnansprüche einbüßen[76].

III. Zusammenfassende Übersicht

An seiner prinzipiellen Einstellung zum Betriebsrisiko, wie sie in den beiden soeben ausführlicher behandelten Entscheidungen niedergelegt ist, hat das BAG bis heute festgehalten[77]. Versucht man die Grundsätze seiner Rechtsprechung unter Einschluß späterer Ergänzungen thesenartig zusammenzufassen, so entsteht folgendes Bild:

(1) Eine Lösung des Betriebsrisikoproblems läßt sich nicht über die bürgerlichrechtlichen Vorschriften der §§ 323, 615 BGB erreichen, sondern richtet sich nach eigenständigen arbeitsrechtlichen Prinzipien. Insbesondere ist auch heute noch die vom RAG entwickelte Sphärentheorie für die Risikoverteilung maßgebend[78].

---

[76] Ebd., Bl. 3 R.

[77] Vgl. insb. BAG AP Nr. 4, 5, 14, 15, 28 zu § 615 BGB Betriebsrisiko; neuerdings aber BAG NJW 1976, S. 990.

[78] Vgl. BAG AP Nr. 2, 3 zu § 615 BGB Betriebsrisiko.

(2) Danach hat „grundsätzlich“ der Arbeitgeber das Risiko aller Störungen zu tragen, die in seinem Einflußbereich liegen. In seine weit gezogene Risikosphäre fallen nicht nur Ereignisse, die betriebstechnische Störungsursachen haben oder auf einem Versagen der sachlichen oder persönlichen Mittel des Betriebes beruhen, sondern auch solche, die von außen auf das Unternehmen einwirken[79].

(3) Dieses „Grundprinzip des Betriebsrisikos“ findet nach Maßgabe der Sphärentheorie „vornehmlich“ dann keine Anwendung, wenn die Betriebsstörung auf das Verhalten von Arbeitnehmern, vor allem auf einen Streik im eigenen oder fremden Betrieb zurückgeht[79], ohne Rücksicht darauf, ob Mitglieder der (streikführenden) Gewerkschaft oder Außenseiter, Arbeiter oder Angestellte betroffen werden[80]. Aussperrungsfolgen fallen demgegenüber wieder in die Risikosphäre des Arbeitgebers[81].

(4) Eine Ausnahme von der sphärenbezogenen Arbeitgeberhaftung kommt in Betracht, wenn das den Betriebsstillstand herbeiführende Ereignis den Betrieb so schwer trifft, daß bei Zahlung der vollen Löhne seine Existenz gefährdet würde[82].

(5) Diese prinzipielle Regelung stellt kein zwingendes Recht dar, vielmehr unterliegt die Verteilung des Betriebsrisikos mangels gesetzlicher Bestimmungen der freien — einzelvertraglichen oder kollektivrechtlichen — Vereinbarung[83].

(6) Das vom Betriebsrisiko zu unterscheidende Wirtschaftsrisiko, bei dem die Arbeitsleistung zwar technisch möglich, aber wirtschaftlich unsinnig ist, hat der Arbeitgeber vorbehaltlich einer anderweitigen Vereinbarung voll zu tragen[84].

---

[79] Vgl. BAG AP Nr. 15 zu § 615 BGB Betriebsrisiko.

[80] Vgl. BAG AP Nr. 2, 3, 4 zu § 615 BGB Betriebsrisiko.

[81] Vgl. BAG AP Nr. 2 zu § 615 BGB Betriebsrisiko.

[82] Vgl. BAG AP Nr. 2, 15, 28 zu § 615 BGB Betriebsrisiko.

[83] Vgl. BAG AP Nr. 5, 14, 15, 16, 29 zu § 615 BGB Betriebsrisiko.

[84] Vgl. BAG AP Nr. 13, 29 zu § 615 BGB Betriebsrisiko; AP Nr. 2 zu § 615 BGB Kurzarbeit. Die Entscheidung AP Nr. 29 zu § 615 BGB Betriebsrisiko betraf den Sonderfall, daß ausgeliehene Arbeitnehmer eines sog. Personal-Leasing-Unternehmens infolge eines Arbeitskampfes in einem Drittbetrieb dort nicht beschäftigt werden konnten. Die Eigenart eines solchen Unternehmens hat nach Ansicht des BAG tiefgreifenden Einfluß auf den Inhalt der Arbeitsverträge der zur Ausleihe bestimmten Arbeitskräfte. Während nämlich im Normalfall der Arbeitnehmer zur Leistung von dem Betriebszweck dienenden Arbeiten verpflichtet sei, bestehe hier seine vertragliche Pflicht im Kern nur darin, seine Arbeitskraft zur Verfügung des Leasing-Unternehmens zu halten. Bei einem derart gestalteten Arbeitsverhältnis gehöre es deshalb von vornherein zum allgemeinen Wirtschaftsrisiko des Arbeitgebers, ob er die für ihn ständig bereitgehaltene Arbeitskraft nutzen könne oder nicht. Nach der wirtschaftlichen Struktur eines Personal-Leasing-

IV. Vergleichende Begründungsanalyse

Wie unschwer zu erkennen ist, beinhaltet die Rechtsprechung des BAG, die vom überwiegenden Teil der Literatur zumindest im Ergebnis gebilligt wird[85], eine nahezu vollständige Rezeption der von RG und RAG entwickelten Grundsätze samt ihrer Begründung. Neu hinzugekommen sind die Überlegungen zur Kampfparität oder Waffengleichheit, die die Verteilung des arbeitskampfbedingten Betriebsrisikos zusätzlich rechtfertigen sollen.

Eine nicht sofort auffallende Abweichung betrifft die Behandlung des sog. Wirtschaftsrisikos, das nach dem Judiz des BAG grundsätzlich uneingeschränkt dem Arbeitgeber zufällt. Das RAG hatte demgegenüber auf eine Sonderbehandlung verzichtet und das Wirtschaftsrisiko den allgemeinen Betriebsrisikogrundsätzen unterstellt[86], so daß in den gerade zur Zeit der großen Wirtschaftskrise nicht seltenen Fällen von betrieblichen Existenzkrisen eine Entlastung des Arbeitgebers möglich war[87]. Ob im Zuge der heute definitorisch geläufigen Unterscheidung von Betriebs- und Wirtschaftsrisiko eine unterschiedliche Verteilung des Lohnrisikos vorzunehmen ist, wird insbesondere mit Blick auf das arbeitskampfbedingte Wirtschaftsrisiko später noch zu klären sein[88].

Unternehmens, das selbst keinen eigenen auf den Markt hin ausgerichteten Betriebszweck verfolge, könne es in solchen Fällen (scil. Arbeitsunmöglichkeit im Entleiherbetrieb) begrifflich überhaupt keine Betriebsstörung im Sinne der allgemeinen Betriebsrisikolehre geben. Das Verleihrisiko als Teil des Wirtschaftsrisikos, meint das BAG, verbleibe auch dann bei dem Personal-Leasing-Unternehmen, wenn dessen wirtschaftliche Bewegungsfreiheit durch Arbeitskämpfe behindert werde. Die Entscheidung hat Kritik erfahren von *Mayer-Maly,* Anm. zu BAG AP Nr. 29 zu § 615 BGB Betriebsrisiko, und *Becker,* NJW 1973, S. 1629 f., der sich für eine konsequente Anwendung der Sphärentheorie ausspricht.

85 Vgl. *Hueck / Nipperdey* I, S. 352 ff.; *Nikisch* I, S. 598 ff.; *Bobrowski-Gaul,* Arbeitsrecht (4. Aufl.), H II 44, S. 383; *Staudinger / Nipperdey / Mohnen / Neumann,* § 615 Rdnr. 65 ff.; *Soergel / Wlotzke / Volze,* § 615 Rdnr. 29 ff.; *Palandt / Putzo,* § 615 Anm. 4; *Schaub,* Arbeitsrechts-Handbuch, § 101 II, S. 431 f.; *Söllner,* Arbeitsrecht, S. 224; *Hanau / Adomeit,* Arbeitsrecht, S. 178 ff.; *Brox,* Grundbegriffe, Rdnr. 70 - 72, S. 63 ff.; *Gamillscheg,* Arbeitsrecht, Nr. 133, S. 152 f.; *Natzel,* DB 1958, S. 572 f.; *Kaufmann,* DB 1966, S. 33; *Ballerstedt,* AuR 1966, S. 225 ff.; modifizierend *Löwisch,* RdA 1967, S. 45 ff.; *Tomandl,* AcP 164 (1964), S. 183 ff.

86 Vgl. RAG ARS 9, S. 537 (Absatzmangel); 12, S. 256 (konjunkturelle und strukturelle Schwierigkeiten des Wirtschaftszweiges); 12, S. 373 (ungünstige Wirtschaftslage); 12, S. 487 (Preissturz für Kupfer auf dem Weltmarkt — unrentable Weiterproduktion); 14, S. 78 mit dem Hinweis, daß die schlechte Geschäftslage allein den Arbeitgeber noch nicht von der Lohnzahlung befreie, sondern eine dadurch bedingte Existenzgefährdung des Betriebes vorliegen müsse.

87 So verneinte das RAG z. B. in einem Urteil vom 6. 6. 1931 (ARS 12, S. 256 m. abl. Anm. v. *A. Hueck*) den Vergütungsanspruch eines Lehrlings, weil im Gefolge der allgemeinen wirtschaftlichen Rezession der betreffende Betrieb des Baugewerbes in seiner Existenz bedroht war.

Betrachtet man die übrigen vom BAG aufgestellten Regeln, so läßt sich eine widersprüchlich anmutende Synthese von Prinzipien der jüngeren und älteren Rechtsprechung des RAG aufdecken. Mit dem Rechtssatz, daß der Arbeitgeber „grundsätzlich“[89] auch bei rein zufälligen[90], also nicht einkalkulierbaren Störungen das Betriebsrisiko trägt und dementsprechend zur Lohnfortzahlung verpflichtet ist, knüpft das BAG im Ergebnis an die letzte Phase in der Judikatur des RAG an. Auch der neben dem Hinweis auf die Gewinnchance des Unternehmers zur Begründung dieses „Grundprinzips“ verwendete Gesichtspunkt der Leitungsbefugnis oder Organisationsgewalt zeugt, wenn man den nationalsozialistisch verklärten Führergedanken auf seinen Kern reduziert, von entsprechender Affinität. Wer aufgrund dieser Parallele zur jüngeren Rechtsprechung des RAG in der Regelung des BAG ein Grundsatz-Ausnahme-Verhältnis von Lohnzahlungspflicht und Lohnverlust vermutet, muß jedoch an anderer Stelle zur Kenntnis nehmen, wie das Gericht unter Besinnung auf die Sphärentheorie von zwei gleichrangigen Grundprinzipien ausgeht[91]. Daß das BAG einerseits die grundsätzliche Lohnzahlungspflicht des Arbeitgebers befürwortet, andererseits aber das Sphärenprinzip nicht entbehren kann, um die vor allem im Arbeitskampf relevante kollektive Arbeitnehmerhaftung zu statuieren, erregt erste Zweifel an der Tragfähigkeit und Kompatibilität seiner Überlegungen und entlarvt gleichzeitig die primäre Funktion der Sphärentheorie[92].

Hinsichtlich der vom RAG eingeführten Bestandsgefährdungsgrenze läßt das BAG im Gegensatz zu dem von ihm zitierten Schrifttum[93] Zurückhaltung erkennen[94]. Gleichwohl hat es, wie aus einer neueren Stellungnahme hervorgeht[95], die Risikobeteiligung der Arbeitnehmer im Prinzip anerkannt und nur noch dahinstehen lassen, in welcher Weise sich die Haftungsbeschränkung des Arbeitgebers auf Dauer und Höhe der Lohnzahlungspflicht auswirkt. Die betont reservierte Hal-

---

[88] Vgl. unten 3. Teil, D. und 5. Teil, D.

[89] Vgl. BAG AP Nr. 2, 5 zu § 615 BGB Betriebsrisiko.

[90] Vgl. BAG AP Nr. 3 zu § 615 BGB Betriebsrisiko.

[91] Vgl. BAG AP Nr. 3 zu § 615 BGB Betriebsrisiko, Bl. 3.

[92] Bekanntlich verzichtet man auf die Sphärenzurechnung in dem an sich naheliegenden Fall, daß ein Arbeitnehmer durch Ungeschick oder Fahrlässigkeit eine produktionswichtige Maschine beschädigt und der Betrieb infolgedessen zeitweise zum Erliegen kommt. Vgl. etwa *Soergel / Wlotzke / Volze*, § 615 Rdnr. 30; *Staudinger / Nipperdey / Mohnen / Neumann*, § 615 Rdnr. 68 a. E.; *Beuthien*, StudK BGB, § 615 Anm. V 4.

[93] Vgl. insb. *Hueck / Nipperdey* I, S. 354, wo die Risikobeteiligung der Arbeitnehmer bei Existenzgefährdung des Betriebes als geradezu selbstverständlich hingestellt wird.

[94] Vgl. BAG AP Nr. 2 (ausdr. offenlassend), 15 (obiter dictum) zu § 615 BGB Betriebsrisiko.

[95] BAG AP Nr. 28 zu § 615 BGB Betriebsrisiko, Bl. 2.

tung des BAG gegenüber dieser Ausnahme zeigt sich auch darin, daß eine den realen Bestand des (einzelnen) Betriebes betreffende Schädigung nicht mehr ausreichen soll, sondern eine „echte" Existenzgefährdung des *Unternehmens* bei wirtschaftlicher Betrachtungsweise gefordert wird. Trotz derart verschärfter Voraussetzung bleibt die Frage, ob die Ausnahme von der Lohnfortzahlungspflicht des Arbeitgebers bei Gefährdung des wirtschaftlichen Bestandes des Unternehmens dem Grunde nach berechtigt ist. Da das BAG die Haftungsbeschränkung des Arbeitgebers nirgendwo begründet, unterstellt es offenbar die auf dem Gemeinschaftsgedanken basierende Argumentation des RAG, zumal es in anderem Zusammenhang die haftungsrechtliche Qualität des hier bedeutsamen Gesichtspunktes der Betriebsverbundenheit ausdrücklich bejaht[96].

Für die weitere Untersuchung bleibt festzuhalten, daß die Risikoverteilung des BAG auf denselben Grundgedanken beruht, die schon, wenn auch in anderer Rangfolge, für die Rechtsprechung des RG und des RAG maßgebend waren. Statt des Gedankens der Arbeits- und Betriebsgemeinschaft, der entwicklungsgeschichtlich betrachtet die „Keimzelle" der Betriebsrisikolehre darstellt, stehen neuerdings die verselbständigte Sphärentheorie und das zu ihrer Ausfüllung benötigte Solidaritätsprinzip im Vordergrund. Ergänzt wird die Argumentation durch Erwägungen zur Kampfparität im Hinblick auf das arbeitskampfbedingte Betriebsrisiko.

C. Alternativen zur Reichweite der Betriebsrisikolehre

Zentrales Thema der literarischen Diskussion um die Betriebsrisikolehre ist die Verteilung des arbeitskampfbedingten Lohnrisikos. Die insoweit von der geltenden Regelung abweichenden Lösungsvorschläge vor allem des neueren Schrifttums sollen nunmehr zusammengestellt werden, um einen Überblick über den aktuellen Streitstand und damit über die wesentlichen Alternativen zur Reichweite der Betriebsrisikolehre zu erhalten.

I. Die einheitliche Belastung der Arbeitnehmer mit dem arbeitskampfbedingten Lohnrisiko („Risikoteilungsprinzip")

Nach einer in Anlehnung an *Gift*[97] und *Löwisch*[98] von *Mayer-Maly* und *Nipperdey*[99] entwickelten Theorie, der sich neuerdings *Ehmann*[100]

---

[96] Vgl. BAG AP Nr. 17 zu § 615 BGB Betriebsrisiko (LS) = Nr. 51 zu § 611 BGB Gratifikation.

[97] *Gift,* RdA 1960, S. 166 ff., 172.

[98] *Löwisch,* DB 1963, S. 899 ff.; ders., RdA 1967 S. 45 ff.; ders., RdA 1972, S. 73 ff., 74.

weitgehend angeschlossen hat, ist die Betriebsrisikolehre nicht auf Betriebsstörungen anwendbar, die durch rechtmäßige Arbeitskämpfe verursacht werden. Stattdessen gelte ein besonderes „Risikoteilungsprinzip“. Danach sollen die Arbeitnehmer das Lohnrisiko, die Arbeitgeber das Risiko der wirtschaftlichen Verluste und der Bestandsgefährdung der Unternehmen tragen[101].

1. Darstellung

Zu Beginn ihrer Schrift legen *Mayer-Maly* und *Nipperdey* dar, welche Schwierigkeiten die herkömmliche Lehre bei der Beurteilung des arbeitskampfbedingten Betriebsrisikos bereitet[102]. Wegen der Unterscheidung von Streik- und Aussperrungsfolgen werfe die Zurechnung arbeitnehmerischer Kampfmaßnahmen zu einer Risikosphäre der Arbeitnehmerseite im Hinblick auf die Wirkungen von Abwehraussperrungen verwickelte Kausalitätsprobleme und heillose Beweisfragen auf. Bei dem Versuch einer Abgrenzung danach, ob schon der Angriffsstreik oder erst die Abwehraussperrung für die Betriebsstörung ursächlich sei, verirre man sich bald im Gestrüpp der Indizien für und gegen die eine oder die andere Kausalkette[103]. Aufgrund dieser Bedenken gelangen die Autoren zu dem „eindeutigen“ Befund[104]: „Nimmt man die Betriebsrisikolehre so, wie sie ist, so führt sie für die Behandlung der Lohnansprüche in mittelbar arbeitskampfbetroffenen Betrieben zu keiner ausreichend klaren Problemlösung.“ Das Versagen der Betriebsrisikolehre ergebe sich „offensichtlich“ daraus, daß Arbeitskampfwirkungen als wesentlich auf überbetrieblicher Ebene eingreifende Faktoren nicht mit einem völlig betriebsbezogenen Rechtsinstitut erfaßt werden könnten. Für die Bewertung von Kampffolgen kollektiv-rechtlich legitimierter Arbeitskämpfe sei die Betriebsrisikolehre demnach ungeeignet[105].

Bei der Entwicklung ihres neuen Risikoteilungsprinzips rekurrieren *Mayer-Maly* und *Nipperdey* zunächst auf die in § 84 AVAVG, dem Vorgänger des heutigen § 116 AFG, positivierten Wertungen, wonach der

---

[99] *Mayer-Maly / Nipperdey,* Risikoverteilung in mittelbar von rechtmäßigen Arbeitskämpfen betroffenen Betrieben (1965).

[100] *Ehmann,* DB 1973, S. 1946 ff. (I), S. 1994 ff. (II).

[101] Vgl. zu den Modifikationen dieses Prinzips bei rechtswidrigen Arbeitskämpfen *Mayer-Maly / Nipperdey,* S. 9 und *Löwisch,* RdA 1967, S. 45, 50, einerseits sowie *Ehmann,* DB 1973, S. 1994, 2000, Fußn. 120, andererseits.

[102] Vgl. *Mayer-Maly / Nipperdey,* S. 17 ff.

[103] Vgl. zu den Kausalitätsproblemen aus der Sicht der h. L. *Eisenstein,* S. 78 ff.; *Brox / Rüthers,* Arbeitskampfrecht, S. 269 ff.; *Ballerstedt,* AuR 1966, S. 225, 231 f.

[104] *Mayer-Maly / Nipperdey,* S. 22.

[105] Vgl. *Mayer-Maly / Nipperdey,* S. 29.

Gesetzgeber streik- und aussperrungsbedingte Arbeitslosigkeit gleichbehandle und sich klar gegen eine rechtliche Isolierung der Kampfwirkungen auf die Kampfbetriebe entschieden habe[106]. Außerdem müsse die wirtschaftsverfassungsrechtliche Stellung des Arbeitskampfes beachtet werden. Wer Streik und Aussperrung als letzte Mittel zur Gestaltung von Arbeitsbedingungen rechtmäßig einsetze, erfülle eine von der Rechtsordnung vorgesehene Funktion. Die Fernwirkung seines Verhaltens habe manches „mit der allgemeinen Behandlung der Eingriffe von hoher Hand" gemeinsam[107].

Daraus ziehen *Mayer-Maly* und *Nipperdey* den Schluß, daß die mit der Hinnahme sozialadäquater Arbeitskämpfe untrennbar verbundenen Risiken möglichst gleichmäßig zu verteilen seien. Dies entspreche nicht nur der Gerechtigkeit, sondern auch und vor allem dem „längst schon anerkannten" Grundsatz der Kampfparität, den die Verfasser als rechtsdogmatische Basis der neuen Lösung betrachten[108]. Bei einer am Prinzip der Kampfparität orientierten Interessenanalyse dürfe man nicht allein das Risiko des Produktionsausfalls dem Lohnrisiko des Arbeitnehmers gegenüberstellen, vielmehr träfen den Arbeitgeber insbesondere bei längeren Arbeitskämpfen auch die Risiken des Andauerns der Generalunkosten, des Verlustes von Absatzmärkten sowie der Vertragshaftung gegenüber Zulieferern oder Abnehmern. Die Risikenbündel des mittelbar und des unmittelbar kampfbetroffenen Arbeitgebers stimmten daher voll überein, so daß die Kampfparität „in der Tat" für das Risikoteilungsprinzip spreche[109]. Überdies harmoniere die Risikoteilung ganz mit jenen Wertvorstellungen, die allgemein bei unverschuldeter Unmöglichkeit (§ 323 BGB) eingriffen[110]. So glauben *Mayer-Maly / Nipperdey* schließlich feststellen zu können[111]: „Die im Verlust der beiderseitigen Leistungen liegende Risikoteilung entspricht den klassischen Dogmen für Unmöglichkeitsfälle ebenso wie dem modernen Prinzip der Kampfparität."

2. Analyse

Die Vorzüge der auf den ersten Blick faszinierend einfach und klar scheinenden Lösung liegen auf der Hand: die oftmals schwierige Abgrenzung von Abwehr- und Angriffsaussperrung entfällt ebenso wie

---

106 *Mayer-Maly / Nipperdey*, S. 36 f.

107 *Mayer-Maly / Nipperdey*, S. 37.

108 Vgl. *Mayer-Maly / Nipperdey*, S. 38.

109 Vgl. *Mayer-Maly / Nipperdey*, S. 40.

110 Dieser Gesichtspunkt wird neuerdings insb. von *Ehmann* (DB 1973, S. 1994, 1998) unter Hinweis auf den Grundsatz „ohne Arbeit kein Lohn" betont.

111 *Mayer-Maly / Nipperdey*, S. 41.

die praktisch kaum durchführbare Unterscheidung nach Streik- und Aussperrungswirkungen; auch die Art der Betriebsstörung ist unerheblich, vielmehr soll wohl jede arbeitskampfbedingte Arbeitsunterbrechung, gleichgültig insbesondere, ob ein Fall des Betriebs- oder Wirtschaftsrisikos vorliegt, den Wegfall des Lohnanspruchs herbeiführen[112].

Allein die Praktikabilität des Ergebnisses kann den Rechtsgrund nicht ersetzen. Es kommt mithin entscheidend darauf an, ob das Prinzip der Kampfparität, auf das sich *Mayer-Maly* und *Nipperdey* vornehmlich berufen[113], die Lösung zu tragen vermag. Da auch die herrschende Lehre das Paritätsargument — freilich genau umgekehrt — dazu benutzt, die Lohnfortzahlung bei Aussperrungsfolgen zu rechtfertigen, wird dessen Bedeutung für die Risikoverteilung kritisch zu ergründen sein.

II. Die Lehre von der Aussperrungsobliegenheit des Arbeitgebers

Nach einer anderen, zunehmend an Bedeutung gewinnenden Meinung, die auf eine Anregung *Böttichers* aus dem Jahre 1956 zurückgeht[114], soll der Arbeitgeber bei arbeitskampfbedingten Betriebsstörungen der arbeitswilligen Belegschaft solange Lohn oder Gehalt zahlen, bis er diese im Wege der suspendierenden Sympathie- oder Abwehraussperrung unmittelbar in den Arbeitskampf einbezieht[115].

1. Darstellung

Zur Begründung dieses Lösungsvorschlags führt *Danz* aus[116], daß die durch einen rechtmäßigen Arbeitskampf verursachten Leistungsstörungen in Drittbetrieben aus individualrechtlicher Sicht risikoneutrale Be-

---

112 Indes ergeben sich gerade hieraus Zweifel an der von den Autoren selbst gerühmten Klarheit der neuen Lösung. Da nicht exakt festgelegt wird, bei welchen Tatbeständen dem Arbeitgeber die Lohnfortzahlung „unzumutbar" ist, bliebe es, abgesehen von den eigentlichen Betriebsrisikofällen, in das Ermessen des Arbeitgebers gestellt, ob und für welche Zeit er den Betrieb stillegt. Vgl. die insoweit zutreffende Kritik von *Ballerstedt,* AuR 1966, S. 225, 229 f.

113 Der „gleichsam metaphorische" *(Ballerstedt)* Hinweis auf die „klassischen Dogmen für Unmöglichkeitsfälle" besitzt demgegenüber nur ornamentalen Charakter.

114 Vgl. *Bötticher,* Waffengleichheit und Gleichbehandlung der Arbeitnehmer im kollektiven Arbeitsrecht (1956), S. 13.

115 So namentlich *Danz,* Die Verteilung des Lohnrisikos in kampfbetroffenen Drittbetrieben (Diss. 1972), und neuerdings *Weiss,* AuR 1974, S. 37 ff.; ebenso *Ramm,* in: Festschr. f. Wolfgang Abendroth (1968), S. 275, 294; *Gaber,* S. 42 f.; zeitweilig auch *Nipperdey,* in *Hueck / Nipperdey* II (6. Aufl., 1957), S. 617; anders nunmehr *Hueck / Nipperdey* II, 2, S. 947 bei Fußn. 46 a.

116 Vgl. *Danz,* S. 102 ff.

einträchtigungen des Arbeitsvertrages darstellten und somit über die Sphärentheorie — von wenigen Ausnahmen abgesehen — weder dem einen noch dem anderen Vertragspartner zugerechnet werden könnten. Auch die Gedanken der Solidarität und der Breitenwirkung des Kampfergebnisses sowie die Prinzipien der Kampfparität und der gewerkschaftlichen Repräsentation bildeten keine tragfähigen Zurechnungsgründe[117]. Vielmehr gelte für die von keiner Seite „zu vertretenden" Fernwirkungen eines legalen Arbeitskampfes der Lohnfortzahlungsgrundsatz der Betriebsrisikolehre, so daß die Arbeitswilligen ihre vollen Lohnansprüche behielten. Erst durch die kollektivrechtlich zulässige Aussperrung dieser Arbeitnehmer oder durch die Einführung von Kurzarbeit bzw. zeitweiliger Nichtarbeit mit Zustimmung des Betriebsrats könne sich der Unternehmer von seiner Lohnfortzahlungspflicht befreien[118].

Die Vorzugswürdigkeit dieser Lösung erweist sich für *Danz* schließlich auch unter den rechtspolitischen Aspekten der Zweckmäßigkeit, Rechtssicherheit und Systemimmanenz[119]. Nur die Lehre von der Aussperrungsobliegenheit des Arbeitgebers, meint er, vermeide anders als die hergebrachten Risikomodelle einschließlich des angeblich praktikableren Risikoteilungsprinzips schwierige Beweisprobleme und gebe eine klare Antwort auf die Frage, „wem ab wann kein Lohn mehr gebührt"[120]. Wie schon vorher das BAG und *Mayer-Maly* und *Nipperdey* rühmt *Danz* die innere Konsequenz und Harmonie des von ihm favorisierten Modells mit dem System des Arbeitskampfrechts, das insofern nicht grundlos in Frage gestellt werde[121]. Ein Rechtsinstitut der „schlichten" Versagung der Lohnzahlung sei abzulehnen, womit ein unter dem arbeitskampfrechtlichen Gesichtspunkt des geringstmöglichen Eingriffs problematisches Stufenverhältnis von Aussperrung und bloßem Lohnentzug entfalle.

2. *Analyse*

Für die analytisch-dogmatische Einordnung dieses Lösungsvorschlags ist wesentlich, daß auch er sich letztlich in spezifischer Weise an dem Prinzip der Kampfparität orientiert. Da das zunächst isoliert individualrechtlich entwickelte Risikomodell die Funktionsfähigkeit des Regelungsinstituts Arbeitskampf erheblich beeinträchtigen würde, bedarf es aus kollektivrechtlicher Sicht einer Korrektur nach Maßgabe des Paritätsprinzips[122]. Hier nun zeigt sich ein dogmatisch äußerst bedeut-

---

117 Vgl. *Danz*, S. 65 ff., S. 114 ff.; ferner *Weiss*, AuR 1974, S. 37, 40 ff.

118 Vgl. *Danz*, S. 137 f.; *Weiss*, AuR 1974, S. 37, 48.

119 Vgl. *Danz*, S. 126 ff.

120 *Danz*, S. 133.

121 *Danz*, S. 136.

samer Unterschied gegenüber den sonstigen angeblich paritätskonformen Lösungen. Während die h. L. ebenso wie *Mayer-Maly* und *Nipperdey* dem Prinzip der Kampfparität unmittelbar gestaltende Wirkung beimessen, hat es nach dieser Theorie nur mittelbaren Einfluß auf die Risikoverteilung. Denn die Aussperungsmöglichkeit soll „nicht nur notwendige, sondern auch hinreichende Bedingung" der Lohnrisikoverteilung in kampfbetroffenen Drittbetrieben sein, weil sie dem Arbeitgeber die paritätsgewährleistende Chance verschaffe, den Wegfall der Lohnansprüche herbeizuführen und damit wirksamen Druck auf den Kampfgegner auszuüben[123]. Schon diese Möglichkeit genüge dem „normativen Minimalgehalt" der Kampfparität, so daß eine besondere Verteilungsregel aus Paritätsgründen nicht erforderlich sei[124].

III. Die ausnahmslose Belastung des Arbeitgebers mit dem Betriebs- und Wirtschaftsrisiko

In einer neueren Untersuchung hat *Krasnitzky*[125] die Betriebsrisikolehre vom wirtschaftswissenschaftlichen Standpunkt aus umfassend kritisiert und ist dabei zu dem Ergebnis gekommen, daß mit Rücksicht auf die Grundpfeiler des kapitalistischen Marktwirtschaftssystems, nämlich die unternehmerische Autonomie und das ausschließlich private Gewinnziehungsrecht, sämtliche mit der Unternehmertätigkeit verbundenen Risiken „einzig und allein vom Unternehmer bzw. dem Unternehmen zu tragen sind"[126].

1. Darstellung

Nicht zu Unrecht geht *Krasnitzky* davon aus, daß die Risikoverteilung auch von wirtschaftlichen Implikationen beeinflußt wird und insoweit ökonomischer Kontrolle zugänglich ist. Da nach seiner breit entwickelten Ansicht nur die alleinige Risikotragung durch den Arbeitgeber wirtschaftlich vertretbar ist[127], konzentriert er seine Kritik auf die Ausnahmen vom Verteilungsgrundsatz und die zu ihrer Rechtfertigung gebrauchten juristisch-ökonomischen Argumente. Dabei wendet sich *Krasnitzky* zunächst gegen den Gemeinschaftsgedanken[128], dessen Unhaltbarkeit vor allem aus der „utopischen Fiktion" einer Identität von Arbeitgeber- und Arbeitnehmerinteressen resultiere, die systemnot-

[122] Vgl. *Danz*, S. 108 f.

[123] Vgl. *Danz*, S. 123.

[124] Vgl. *Danz*, S. 125.

[125] *Krasnitzky*, Die Lehre vom Betriebsrisiko — Eine ökonomisch orientierte Kritik juristisch-ökonomischer Argumente — (Diss. 1971).

[126] Vgl. *Krasnitzky*, S. 157.

[127] Vgl. *Krasnitzky*, S. 59 ff.

[128] Vgl. *Krasnitzky*, S. 108 ff.

wendig in einer kapitalistischen Wirtschaftsordnung nicht bestehen könne[129]. Also müßten die auf dieser Hypothese beruhenden Deduktionen schon den „Keim der Irrationalität" in sich tragen[130]. Zudem basiere die von den Anhängern des Gemeinschaftsgedankens vertretene Betriebserhaltungsthese auf „überkommenen, ideologisch vorprogrammierten, ökonomisch jedoch nicht haltbaren Wertvorstellungen"[131].

Ebensowenig haltbar ist nach Meinung *Krasnitzkys* das die Sphärentheorie ergänzende Prinzip der Kampfparität, weil es pauschal eine Gleichheit von ökonomisch faktisch ungleichen sozialen Gegenspielern postuliere, die deshalb rein formal bleiben müsse[132]. Mit *Ramm*[133] rügt er diesbezüglich einen „gedankenlosen Paritätenschematismus".

Auch lehnt *Krasnitzky* jedwede vertragliche Disposition über den Verteilungsgrundsatz ab, weil dadurch eine Benachteiligung der Arbeitnehmer gerade dann eintreten könne, wenn diese „aufgrund konkreter Machtkonstellationen der Gegenseite" besonders schutzwürdig seien[134].

Die Untersuchung gipfelt schließlich in dem Vorwurf, daß die Rechtsordnung sachlich unbegründet die Arbeitgeber gegenüber weniger privilegierten Schichten bevorzuge, da die Betriebsrisikolehre „letzten Endes auf eine Individualisierung von Gewinnchancen und auf eine Sozialisierung von Verlusten" hinziele[135].

2. *Einordnung*

Reduziert man die oft überzogene, polemische und nicht ganz ideologiefreie Kritik *Krasnitzkys* auf ein verträgliches, der wissenschaftlichen Diskussion adäquates Maß, so verbleiben immerhin Perspektiven, die in eine rechtliche Betrachtung der Betriebsrisikofrage mit einbezogen werden müssen[136]. Insbesondere ist zuzugeben, daß über die wirtschaftlichen Grundlagen und Konsequenzen der herrschenden Lehre bislang nur wenig nachgedacht worden ist. Insofern stellt *Krasnitzkys* nichtjuristische Problematisierung geradezu eine Herausforderung an den Juristen dar, die Berechtigung der etablierten Verteilungsregeln und

---

129 Vgl. *Krasnitzky*, S. 142, 158.

130 Vgl. *Krasnitzky*, S. 158.

131 Vgl. *Krasnitzky*, S. 159.

132 Vgl. *Krasnitzky*, S. 160.

133 Vgl. *Ramm*, Krit. Justiz 1970, S. 175, 178.

134 Vgl. *Krasnitzky*, S. 152 ff., 161.

135 *Krasnitzky*, S. 161.

136 Zur Notwendigkeit einer Synthese der Einzelerfahrungen der verschiedenen Wissenschaften vgl. *Schwerdtner*, Fürsorgetheorie und Entgelttheorie im Recht der Arbeitsbedingungen (1970), S. 19.

damit die Tragfähigkeit der ihnen zugrunde liegenden Rechtsprinzipien nunmehr interdisziplinär „aufgeklärter“ zu überprüfen[137].

D. Ergebnis der Begründungsanalysen

Abgesehen von der zuletzt behandelten Ansicht lassen sich die alternativen Risikoverteilungsvorschläge des Schrifttums auf das Prinzip der Kampfparität radizieren. Ein grundlegend neues Argumentationselement ist also nicht ersichtlich. Insgesamt haben sich damit folgende Verteilungskriterien herausgeschält: das Sphärenprinzip mitsamt der Solidaritätsthese, das Prinzip der Kampfparität und die Vorstellung vom Gemeinschaftsverhältnis zwischen Arbeitgeber und Arbeitnehmer. Die Tragfähigkeit dieser wesentlichen Begründungselemente gilt es nunmehr zu untersuchen.

137 Vgl. die Berücksichtigung ökonomischer Erkenntnisse unten 4. Teil, A. I.

Zweiter Teil

Kritik der tragenden Begründungselemente

A. Die Sphärentheorie und das Solidaritätsprinzip

Bei der arbeitsvertraglichen Risikoverteilung steht die Sphärentheorie[1] derart im Mittelpunkt, daß sie einer weitverbreiteten Ungenauigkeit zufolge als Synonym für die Betriebsrisikolehre gilt[2]. Ihre dogmatische Fundierung ist weitgehend unterblieben[3], weil sie, einmal höchstrichterlich eingeführt, ohne weiteres als brauchbares Verteilungsinstrument akzeptiert wurde[4] und daher sehr bald Bestandskraft entwickelt hat. Durch ständige Wiederholung petrifiziert gehört die Sphärentheorie heute zum scheinbar sakrosankten Kern der Betriebsrisikolehre und unterliegt in bedenklicher Abstraktion von ihrer richterrechtlichen Herkunft schon lange keinem Legitimationszwang mehr. Dies wird vom BAG eindrucksvoll bestätigt, wenn es nur mehr lapidar feststellt, daß die Sphärentheorie auch heute noch als maßgebend, „weil vernünftig und gerecht", anzusehen sei[5]. Indem das Gericht die notwendige Begründung durch eine wohlklingende Behauptung ersetzt, provoziert es geradezu den Vorwurf, „Überkommenes unreflektiert zu tradieren"[6].

---

[1] Da der Begriff Sphärentheorie keineswegs einheitlich verwendet wird, ist vorab eine terminologische Klarstellung erforderlich. Es geht hier allein um die von RG und RAG im Rahmen der Betriebsrisikolehre konzipierte, also speziell arbeitsrechtliche Theorie. Davon zu unterscheiden ist die in ihrem Ursprung weiter zurückreichende bürgerlichrechtliche Sphärentheorie zum Gläubigerverzug der §§ 293 ff. BGB, die noch dazu im Gegensatz zur arbeitsrechtlichen Sphärentheorie in mehreren „Spielarten" vertreten wird. Wesentlich für die Abgrenzung ist, daß die zivilrechtliche Theorie nur dazu dient festzustellen, welche Leistungshindernisse den Gläubigerverzug ausschließen, mithin anders als die arbeitsrechtliche Lehre an den Kategorien Unmöglichkeit und Annahmeverzug festhält. Vgl. im einzelnen *Beuthien*, Zweckerreichung und Zweckstörung im Schuldverhältnis (1969), S. 231 ff.

[2] Vgl. etwa *Köhler*, Unmöglichkeit und Geschäftsgrundlage bei Zweckstörungen im Schuldverhältnis (1971), S. 49; *Erman / Küchenhoff*, § 615 Rdnr. 10.

[3] Vgl. zu dem unklaren historisch-dogmatischen Zusammenhang mit dem Gedanken der Betriebsgemeinschaft oben 1. Teil, A. III.

[4] Vgl. etwa *A. Hueck*, Anm. zu RAG ARS 3, S. 116, 124. Die anfängliche Kritik weniger bekannter Autoren wurde schlicht ignoriert. Vgl. *Krasnitzky*, S. 30 ff. m. w. N.

[5] BAG AP Nr. 3 zu § 615 BGB Betriebsrisiko, Bl. 2 R.

[6] Vgl. *Krasnitzky*, S. 5; ferner *Biedenkopf*, Betriebsrisikolehre, S. 14.

I. Inhalt und Grenze des Sphärenprinzips

Die kritische Analyse hat naheliegend bei dem die Sphärentheorie konstituierenden Gedanken anzusetzen, nämlich dem sog. Sphärenprinzip. Was damit gemeint ist, mögen nochmals einige Formulierungen aus der Rechtsprechung veranschaulichen. So will das RAG wie vorher schon das RG die Gefahr solcher Ereignisse den Arbeitnehmern zuweisen, „die auf dem Verhalten der Arbeitnehmerschaft selbst beruhen“[7]. Nach der entsprechenden Sentenz des BAG kommt die Lohnfortzahlungsregel nicht zur Anwendung, „wenn die Unmöglichkeit der Beschäftigung auf das Verhalten der Arbeitnehmer zurückzuführen ist“[8]. Andererseits soll der Arbeitgeber das Risiko aller Betriebsstörungen tragen, die „aus der von ihm beherrschten oder doch beeinflußten oder beeinflußbaren Gefahrenzone“[9], kurz aus seinem „Einflußbereich“ herrühren[10].

Gerade die letzte Wendung macht deutlich, welchem allgemeinen Gedanken die Sphärentheorie entspringt. Es ist dies der Gedanke der Beherrschbarkeit des Risikos oder auch der zumindest potentiellen Einflußnahme auf den Störungsgrund. Daß dem so verstandenen Sphärenprinzip für die Risikotragung durchaus normative Qualität zukommt, läßt sich an verschiedenen Bestimmungen des BGB nachweisen.

1. Seine positivrechtliche Ausformung

Gemäß § 278 BGB hat beispielsweise der Schuldner in einer Art Zufallshaftung für das Verschulden seiner Erfüllungsgehilfen einzustehen, weil deren Tätigkeit in seinem Einfluß- und somit Gefahrenkreis liegt[11]. Der Sphärengedanke kommt insbesondere auch in § 279 BGB zum Ausdruck, worin eine garantieähnliche Einstandspflicht des Schuldners für die eigene wirtschaftliche Leistungsfähigkeit statuiert ist[12].

Noch prägnanter tritt das Sphärenprinzip positivrechtlich auf der Gläubigerseite in Erscheinung. So wird nach der Spezialvorschrift des § 552 der Mieter von der Entrichtung des Mietzinses nicht dadurch befreit, daß er „durch einen in seiner Person liegenden Grund“ von der Mietsache keinen Gebrauch machen kann. Der Mieter trägt demnach

---

[7] Vgl. RAG ARS 3, S. 116, 122.

[8] BAG AP Nr. 2 zu § 615 BGB Betriebsrisiko.

[9] BAG AP Nr. 3 zu § 615 BGB Betriebsrisiko.

[10] Vgl. BAG AP Nr. 15 zu § 615 BGB Betriebsrisiko.

[11] Vgl. *Palandt / Heinrichs*, § 278 Anm. 1.

[12] Vgl. *Fabricius*, Leistungsstörungen, S. 92; *Soergel / Reimer Schmidt*, § 279 Rdnr. 3; zu den Grenzen der in § 279 BGB normierten Sphärenverantwortlichkeit vgl. *Medicus*, Bürgerliches Recht, S. 115 f., Rdnr. 266 ff.; *Larenz*, SchR I, S. 232 f. m. w. N.

nur das Risiko seiner persönlichen Verhinderung (etwa bei Krankheit, Wehrdienst, Nichterteilung einer Konzession), wobei es gleichgültig ist, ob diese auf Umständen beruht, die von ihm verschuldet oder auch nur beeinflußbar sind[13]. Die Unmöglichkeit der Vertragsdurchführung liegt insoweit ähnlich wie bei § 324 BGB[14] im Risikobereich des Mieters mit der Rechtsfolge, daß der Mietzinsanspruch des Vermieters entgegen § 323 BGB bestehen bleibt. Den Gegensatz dazu bilden die in der Person des Vermieters begründeten und die objektiven, außerhalb der Person des Mieters liegenden Hindernisse[15], wie z. B. die Beschlagnahme der Mietsache oder Motorschaden am Mietfahrzeug[16].

Mit der Vorschrift des § 552 BGB nahe verwandt ist die Bestimmung des § 615 BGB im Dienstvertragsrecht, für das bekanntlich die Regelung des Mietvertrages als Vorlage diente[17]. Zum Verständnis des für die Erfassung des Sphärenprinzips aufschlußreichen Funktionszusammenhangs zwischen diesen beiden Vorschriften ist etwas weiter auszuholen. Bei der Miete erfüllt der Vermieter seine Leistungspflicht nach Maßgabe der §§ 535, 552 BGB bereits durch die ordnungsgemäße Bereitstellung des Mietobjekts, ohne daß es darauf ankommt, ob der Mieter die Sache auch tatsächlich in Gebrauch nehmen kann[18]. Da somit in vielen Fällen eine Mitwirkung des Mieters zur „reellen" Erfüllung des Mietvertrages nicht erforderlich ist[19] und Annahmeverzug daher ausscheidet, hat der Gesetzgeber, um den Mieter nicht für jede zufällige (objektive) Gebrauchsunmöglichkeit haften zu lassen, quasi ersatzweise in § 552 BGB dessen Risiko auf solche Gebrauchshindernisse beschränkt, die mit seiner Person zusammenhängen[20]. Obwohl nun nach der gesetzlichen Ausgestaltung des Dienstvertrages das bloße Anbieten der Dienste seitens des Dienstverpflichteten nicht zur Erfüllung der Leistungspflicht genügt[21], besteht in der Wertung und in den Rechts-

---

13 Vgl. BGHZ 38, S. 295, 298; *Palandt / Putzo*, § 552 Anm. 2.

14 Vgl. *Soergel / Mezger*, § 552 Rdnr. 1.

15 Vgl. BGHZ 38, S. 295, 297; *Soergel / Mezger*, § 552 Rdnr. 1.

16 Instruktiv ist auch folgendes, von *Köhler* (Unmöglichkeit, S. 33) gebildete Beispiel: Kann der Urlauber das in einem Alpendorf gelegene Hotel nicht rechtzeitig erreichen, weil durch einen Erdrutsch die einzige Zufahrtsstraße tagelang versperrt ist, so ist er für die zurückliegende Zeit gem. § 323 BGB wegen (Teil-) Gebrauchsüberlassungsunmöglichkeit von der Mietzahlung befreit.

17 Vgl. hierzu *Fabricius*, Leistungsstörungen, S. 58 ff.; ferner *Gamillscheg*, Arbeitsrecht, Nr. 3 und 7.

18 Vgl. *Larenz*, SchR II, S. 144 f.; *Erman / Schopp*, § 552 Rdnr. 1.

19 Anders liegen die Fälle der Gebrauchsüberlassungsunmöglichkeit mangels notwendiger Mitwirkung des Mieters etwa zur Übergabe der Mietsache, die jedoch auch von § 552 BGB erfaßt werden. Vgl. hierzu im einzelnen *Beuthien*, Zweckerreichung, S. 83 f.; *Köhler*, Unmöglichkeit, S. 31 ff.

20 Vgl. *Fabricius*, Leistungsstörungen, S. 59.

21 Dies belegen die Motive zum BGB (Bd. II, Amtl. Ausgabe, 1888, S. 461),

folgen gegenüber der Regelung des Mietrechts kein Unterschied, denn der Dienst- bzw. Arbeitnehmer kann unter den Voraussetzungen des § 615 BGB die vereinbarte Vergütung verlangen, ohne zur Nachleistung verpflichtet zu sein[22]. Der an § 552 BGB orientierten Regelung des § 615 BGB liegt demnach das gesetzgeberische Telos zugrunde, daß der Dienstverpflichtete (Vermieter) nicht deshalb seinen Vergütungsanspruch verlieren soll, weil der Dienstherr (Mieter) „durch einen in seiner Person liegenden Grund" an der Entgegennahme der ordnungsgemäß angebotenen Dienste verhindert ist. Wohl um eine offene Gleichstellung mit der Sachmiete zu vermeiden, wird in § 615 BGB auf den Annahmeverzug verwiesen, der freilich wiederum mit den Erfordernissen des § 552 BGB übereinstimmt[23].

Der hier skizzierte Funktionszusammenhang zwischen den §§ 552 BGB und 615 BGB einerseits und zwischen diesen beiden und dem Annahmeverzug andererseits bestätigt die Erkenntnis, daß Annahmeverzug nur dann eintreten kann, wenn der Gläubiger durch persönliche Gründe daran gehindert ist, die angebotene Leistung anzunehmen[24], bzw. anders und genauer, wenn der objektiv noch möglichen, notwendigen Mitwirkung des Gläubigers bloße persönliche Hindernisse entgegenstehen[25]. Auch die allgemeine Regelung des Annahmeverzuges im BGB knüpft daher an den Sphärengedanken an. Vergegenwärtigt man sich dazu die risikosteuernde Funktion des Gläubigerverzuges[26] wie auch der übrigen zitierten Vorschriften, so kann festgestellt werden, daß das Sphärenprinzip ein von der Rechtsordnung anerkanntes Instrument der Risikoverteilung darstellt[27].

2. Insbesondere § 645 I 1 BGB

Eine rudimentäre Verwirklichung des Sphärenprinzips enthält schließlich der besonders zu erwähnende, bisweilen überschätzte § 645 I 1

---

wo es im Zusammenhang mit dem Annahmeverzug des Dienstberechtigten heißt: „Für den Dienstvertrag kann dagegen das gleiche Prinzip (wie bei der Miete, Anm. d. Verf.), also der Grundsatz, daß die Vorleistungspflicht des Dienstverpflichteten erfüllt ist, wenn er zur Dienstleistung im Stande ist und sich bereit erklärt hat, keineswegs als selbstverständlich erachtet werden, da einleuchtend die beiden angegebenen Erfordernisse nicht genügen, um die wirkliche (reelle) Dienstleistung annehmen zu können."

22 Vgl. *Fabricius*, Leistungsstörungen, S. 60; *Köhler*, Unmöglichkeit, S. 56.

23 Vgl. *Fabricius*, Leistungsstörungen, S. 61.

24 Dazu ausf. *Fabricius*, Leistungsstörungen, S. 61 ff., 67.

25 Vgl. *Beuthien*, Zweckerreichung, S. 237 f.; *Köhler*, Unmöglichkeit, S. 25 ff.

26 Siehe insb. §§ 300, 324 II BGB; dazu *Larenz*, SchR I, S. 288 ff.

27 Zu weitgehend allerdings *Fabricius*, Leistungsstörungen, S. 92, der annimmt, daß der Sphärengedanke als allgemeines funktionelles Wertungsprinzip den Vorschriften des BGB zum Vertretenmüssen zugrunde liegt. Denn in der Regel ist vorwerfbares Verhalten erforderlich (§ 276 I BGB).

BGB[28]. Danach trägt der Besteller eines Werkes die Vergütungsgefahr, wenn das Werk infolge eines Mangels des von ihm gelieferten Stoffes oder infolge einer von ihm für die Ausführung erteilten Anweisung untergegangen ist, verschlechtert oder unausführbar wird. Hier beschränkt sich also die Verantwortlichkeit des Gläubigers anders als in den bereits genannten Normen ausdrücklich auf die mit dem gelieferten Stoff bzw. den Weisungen verbundenen Störungsmöglichkeiten. § 645 BGB bietet demnach keine Grundlage für eine allgemeine Sphärentheorie[29], sondern erlaubt allenfalls eine begrenzte Analogie zur Erfassung werkvertraglicher Störungsfälle[30].

Gleichwohl hat namentlich *Söllner* versucht, die prinzipielle Risikohaftung des Arbeitgebers aus § 645 BGB herzuleiten und die Betriebsrisikolehre auf diese Weise zumindest partiell in das Zivilrechtssystem zu reintegrieren[31]. In Anlehnung an die werkvertragliche Spezialvorschrift soll folgende Regel gelten: „Wer das Arbeitssubstrat (Material, Räume, Gerätschaften, Energie) bereitstellt und durch seine Weisungen die Arbeit nach Ort, Zeit, Ausführung und sonstigen Modalitäten bestimmt, hat für Fehler und Störungen, die in diesem Bereich auftreten, einzustehen und trägt insoweit die Gefahr[32].“ Daß diese allgemeine, von der Störungsursache abstrahierende Gefahrtragungsregel nicht aus § 645 BGB deduziert werden kann, ergibt sich schon daraus, daß die Vorschrift nur solche Mängel des Stoffes bzw. des Arbeitssubstrats betrifft, die diesem unmittelbar anhaften, gleichsam „von innen“ heraus wirken[33]. Eine weiterreichende Verantwortung des Bestellers für alle Gefahren, die von seiner Seite herkommen, wurde bei der Gesetzesberatung abgelehnt und findet auch in der unmißverständlichen Gesetzesfassung keine Stütze[34]. Hierin liegt eben die vergleichsweise beschränkte Ausformung des Sphärengedankens, die erst recht einer Haftung des Bestellers bzw. Arbeitgebers für Einflüsse höherer Gewalt entgegensteht. Insoweit kann offen bleiben, ob die Betriebsrisikofälle überhaupt in den Analogierahmen des § 645 I 1 BGB hineinpassen[35].

---

[28] Vgl. *Köhler*, Unmöglichkeit, S. 42; *Beuthien*, Zweckerreichung, S. 87.

[29] Vgl. *Beuthien*, Zweckerreichung, S. 89; *Köhler*, Unmöglichkeit, S. 39; *Palandt / Thomas*, § 645 Anm. 3 b, dd.

[30] Vgl. etwa BGHZ 60, S. 14 ff.; dazu *Medicus*, Bürgerl. Recht, S. 118; ferner *Köhler*, Unmöglichkeit, S. 38 ff.; *Palandt / Thomas*, § 645 Anm. 3 b, cc.

[31] Vgl. *Söllner*, AcP 167 (1967), S. 132, 142 f.; ebenso *Fabricius*, Leistungsstörungen, S. 83; *Richardi*, ZfA 1974, S. 3, 14; ders., Arbeitsrecht (3. Aufl., 1976), S. 33.

[32] *Söllner*, AcP 167 (1967), S. 132, 143.

[33] Vgl. *Beuthien*, Zweckerreichung, S. 89, Fußn. 87, u. S. 208.

[34] Vgl. *Staudinger / Riedel*, § 644 Rdnr. 8; *Soergel / Ballerstedt*, § 645 Rdnr. 1.

[35] Dagegen *Beuthien*, Zweckerreichung, S. 88 f.; vgl. zum Normzweck des § 645 BGB auch *Köhler*, Unmöglichkeit, S. 40.

3. *Konkretisierung und haftungssystematische Einordnung*

Insgesamt zeigen die Vorschriften des bürgerlichen Rechts, in denen sich das Sphärenprinzip niedergeschlagen hat, ganz deutlich, daß maximal für das persönliche, sphäreneigene Störungsrisiko gehaftet wird. Für Inhalt und Grenze des Sphärenprinzips gleichermaßen kennzeichnend ist die Gesetzesformulierung „durch einen in seiner Person liegenden Grund". Die im Sinne dieser Sphärenverantwortlichkeit erweiterte Haftung ist somit scharf zu unterscheiden von der allgemeinen Gefahrtragung auch für Störungsursachen außerhalb des eigenen Risikobereichs, wie sie etwa in den §§ 446, 447, 616 I BGB angeordnet wird[36].

Rechtssystematisch kann man die sphärenbezogene Risikoverantwortung zwischen der Einstandspflicht für vorwerfbares Verhalten und der unbeschränkten Gefahrtragung einordnen, wobei jedoch der Wertungszusammenhang mit den Vorschriften über das „Vertretenmüssen" des Schuldners (§§ 278, 279 BGB) wie des Gläubigers (§§ 324 II, 293 ff., 552, 615 BGB) unverkennbar ist. Unter diesem Aspekt wird der von *Larenz*[37] im Anschluß an *Beuthien*[38] geäußerte Vorschlag verständlich, bei § 324 I BGB könnten Erwägungen zum Zuge kommen, wie sie der „Sphärentheorie" zugrundelägen. Der Gläubiger habe nicht nur eigenes (vorwerfbares) Handeln zu vertreten, sondern auch „die Zulänglichkeit seines Geschäfts- und Organisationsbereiches"[37]. Damit berührt sich die Empfehlung von *Medicus*, man solle die §§ 278, 279 BGB auf der Gläubigerseite entsprechend anwenden[39]. Noch extensiver will *Beuthien* das Vertretenmüssen des Gläubigers generell nach Maßgabe des Sphärenprinzips ausdehnen „bis hin zu einer Risikoverantwortung für in jeder Beziehung unverschuldete, ja unverursachte, aber sphäreneigene Leistungsstörungen"[40]. Ob man den Rahmen des § 324 I BGB wirklich so weit spannen darf, braucht hier nicht abschließend beurteilt zu werden.

4. *Zusammenfassung*

Jedenfalls haben die vorstehenden Erörterungen Klarheit über den normativen Gehalt des Sphärenprinzips erbracht. Es erfaßt demnach

(1) der Ursache nach beherrschbare Störungen *oder*

---

[36] Vgl. *Beuthien*, Zweckerreichung, S. 86 ff.

[37] Vgl. *Larenz*, SchR I (10. Aufl.), S. 286; nunmehr aber ders., SchR I (11. Aufl.), S. 325 f.

[38] *Beuthien*, Zweckerreichung, S. 244.

[39] Vgl. *Medicus*, Bürgerl. Recht, S. 117, Rdnr. 269; ferner *Neumann-Duesberg*, BB 1969, S. 1449, 1451.

[40] So *Beuthien*, Zweckerreichung, S. 87; vgl. dagegen *Köhler*, Unmöglichkeit, S. 110 ff.; ferner *Larenz*, SchR I (11. Aufl.), S. 326; einschränkend auch *Medicus*, Bürgerl. Recht, S. 117 f., Rdnr. 269.

(2) auch solche unbeherrschbaren Störungen, die der *Person* des Gläubigers bzw. Schuldners zuzuordnen sind, m. a. W. in dessen persönliche Risikosphäre fallen.

Diese sphärenbezogene Risikoverantwortlichkeit ist nicht identisch mit der allgemeinen Gefahrtragung, die zwar ebenfalls nicht beherrschbare, aber — und das ist wesentlich — aus neutraler Sphäre herrührende Leistungsstörungen betrifft, wozu vor allem die keinem Vertragsteil zurechenbaren Fälle höherer Gewalt gehören[41].

II. Die Zurechenbarkeit des allgemeinen Betriebsrisikos

Auf der Grundlage dieser Voruntersuchung kann nunmehr überprüft werden, ob das Sphärenprinzip die bisherige Verteilung des Betriebsrisikos rechtfertigt. Dabei trennt man zweckmäßigerweise das allgemeine Betriebsrisiko von dem Sonderfall des arbeitskampfbedingten Risikos.

Was zunächst die normalen Störungen angeht, die „grundsätzlich" in die weitgezogene Sphäre des Arbeitgebers fallen sollen, so läßt sich die Untauglichkeit des Sphärengedankens vorzüglich an dem höchstrichterlich entschiedenen Landestrauerfall[42] demonstrieren.

Infolge eines schweren Brandunglücks, bei dem zahlreiche Menschen ums Leben kamen, wurden durch Landesverordnung öffentliche Tanzveranstaltungen sowie andere öffentliche „Vergnügungen nicht ernsten Charakters" untersagt. Das BAG hatte darüber zu entscheiden, ob den fest angestellten Mitgliedern einer Tanzkapelle[43], die wegen des behördlichen Auftrittsverbots nicht musizieren konnten, gleichwohl ein Vergütungsanspruch für die Ausfallzeit zustand.

Angesichts der besonderen Lage des Falles räumt das BAG ein, „daß das Brandunglück (...) und das daraus resultierende Verbot aller öffentlichen Lustbarkeiten nicht im eigentlichen Einflußbereich (des Arbeitgebers, Verf.) lag"[44]. Dennoch bejaht das Gericht die Ansprüche der Musiker, indem es unter dem Zwang der vorher als maßgeblich apostrophierten Sphärentheorie und der wertungsmäßig angestrebten Lohnfortzahlung eine besondere Risikosphäre des beklagten Unternehmens konstruiert[45]. Unterhaltungsbetriebe seien erfahrungsgemäß

---

[41] Vgl. *Beuthien*, Zweckerreichung, S. 88.

[42] BAG AP Nr. 15 zu § 615 BGB Betriebsrisiko.

[43] Vgl. zu der nicht unproblematischen Arbeitnehmereigenschaft des klagenden Kapellenleiters und der übrigen Musiker die Ausf. des BAG, a.a.O., Bl. 1 R f. m. Anm. v. *Nikisch*, ebd., Bl. 3 f.

[44] BAG, a.a.O., Bl. 2 R.

[45] Folgerichtig müßte man ebenso eine „besondere Risikosphäre" der betroffenen Musiker anerkennen, was vom BAG jedoch nicht erwogen wird. Vgl. *Danz*, S. 42 f.

gegenüber Störungen dieser Art besonders anfällig. Wegen der Einkalkulierbarkeit solcher nicht gänzlich unvorhersehbarer Ereignisse, meint das BAG weiter, könne der Arbeitgeber etwa durch die Bildung von Rücklagen finanziellen Nachteilen entgegenwirken[46], so daß eine Risikoentlastung mit Rücksicht auf die arbeitsvertraglich bezweckte Existenzsicherung des Arbeitnehmers ausgeschlossen sei.

Mag auch die Entscheidung im Ergebnis richtig sein, so steckt doch in der Begründung ein argumentum ad absurdum. Wenn man nämlich rein zufällige äußere Einflüsse auf den Betriebsablauf als nicht völlig unvorhersehbare, mithin einkalkulierbare Störungen deklariert, dann gibt es keine unkalkulierbaren Ereignisse mehr, die dem Arbeitgeber nicht zugerechnet werden können. Da solche Störungsursachen weder im Herrschaftsbereich noch in der Person des Arbeitgebers liegen, ist seine angebliche Sphärenverantwortlichkeit schlichte Fiktion[47]. Es handelt sich folglich nicht mehr um eine Anwendung des Sphärenprinzips, sondern um eine davon losgelöste, selbständige Normierung des Arbeitgeberrisikos.

Dabei liegt der Landestrauerfall keineswegs so außergewöhnlich, wie es zunächst scheint, vielmehr betrifft er einen durchaus typischen Fall des Betriebsrisikos. Nicht anders stellt sich nämlich die Situation dar bei Betriebsunterbrechungen infolge von Witterungseinflüssen (Blitzschlag, Überschwemmung, Schlechtwetter) oder Energie- bzw. Rohstoffmangel, womit die besonders symptomatischen Betriebsrisikofälle genannt sind. In Wahrheit beruhen all diese Betriebshindernisse auf externen, sphärenneutralen Störungsursachen, die dem Arbeitgeber über das Sphärenprinzip nicht zugerechnet werden können[48].

Zur Verdeutlichung dieses Tatbestandes sei auf die verbleibenden Fälle mit betriebsinternen oder gar persönlichen Ursachen hingewiesen. Fällt z. B. eine wichtige Maschine aus und kommt deswegen die Produktion zum Erliegen oder muß etwa bei kleineren Unternehmen wegen Todes oder Krankheit des Inhabers der Betrieb vorübergehend stillgelegt werden, so kann man den ersten Fall dem vom Arbeitgeber beherrschbaren betrieblichen Gefahrenkreis zuordnen und den zweiten

---

[46] Hier verwechselt das BAG offenbar Ergebnis und Begründung, denn die finanziellen Nachteile in Gestalt der Lohnfortzahlung ergeben sich ja erst aus der Risikoverteilung.

[47] Vgl. ähnlich *Nikisch*, Anm. zu BAG AP Nr. 15 zu § 615 BGB Betriebsrisiko; *Danz*, S. 42.

[48] Das Sphärenprinzip wäre demgegenüber mißverstanden, wollte man bei der Zurechnung auf das Eigentum des Arbeitgebers an den sachlichen Betriebsmitteln abstellen, die das Leistungssubstrat bilden. Vgl. dazu richtig *Beuthien*, Zweckerreichung, S. 18 f. „Entscheidend ist nicht, wo sich der Schaden auswirkt, sondern woher seine Ursache stammt."
(*Beuthien*, Zweckerreichung, S. 89).

Fall als typische Realisierung des persönlichen Störungsrisikos betrachten. Diese vom Sphärenprinzip erfaßbaren Risiken lassen sich, wenn man den neueren Tendenzen zur Erweiterung des § 324 I BGB folgt[49], unter den Begriff der vom Arbeitgeber zu vertretenden Unmöglichkeit der Arbeitsleistung subsumieren und somit aus dem eigentlichen Betriebsrisikoproblem ausgliedern[50].

Zusammenfassend ergibt sich, daß die von der h. L. befürwortete „grundsätzliche" Risikotragung des Arbeitgebers nicht mit dem Sphärengedanken zu rechtfertigen ist. Von außen kommende, nicht im Betrieb selbst begründete Störungen, also ein ganz wesentlicher, wenn nicht der praktisch überwiegende Teil des Betriebsrisikos, fallen nicht in die bis zur Fiktion überdehnte Risikosphäre des Arbeitgebers, da sie sphärenneutrale Einwirkungen auf den arbeitsvertraglichen Leistungsaustausch darstellen.

III. Die Zurechenbarkeit des arbeitskampfbedingten Betriebsrisikos zur Individualsphäre der Betroffenen

Es bleibt zu überlegen, ob das Sphärenprinzip wenigstens für den Spezialbereich des arbeitskampfbedingten Betriebsrisikos als Verteilungsinstrument herangezogen werden kann. Als natürliche Folge der Arbeitskampfpraxis lautet die Kernfrage, ob den Arbeitnehmern die Störungsfolgen der regelmäßig von ihrer Seite begonnenen Arbeitskämpfe zugerechnet werden können, bzw. genauer, ob der Streik als Störungsquelle in die Risikosphäre des arbeitswilligen Arbeitnehmers fällt.

1. Die Individualsphäre des Arbeitnehmers

Mit Bezug auf die beiden Komponenten des Sphärenprinzips kann man a priori feststellen, daß der Streik kein persönliches Risiko des mittelbar betroffenen Arbeitnehmers darstellt, denn die Störungsursache liegt auch im weitesten Sinne nicht „in seiner Person".

In Betracht kommt allein die Zurechnung unter dem Gesichtspunkt der Risikobeherrschung[51].

So könnte man für den Normalfall des gewerkschaftlichen Streiks annehmen, daß zumindest die zur Urabstimmung über den bevorstehenden Streik berechtigten Arbeitnehmer eine haftungsbegründende Einflußmöglichkeit besitzen[52], obgleich die letzte Entscheidung über den

---

[49] Vgl. dazu oben 2. Teil, A. I. 3.

[50] So wohl auch *Wiedemann*, Arbeitsverhältnis, S. 84.

[51] Dafür hat sich insb. *Fabricius*, Leistungsstörungen, S. 92 ff., nachhaltig ausgesprochen.

[52] Vgl. zur Entbehrlichkeit der Urabstimmung ArbG Düsseldorf, DB 1973, S. 876 ff. m. w. N.

Kampfbeginn bekanntlich von dem jeweils zuständigen Gewerkschaftsorgan getroffen wird[53]. Dabei ist freilich zu beachten, daß sich für diesen begrenzten Arbeitnehmerkreis die Betriebsrisikofrage kaum stellen wird. Denn die gemäß ihrem Votum bei der Urabstimmung streikenden Arbeitnehmer verlieren wegen der Suspendierung der gegenseitigen Vertragspflichten ohne weiteres ihren Lohnanspruch[54]. Nur für die bei der Abstimmung unterlegenen Arbeitnehmer, die sich dem Streik auch tatsächlich nicht angeschlossen haben und ihren Arbeitswillen bekunden, kann das Risikoproblem entstehen — als Folge manifester Einflußlosigkeit.

Ein Vergleich zur Lage des § 278 BGB markiert den rechtserheblichen Unterschied. Dort hat der Schuldner es in der Hand, durch Hinzuziehung oder Verzicht auf Gehilfen seinen Risikobereich zu vergrößern oder zu verkleinern. Seine autonome Entscheidung bestimmt das Risiko, es ist m. a. W. für ihn beherrschbar. Diese risikosteuernde Möglichkeit fehlt dem einzelnen Arbeitnehmer, selbst wenn er an der Urabstimmung beteiligt ist. Ob der Streik stattfindet, hängt entscheidend von heteronomen Bedingungen ab, z. B. vom Abstimmungsverhalten seiner Kollegen, vom Plazet der zuständigen Gewerkschaftsorgane und nicht zuletzt vom Ausgang der möglicherweise nach der Urabstimmung wiederaufgenommenen Tarifverhandlungen. An der Situation desjenigen Arbeitnehmers, für den der Streik noch am ehesten beeinflußbar scheint, wird somit deutlich, daß von einer dem Sphärenprinzip entsprechenden Risikobeherrschbarkeit nicht die Rede sein kann. Dies gilt erst recht für die Anders- bzw. Nichtorganisierten der Kampfbetriebe sowie ganz allgemein für die Beschäftigten außerhalb der Kampfzone. Als kollektives Phänomen ist der Streik ein für den einzelnen unbeherrschbarer Risikofaktor.

Diese wichtige Erkenntnis bedarf noch einer Ergänzung, soweit das BAG jedenfalls bei dem Teilstreik im eigenen Betrieb auf die Beeinflussungsmöglichkeit der Arbeitswilligen gegenüber den Streikenden abhebt. Dies könnte bedeuten, daß die arbeitswilligen Arbeitnehmer ihren Lohn (auch) deswegen einbüßen sollen, weil sie versäumen, auf die streikenden Kollegen zur Beendigung des Kampfes einzuwirken. Demgegenüber ist nachdrücklich klarzustellen, daß die Risikoverteilung nicht mit einer Handlungs- oder Unterlassungshaftung verwechselt werden darf, die an vertraglich oder deliktisch vorwerfbares Verhalten anknüpft. So hat das BAG selbst ganz zu Recht ausgeführt, es sei dem Arbeitnehmer nicht zuzumuten, den Streikenden in den Rücken zu

---

[53] Vgl. etwa § 5 der Neuen Arbeitskampfrichtlinien des DGB v. 5. 6. 1974, abgedruckt bei *Hernekamp*, Aktuelle Dokumente, hrsg. v. von Münch (1975), S. 75 ff.

[54] Vgl. BAG AP Nr. 43 zu Art. 9 GG Arbeitskampf.

fallen[55]. Jedwede Einwirkungsobliegenheit des Arbeitnehmers ist mit dieser Maxime unvereinbar und würde überdies zu praktisch unerträglichen Konsequenzen führen. Da der einzelne Arbeitnehmer zu wirksamer Beeinflussung des Streikgeschehens nicht imstande ist, könnten kollektive Streikbrecheraktionen provoziert werden. Die Eskalation des innerbetrieblichen Kampfes wäre unausweichlich. Aus der Unterlassung möglicher Einflußnahme auf den bevorstehenden oder schon ausgebrochenen Streik kann demnach für die Risikofrage nichts hergeleitet werden[56].

Letztlich ist entscheidend, daß sich der Streik einer risikorelevanten Beeinflussung durch den einzelnen Arbeitnehmer entzieht. Für die Anwendung des Sphärenprinzips reicht insbesondere nicht jede, noch so entfernte Einflußmöglichkeit (z. B. das Abstimmungsrecht) aus. Voraussetzung ist vielmehr eine die Risikotragung rechtfertigende Beherrschbarkeit der Störungsursache. Da der Streik für den Arbeitnehmer nicht in diesem Sinne beherrschbar ist, scheidet jedenfalls dessen unmittelbare Zurechnung zur individuellen Risikosphäre aus.

2. Die Individualsphäre des Arbeitgebers

Parallel dazu verläuft die Problematik auf Arbeitgeberseite, die man trotz ihrer geringeren praktischen Relevanz nicht aus den Augen verlieren sollte. In dem erforderlichen Maße beherrschbar ist die Aussperrung nur für denjenigen Arbeitgeber, der sie selbst anordnet, wobei sich für diesen wiederum die Betriebsrisikofrage nicht stellt. Alle mittelbar aussperrungsbetroffenen Arbeitgeber stehen dem andernorts geplanten bzw. stattfindenden Arbeitskampf mehr oder minder machtlos gegenüber, wie etwa der weiterhin beschäftigungswillige Arbeitgeber, bei dem der Risikotatbestand infolge von Aussperrungen seiner Verbandskollegen eintritt. Insbesondere können die betroffenen Arbeitgeber nicht zu einer risikoerheblichen Aktivität gegen die aussperrenden Unternehmen angehalten werden. Ebenso wie dem am Streik unbeteiligten Arbeitnehmer ist dem Arbeitgeber ein Recht zur sanktionslosen Passivität gegenüber dem Kampfgeschehen zuzubilligen[57].

3. Zusammenfassung

Zusammenfassend läßt sich feststellen, daß nach Maßgabe des Sphärenprinzips weder die Streik- noch die Aussperrungsfolgen dem individuellen Risikobereich des Arbeitnehmers bzw. des Arbeitgebers zuge-

---

[55] BAG AP Nr. 3 zu § 615 BGB Betriebsrisiko, Bl. 2; vgl. zum hier berührten Problem der Streikarbeit ausf. *Rüthers,* ZfA 1972, S. 403 ff.

[56] Ebenso *Weiss,* AuR 1974, S. 37, 42.

[57] Vgl. BAG AP Nr. 3 zu § 615 BGB Betriebsrisiko, Bl. 2 m. w. N.

rechnet werden können. Bei Streik und Aussperrung handelt es sich vielmehr um für die Drittbetroffenen sphärenneutrale Störungsursachen.

IV. Kollektivsphäre und Solidarhaft des Gruppenmitglieds bei arbeitskampfbedingten Störungen

Das Ergebnis der bisherigen Untersuchung wird durch die Argumentation des BAG indirekt bestätigt. Denn das Gericht stellt anders als bei der Zurechnung allgemeiner Betriebsstörungen zur „Unternehmersphäre" wohlweislich nicht auf die Individualsphäre des Arbeitnehmers ab, sondern verweist die Störungswirkungen von Streiks in eine Kollektivsphäre der Arbeitnehmerschaft[58]. Integraler Bestandteil dieser (Hilfs-)Konstruktion ist die Annahme einer allseitigen Solidarität unter den Arbeitnehmern, die letzten Endes den individuellen Lohnverlust rechtfertigen soll. Die weitere Untersuchung wird demnach zu klären haben, ob eine Sphärenverantwortlichkeit der Arbeitnehmerschaft für die Streikfolgen besteht, und wenn ja, ob diese unter dem Gesichtspunkt der Arbeitnehmersolidarität auf die Individualrechtsebene transponiert werden kann.

1. Zur Sphärenverantwortlichkeit der Arbeitnehmerschaft[59]

Als Grund für die Kollektivzuordnung der Streikfolgen nennt das BAG einmal die gegenseitige Einwirkungsmöglichkeit der Gewerkschaften und verkennt dabei, daß die jeweils streikführende Gewerkschaft keineswegs einem risikobeherrschenden Einfluß seitens der übrigen Gewerkschaften unterliegt. Selbst die im DGB organisierten Gewerkschaften können nicht mit Verbandsmitteln zur Unterlassung oder Beendigung von Streiks gezwungen werden, sondern verfügen wie etwa die DAG über Streikautonomie[60], die durch bloße Einwirkungsmöglichkeiten von dritter Seite nicht aufgehoben wird[61]. Unter dem Gesichtspunkt der Risikobeherrschbarkeit ist somit eine Zurechnung des Streikrisikos in die Gesamtsphäre der Gewerkschaften nicht möglich.

---

[58] Vgl. besonders deutlich BAG AP Nr. 3 zu § 615 BGB Betriebsrisiko, Bl. 3.

[59] Entsprechendes gilt für die Problematik auf Arbeitgeberseite.

[60] So bestätigt § 1 der Neuen Arbeitskampfrichtlinien des DGB v. 5. 6. 1974 (abgedr. bei *Hernekamp*, S. 75 ff.): „Die Regelung der Arbeits- und Wirtschaftsbedingungen und die Führung von Arbeitskämpfen ist grundsätzlich Angelegenheit der zuständigen Gewerkschaften." Bemerkenswert ist auch der Nachsatz: „Den im Deutschen Gewerkschaftsbund vereinigten Gewerkschaften *wird empfohlen*, die ... Arbeitskampfrichtlinien zu beachten." In den früheren Richtlinien vom Oktober 1949 hieß es noch: „Die dem Deutschen Gewerkschafts-Bund angeschlossenen Gewerkschaften *verpflichten sich* jedoch zur Einhaltung folgender ... Richtlinien."

[61] Vgl. dazu § 7 Abs. 3 der Neuen Arbeitskampfrichtlinien des DGB (abgedr. bei *Hernekamp*, S. 75 ff.).

Erwägenswert bleibt das zweite Argument des BAG, es handele sich um Wirkungen des kollektiven Zusammenschlusses der Arbeitnehmer, die deshalb ganz allgemein der Arbeitnehmerseite aufzuerlegen seien[62]. Damit korrespondiert der Hinweis, daß die Betriebsstörung aus dem Bereich der sozialen Gegenspieler des Arbeitgebers komme, auf den dieser im allgemeinen keinerlei Einflußmöglichkeiten habe[63]. Hiernach erscheint der Streik als gruppenspezifische Störungsursache, deren Folgen in die Sphäre der Arbeitnehmerschaft schlechthin fallen sollen. Da das Sphärenprinzip nicht nur das beherrschbare, sondern auch das unberechenbare persönliche Risiko erfaßt[64], könnte man insofern — kollektivrechtlich modifiziert — von einem „in der Arbeitnehmerschaft liegenden Grund" sprechen.

Freilich bestehen schon im Ausgangspunkt gegen eine derartige Konstruktion erhebliche Bedenken, weil das BAG nicht etwa die gewerkschaftlich organisierte Arbeitnehmerschaft, sondern weitergehend die amorphe Gesamtheit aller Arbeitnehmer, eben „die Arbeitnehmerseite", als Zurechnungsadressat wählt. Damit wird die gesellschaftliche Gruppe der Arbeitnehmer ohne weiteres zum sphärenverantwortlichen Rechtssubjekt erklärt. Dieser nicht nur methodisch angreifbare Vorgang verdient kritische Aufmerksamkeit. Jedoch soll vorerst als Arbeitshypothese eine solidarisch verbundene (Rechts-)Gemeinschaft aller Arbeitnehmer unterstellt werden, um deren angebliche Sphärenverantwortlichkeit überprüfen zu können.

a) Der Kausalitätsaspekt

Das BAG hält insoweit für entscheidend, daß die im Gefolge von Streiks eintretenden Betriebsstörungen ausschließlich von Arbeitnehmern verursacht würden und demgemäß der ganzen Gruppe zuzurechnen seien[65]. Bekräftigend meint *Nikisch*, „daß man den Arbeitgeber nicht für das verantwortlich machen kann, was von Arbeitnehmerseite auf dem Gebiet des Arbeitskampfes geschieht"[66]. Insbesondere der Umstand, daß der Arbeitgeber nicht zur Bewilligung der gestellten Forderungen verpflichtet ist, soll die Arbeitgeberseite von jeglicher (Mit-)Verantwortung freistellen[67]. Die h. L. betrachtet demnach isoliert den Streikbeginn als causa für alle nachfolgenden Betriebsstörungen und ignoriert dabei in bedenklicher Weise den komplexen Kausal-

---

62 BAG AP Nr. 2 zu § 615 BGB Betriebsrisiko, Bl. 2.

63 BAG AP Nr. 3 zu § 615 BGB Betriebsrisiko, Bl. 3.

64 Vgl. oben 2. Teil, A. I. 4.

65 Vgl. BAG AP Nr. 2, 3 zu § 615 BGB Betriebsrisiko.

66 *Nikisch* I, S. 606.

67 Vgl. BAG AP Nr. 3 zu § 615 Betriebsrisiko, Bl. 3; zu diesem Aspekt auch *Mayer-Maly / Nipperdey*, S. 20 f.

verlauf des kollektiven Regelungsverfahrens. Der Streik ist ja kein Anfangsglied einer neuen Kausalkette, sondern hat eine Vorgeschichte, die von ihm jedenfalls unter dem Blickwinkel der Verursachung nicht zu trennen ist. So schließt er sich regelmäßig an gescheiterte Tarif- und Schlichtungsverhandlungen an und bildet insoweit die adäquatkausale Fortsetzung des koalitionsmäßigen Einigungsverfahrens auf der Ebene des Arbeitskampfes[68]. Ebensowenig, wie sich mangels geeigneter Kriterien feststellen läßt, welche Seite das Scheitern der Verhandlungen im ursächlichen Sinne „zu vertreten" hat, kann man den Streik der Ursache nach einer Seite allein zurechnen[69]. Denn er gehört in den Kausalnexus des von beiden Tarifparteien gemeinsam betriebenen Einigungsprozesses, der eine Aufspaltung nach dem jeweiligen Grad der Verursachung durch einen der Beteiligten ausschließt. Mit dieser Erkenntnis ist die einseitige Zuordnung der Streikfolgen zur Arbeitnehmersphäre unvereinbar. Kausalitätsorientiert fallen sie vielmehr als Folgen des Arbeitskampfes in die gemeinsame Verantwortung der Tarifpartner, es sei denn, eine gesonderte arbeitskampfrechtliche Bewertung würde dem entgegenstehen.

b) Das Kriterium des Kampfbeginns

In der Tat soll es für die Risikoverteilung wesentlich sein, welche Seite mit dem Kampf begonnen hat, ob die Betriebsstörung letztlich auf einen Streik oder auf eine (Angriffs-)Aussperrung zurückzuführen ist[70]. Angesichts der marktwirtschaftlichen Realitäten, die die Gewerkschaften regelmäßig zur Kampfesinitiative zwingen, wäre es nun ganz unvertretbar, einfach die kampferöffnende Partei für sämtliche Folgen der Auseinandersetzung, also auch für solche jedweder Expansion des Kampfes durch die Gegenpartei verantwortlich zu machen[71]. Was aber heißt dann Kampfbeginn? Da der Streik meistens mit einer Aussperrung beantwortet wird, steht man vor der schwierigen Abgrenzung, wieweit die Arbeitgebermaßnahme noch als Abwehr oder schon als Gegenangriff zu qualifizieren ist[72]. Daß sich hieran anschließend „verwickelte Kausalitätsprobleme" und kaum lösbare Beweisfragen ergeben, haben *Mayer-Maly* und *Nipperdey* plastisch herausgearbeitet[73]. Dies wiederum hat *Ballerstedt* vom Standpunkt der h. L. zu dem an sich richtigen Hinweis veranlaßt, Beweisschwierigkeiten seien kein

---

[68] Vgl. *Danz*, S. 53 f.

[69] Vgl. auch *Weiss*, AuR 1974, S. 37, 44.

[70] So als Vertreter der h. L. dezidiert *Ballerstedt*, AuR 1966, S. 225, 231.

[71] Weitgehend so aber *Siebrecht*, Das Recht im Arbeitskampf (1964), S. 120.

[72] Vgl. *Ballerstedt*, AuR 1966, S. 225, 232, der insoweit verschiedene Kausalverläufe unterscheiden will.

[73] Vgl. *Mayer-Maly / Nipperdey*, S. 17 ff.

durchschlagendes Argument gegen die Richtigkeit eines Wertungsprinzips[74].

Jedoch erscheint äußerst fraglich, ob die auf den Kampfbeginn abstellende Verteilungsregel vor dem geltenden Arbeitskampfrecht Bestand haben kann. Sie entspringt nämlich unverkennbar dem restriktiven Arbeitskampfverständnis ihrer Entstehungszeit, was sich rechtlich vor allem darin niederschlug, daß die Streikbeteiligung des Arbeitnehmers ohne vorherige Kündigung als Arbeitsvertragsbruch geahndet wurde[75]. Auch das BAG hat in dem ansonsten so fortschrittlichen Beschluß vom 28. 1. 1955[76] noch eine negative Grundhaltung durchblicken lassen, als es meinte, daß Arbeitskämpfe im allgemeinen unerwünscht seien, „da sie volkswirtschaftliche Schäden mit sich bringen und den im Interesse der Gesamtheit liegenden sozialen Frieden beeinträchtigen". Mit dieser historisch verwurzelten Abwertung des Arbeitskampfes, die im Schrifttum teilweise unverhohlen deutlich ausfällt[77], verbindet sich der Gedanke, dem Angreifer auch die mittelbaren Folgen des Kampfes anzulasten, um ihn vom Angriff abzuhalten bzw. den Kampf so kurz wie nur möglich zu gestalten.

Nun kann zwar nicht bestritten werden, daß der Arbeitskampf in unserer hochentwickelten, arbeitsteiligen Industriegesellschaft kein isolierbares Geschehen darstellt, sondern typischerweise Rechte Dritter verletzt und Belange der Allgemeinheit tangiert, weshalb es gerechtfertigt ist, ihn unter das Gebot der Verhältnismäßigkeit zu stellen[78]. Ihn aber weitergehend zu beschränken oder negativ zu charakterisieren,

---

[74] *Ballerstedt,* AuR 1966, S. 225, 232, Fußn. 37.

[75] Vgl. *Hueck / Nipperdey* II, 2, S. 931; ferner ausf. *Nikisch* II, S. 156 ff.

[76] BAG AP Nr. 1 zu Art. 9 GG Arbeitskampf. Die „große Tat" des BAG besteht darin, „dem kollektiv legalen Streik die Rechtswidrigkeit auf einzelvertraglicher Ebene genommen zu haben". Vgl. *Zöllner,* ZfA 1973, S. 227, 230 f.

[77] So etwa aus der älteren Literatur das Fazit *Sinzheimers* (Grundzüge des Arbeitsrechts, 1927, S. 86): „Wie man auch zu den wirtschaftlichen Kämpfen stehen mag, so ist doch sicher, daß sie einen Übergang bilden, einen Übergang zu höheren gesellschaftlichen Zuständen, in denen der soziale Verfassungsgeist immer weiteren Raum gewinnt. Einen solchen Übergang wird man nicht verfassungsrechtlich verewigen, so daß in der Verfassung selbst ein Widerstand gegen jede weitere Entwicklung errichtet ist." Noch im Jahre 1958 schrieb *Nikisch* (II, S. 105): „Die kollektive Ordnung beruht auf dem Zusammenwirken, nicht auf dem Kampf der Sozialpartner, der vielmehr die Ordnung *stört* und deshalb allgemein als ein *Übel* angesehen wird, das nach Möglichkeit zu vermeiden ist." Für *Mayer-Maly* (RdA 1965, S. 37) ist der Arbeitskampf gar „unheimlich". Dagegen wendet sich *Kunze* (AuR 1965, S. 213 f.) unter dem beziehungsreichen Titel: „Keine Dämonisierung des Arbeitskampfes!"

[78] Vgl. BAG AP Nr. 43 zu Art. 9 GG Arbeitskampf; krit. zur Anwendung des Verhältnismäßigkeitsprinzips („Schrankenschranke") *Säcker,* GMH 1972, S. 287, 296 ff.; grds. a. A. *Däubler,* ZfA 1973, S. 201 ff.; dagegen *Zöllner,* ZfA 1973, S. 227 ff.

hieße seine grundgesetzlich geschützte Position wie seine regulative Funktion innerhalb der Arbeits- und Wirtschaftsordnung mißachten. Mittlerweile hat sich nämlich die Auffassung durchgesetzt, daß der Arbeitskampf als notwendiges Korrelat der sozialen Selbstverwaltung an der instrumentellen Koalitionsgarantie des Art. 9 III GG teilnimmt[79]. Die damit vollzogene Wandlung von einer emotionalen zu einer funktionalen Betrachtungsweise prägt auch den zweiten Grundsatzbeschluß des BAG vom 21. 4. 1971[80], wo nüchtern festgestellt wird, daß Arbeitskämpfe nach unserem freiheitlichen Tarifvertragssystem möglich sein müssen, um Interessenkonflikte im äußersten Fall austragen und ausgleichen zu können[81]. Streik und Aussperrung werden nicht mehr widerstrebend geduldet, sondern als wesentliche Teile des Rechtsinstituts Arbeitskampf begriffen[82].

Der Arbeitskampf bildet eben die „ultima ratio", die letzte Möglichkeit in einem freiheitlichen System ohne Zwangsschlichtung und staatliches Lohndiktat, nach ergebnislosen Verhandlungen durch Ausübung von Druck und Gegendruck den Abschluß eines sozialgerechten Tarifvertrages zu erreichen. Diese „Hilfsfunktion des Arbeitskampfes für die Tarifautonomie" privilegiert solche Arbeitskämpfe, die um tariflich regelbare Ziele geführt werden[83], und kennzeichnet deren konstruktive Aufgabe im Rahmen des koalitiven Einigungsverfahrens. Der Arbeitskampf ist demnach kein möglichst streng zu reglementierendes Übel, sondern eine marktwirtschaftsimmanente, zweckdienliche Institution der sozialen Selbstverwaltung. Wer Streik oder Aussperrung in legitimer Weise dazu benutzt, um den Abschluß eines Tarifvertrags herbeizuführen, übt ein von der Verfassung konnexiv geschütztes Freiheitsrecht aus, dessen schädliche Nebenwirkungen die Allgemeinheit grundsätzlich hinnehmen muß[84].

Auf der Grundlage dieses funktionalen Arbeitskampfverständnisses verbietet es sich, bei der Lohnrisikoverteilung wertungsmäßig daran anzuknüpfen, welche Seite mit dem Kampf begonnen hat. Denn die einseitige Betriebsrisikohaftung der Gruppenmitglieder bedeutet eine über das unmittelbare Kampfrisiko hinausgehende Repression gegenüber der angreifenden Partei und damit eine ungerechtfertigte Behin-

---

[79] Vgl. *Hueck / Nipperdey* II, 2, S. 914 ff.; *Brox / Rüthers*, Arbeitskampfrecht, S. 43 f.; *Säcker*, Grundprobleme der kollektiven Koalitionsfreiheit (1969), S. 81 ff.; *Scheuner*, RdA 1971, S. 327, 330; *Richardi*, RdA 1971, S. 334, 335; alle m. w. N.

[80] BAG AP Nr. 43 zu Art. 9 GG Arbeitskampf.

[81] Vgl. dazu *Säcker*, GMH 1972, S. 287, 294, mit dem Bemerken, daß dieser Satz im Jahre 1955 noch revolutionär gewesen wäre.

[82] Vgl. *Müller*, RdA 1971, S. 321, 323; ders., AuR 1972, S. 1, 3 f.

[83] *Richardi*, RdA 1971, S. 334, 345.

[84] Vgl. *Säcker*, GMH 1972, S. 287, 295 u. 297.

derung der Grundrechtsausübung. Entsprechend der beiderseitigen Verursachung könnte die Sozialpartner allenfalls eine Gesamtverantwortung für die Kampffolgen treffen. Auf das Sphärenmodell der h. L. übertragen würde der Arbeitskampf als Störungsursache somit ebenso in die Kollektivsphäre der Arbeitgeber wie der Arbeitnehmer fallen, was sich auf der Individualrechtsebene als paritätische Risikotragung, konkret als Kürzung des Lohnanspruchs um die Hälfte auswirken müßte[85].

2. *Die Solidaritätsthese*

Indessen setzt diese auf den ersten Blick salomonische Lösung, wie schon erwähnt, voraus, daß Arbeitgeber- und Arbeitnehmerschaft solidarische Rechtsgemeinschaften bilden, deren Mitglieder sich individualrechtlich den Risikoanteil ihres Kollektivs zurechnen lassen müssen. Hierzu beruft sich die h. L. entscheidend auf die jeweilige Gruppensolidarität. Genau genommen hat das Solidaritätsargument also eine *Doppelfunktion:* einmal soll es die jeweilige Gruppe zur sphärenverantwortlichen Rechtsgemeinschaft formieren, zum anderen soll es den konkreten Rechtsverlust rechtfertigen. Ob die Solidarität, sofern sie überhaupt in dem unterstellten Umfang besteht, solch weitreichende Rechtswirkungen zu erzeugen vermag, ist nunmehr zu untersuchen.

a) Begriff der Solidarität und ihre Erscheinungsformen im Arbeitsleben

Dabei ist zunächst eine Begriffsklärung angezeigt. Denn „gleich allen anderen Wörtern, die gesellschaftliche Verhältnisse der Menschen bezeichnen, hat auch das Wort Solidarität keine einheitliche Bedeutung; es vereinigt vielmehr verschiedene Bedeutungen in sich, und der persönliche Sprachgebrauch ist jeweils verschieden abgegrenzt“[86].

Solidarität läßt sich übersetzen mit „Zusammengehörigkeitsgefühl, Gemeinsinn, Übereinstimmung“[87]. Schon aus dieser allgemeinen Umschreibung geht hervor, daß Solidarität von Gleichheit abhängig ist, daß sie wesensmäßig auf dem Gedanken der Identität beruht[88]. Sie ist demnach unter anderem sprachlicher Ausdruck einer gleichen Gesinnung, die in der Soziologie treffend als „Wir-Gefühl“ charakterisiert wird, welches die Mitglieder einer sozialen Gruppe verbindet[89].

---

[85] Vgl. insoweit richtig *Danz,* S. 64.

[86] *Vierkandt,* in: Wörterbuch der Soziologie, hrsg. v. Bernsdorf (1969), S. 944.

[87] Duden, Fremdwörterbuch (1971), Stichwort „Solidarität“, S. 659; vgl. auch *Hartfiel,* Wörterbuch der Soziologie (1972), Stichwort „Solidarität“, S. 597.

[88] Vgl. *Leibholz,* Die Repräsentation in der Demokratie (1973), S. 30.

[89] Vgl. *Hartfiel,* Soziologie, S. 597; *Bellebaum,* Soziologische Grundbegriffe (1974), S. 32.

Solidarität hat aber auch und gerade eine Handlungsperspektive[90]. Insoweit kann man sie definieren als ein gemeinsames soziales Handeln, „bei dem eine Vielzahl von Menschen aus einer ihnen gleichen und gemeinsamen Lebenslage heraus und um gemeinsamer und gleicher Ziele willen einem sozialen Gegenpart gegenüber füreinander einsteht“[91].

Für das Arbeitsrecht ist Solidarität darüber hinaus ein historisch-programmatischer Begriff und als solcher vor dem Hintergrund der Arbeiter- bzw. Gewerkschaftsbewegung zu sehen, die ihn geprägt hat. Geschichte gemacht hat insbesondere der von klassenkämpferischer Emotion getragene Aufruf des kommunistischen Manifests: „Proletarier aller Länder, vereinigt euch[92]!“ Jenseits aller damit verbundenen Implikationen ist es eine historische Tatsache, daß die Arbeitnehmer im solidarischen Kampf gegenüber dem Staat und den Unternehmern wesentliche Verbesserungen ihrer Lebens- und Arbeitsverhältnisse erreicht haben. Da sich die spontanen Solidaraktionen im Rahmen der frühen Arbeiterbewegung als wenig erfolgreich erwiesen, mußte die kollektive Interessenverfolgung organisiert werden[93]. Zu diesem Zweck haben die Arbeitnehmer aus der gemeinsamen Lebenslage ihrer ökonomischen wie persönlichen Abhängigkeit heraus Gewerkschaften gebildet[94], in denen sich die Solidarität tatsächlich und rechtlich verfestigt hat und permanent Wirkung entfaltet. Begreift man die Arbeitnehmervereinigungen solchermaßen als traditionelle Institutionen mitgliedschaftlicher Solidarität, dann ist der Gewerkschaftsbeitritt ein Akt der Solidarisation[95], die Organisationszugehörigkeit ein dauerhaftes Solidaritätsbekenntnis.

„Es liegt im Sinn der gewerkschaftlichen Solidarität, in ihrem Einstehen von Menschen füreinander in gleicher Lebenslage, grundsätzlich auf alle Menschen als einer Einheit bezogen zu sein, die sich in dieser gleichen Lebenslage befinden. Das solidarische Handeln der Gewerkschaften erwirkt im Prinzip für alle abhängig Beschäftigten Verbesserungen der Lebens- und Arbeitsbedingungen[96].“ Dies erklärt, warum

---

[90] Vgl. *Vierkandt* (Fußn. 86), S. 944 f.; *Hartfiel*, Soziologie, S. 597.

[91] *v. Reitzenstein*, Solidarität und Gleichheit (1961), S. 11.

[92] Vgl. *Marx / Engels*, Manifest der kommunistischen Partei, in: Marx, Frühe Schriften, 2. Bd., hrsg. v. Lieber u. Furth (1971), S. 858.

[93] Hierzu *Nickel*, GMH 1973, S. 478, 487: „Die Gewerkschaftsbewegung entstand nicht wie der Sozialismus aus von Intelektuellen erdachten Systemen, sondern als Angelegenheit der Arbeiter; sie war das Resultat eines langen zyklischen kollektiven Lernprozesses im Verlauf der Emanzipationskämpfe der Arbeiterschaft.“

[94] Vgl. zur Entwicklungsgeschichte der Koalitionen etwa *Hueck / Nipperdey* II, 1, S. 172 ff.

[95] Art. 9 III GG beinhaltet also mit der Koalitionsfreiheit ein Grundrecht auf Solidarisierung. Vgl. dazu *Pfarr / Kittner*, RdA 1974, S. 284, 290 f.

[96] Insoweit zutreffend *v. Reitzenstein*, S. 11.

die Arbeitnehmerschaft insgesamt von der Gewerkschaftsbewegung profitiert hat, und begründet im übrigen den Anspruch der Gewerkschaften auf umfassende Repräsentation auch der nicht organisierten Kollegen.

Gemäß der historisch gewachsenen Einsicht, daß wirksame kollektive Selbsthilfe den organisierten Zusammenschluß voraussetzt, ist Solidarität nach wie vor ein Zentralbegriff der Gewerkschaftspolitik. So ist das Grundsatzprogramm des DGB vom 21./22. November 1963[97] abgefaßt „im Geiste internationaler Solidarität der Arbeitnehmer und ihrer Organisationen", die für eine friedliche soziale Entwicklung entscheidender denn je sein soll. Noch eindringlicher hat der Vorsitzende des DGB jüngst ausgeführt: „Wenn wir auf das Lebenswerk *Böcklers* zurückschauen und die heutigen Probleme mustern, dann finden wir, daß die alte Tugend der Solidarität so aktuell ist wie je und nichts von ihrer Notwendigkeit eingebüßt hat. Sie ist die unabdingbare Voraussetzung zur Bewältigung der neuen großen Aufgaben, vor denen die Gewerkschaften in unserer Zeit stehen. . .[98]."

Für den vorliegenden Zusammenhang kommt es indes weniger auf den programmatischen Gehalt des Solidaritätsbegriffs an[99], als vielmehr darauf, sein Erscheinungsbild in tatsächlicher Hinsicht genauer zu betrachten. Wie der geschichtliche Rückblick erhellt, ist Solidarität kein Zustand, sondern ein dynamischer Prozeß, der sich in den Sozialkonflikten jeweils aufs neue aktualisiert[100]. Hierbei äußert sich Solidarität *konkret* als eine auf bewußter Übereinstimmung der Arbeitnehmer untereinander basierende Aktion gegenüber dem sozialen Gegenspieler. Davon zu unterscheiden ist eine *abstrakte* Form der Solidarität, die das unabhängig von der aktuellen Auseinandersetzung bestehende, insbesondere durch gewerkschaftliche Organisation dokumentierte, oder geforderte allgemeine Zusammengehörigkeitsgefühl unter den Arbeitnehmern betrifft[101].

Inwieweit derartiger Gemeinschaftssinn bei den Nicht- bzw. Andersorganisierten vorhanden ist, läßt sich freilich nur vermuten[102]. Wenn

---

97 Abgedr. in RdA 1964, S. 19 ff.

98 *Vetter*, GMH 1975, S. 201, 208.

99 Vgl. dazu etwa *v. Reitzenstein*, S. 101 ff. (Solidarität als Gleichheitsforderung und utopische Erwartung als erhoffter Zustand der Gesellschaft); ferner *Pfarr / Kittner*, RdA 1974, S. 284, 288 f.

100 Vgl. *Pfarr / Kittner*, RdA 1974, S. 284, 289.

101 Ähnlich der Befund von *v. Reitzenstein*, S. 200: „Erstens ist sie (scil. die Solidarität, Verf.) ein soziales Handeln, ... Zweitens kommt sie, enger gefaßt, als Unmittelbarkeitsbeziehung zwischen den Solidarischen vor." Vgl. so auch *Pfarr / Kittner*, RdA 1974, S. 284, 290 mit der Unterscheidung von Außen- und Innenverhältnis.

102 Was insb. die Mehrheit der Nichtorganisierten betrifft, so reicht die

man davon ausgeht, daß die allgemeine Verbundenheit maßgeblich von der jeweiligen „Klassenlage" beeinflußt, vor allem von „Druck und Not" begünstigt wird[103], stellen sich Zweifel darüber ein, ob das Solidaritätsbewußtsein heute noch genauso typisch für das Arbeitsleben ist wie in früheren Zeiten[104].

Insoweit stößt auch der Versuch auf Bedenken, den Solidaritätsbegriff auf die „Arbeiterklasse" fixieren und als „Klassenbegriff" ausgeben zu wollen[105]. Es ist nicht zu übersehen, daß sich die Sozialstruktur innerhalb der unselbständig arbeitenden Bevölkerung gegenüber dem Jahre 1848 wesentlich verändert hat, wofür man sehr vereinfachend schon die Unterscheidung in Arbeiter, Angestellte und neuerdings leitende Angestellte anführen kann[106]. Die berufliche Stellung ist in der modernen Gesellschaft zu einem bedeutsamen Kriterium für die Schichtzugehörigkeit geworden[107]. Daß die Arbeitnehmer verschiedene soziale Schichten[108] bilden und dementsprechend unterschiedliche Statusebenen zu konstatieren sind, entspringt nicht wissenschaftlicher Einbildung, sondern wird durch die Existenz schichtenspezifischer (Groß-) Gruppen bestätigt[109]. Wer trotz dieser differentiellen Entwicklung[110] die Arbeiterklasse schlechthin als Bezugsobjekt des Solidaritätsbegriffs proklamiert, ignoriert den „erheblichen sozialen Wandel im Bereich der sozialen Schichtung", der von „einem geschlossenen zu einem relativ offenen Schichtungssystem" geführt hat[111], das durch eine tendenziell

---

Palette möglicher solidaritätswidriger Verhaltensweisen von grundsätzlicher Gegnerschaft zur Gewerkschaft über Passivität und Indifferenz bis hin zum Vorteilsdenken. Vgl. *Nickel*, GMH 1974, S. 478, 485.

103 Vgl. *Vierkandt* (Fußn. 86), S. 945 f.

104 Zweifelnd auch *Rüthers*, ZfA 1972, S. 403, 412.

105 So *Pfarr / Kittner*, RdA 1974, S. 284, 287; die ideologische Grundlage dieser Auffassung tritt deutlich zutage bei *v. Reitzenstein*, S. 200 ff.

106 Vgl. dazu etwa *Hartfiel*, GMH 1974, S. 540 ff.

107 Vgl. *Bellebaum*, S. 154, 156.

108 „Bei sozialen Schichten handelt es sich um verschiedene Prestigeebenen, die zusammen und in ihrem hierarchischen Verhältnis untereinander einen bestimmten Statusaufbau, eine bestimmte Rangordnung ergeben. Das ist dann die soziale Schichtung einer Gesellschaft." *Bellebaum*, S. 154.

109 Vgl. zu den besonderen Organisationen der Angestellten und der leitenden Angestellten *Hueck / Nipperdey* II, 1, S. 176 f.; *Lecher*, GMH 1974, S. 557, spricht insoweit etwas ungenau von der „real weitgehend akzeptierten Aufspaltung der Arbeitnehmerschaft in zwei soziale Großgruppen" (scil. Arbeiter und Angestellte).

110 Vgl. zu aktuellen Tendenzen *Hartfiel*, GMH 1974, S. 540 ff.; *Lecher*, GMH 1974, S. 557 ff.; ferner *Osterland*, Angleichungs- und Differenzierungsprozesse zwischen Arbeitern und Angestellten, in: Gewerkschaften und Klassenkampf, Kritisches Jahrbuch '73, hrsg. v. Jacobi u. a., S. 194, 205, nach dessen empirisch fundierter Ansicht Arbeiter und Angestellte in ihrer Gesamtheit vorerst keineswegs einander angeglichen sind und darum auch nicht abstrakt von einer Interessengleichheit ausgegangen werden kann.

111 So *Bellebaum*, S. 158, nach dessen Ansicht u. a. folgende Ursachen den

hohe soziale Mobilität gekennzeichnet ist[112]. Abgesehen von dem eher ideologisch-terminologischen Streit, ob die entwickelte Industriegesellschaft als Klassengesellschaft bezeichnet werden kann, läßt sie sich jedenfalls vor allem wegen der berufsdifferenzierten Statusebenen nicht mehr als Zweiklassensystem oder Zwei-Schichten-Gesellschaft charakterisieren[113]. Stattdessen existieren komplizierte Schichtungsverhältnisse, die eine Vermutung über den Umfang des unter den Arbeitnehmern generell bestehenden Zusammengehörigkeitsgefühls mehr denn je erschweren, wenn nicht ganz unmöglich machen[114].

Genau so wenig, wie „Solidarität" ein Klassenbegriff ist, trifft die These zu, sie sei eigentlich nur unter Arbeitnehmern (als Klassengenossen) möglich[115]. Auch wenn der Begriff historisch bedingt vornehmlich mit der Arbeiterbewegung assoziiert wird, kann man ihn deswegen nicht einseitig reservieren. Wie anders sollte man das Verhalten der Arbeitgeber nennen, die ihrerseits mit Zusammenschlüssen auf die Arbeitnehmerorganisation reagiert haben, um ihre gemeinsamen Interessen wirkungsvoller zu vertreten[116]. Solidarität im eingangs definierten Sinn kann sich vielmehr innerhalb beliebiger, dauerhaft oder kurzfristig existierender sozialer Gruppen herstellen und von diesen nach außen geübt werden.

Dafür, daß sie primär ein gruppenspezifisches Verhalten darstellt, liefern Geschichte und Gegenwart ihrer organisierten Erscheinungsformen den besten Beweis. In der Zeit vor 1933 hatten sich mehr als 100 Richtungsgewerkschaften zur Wahrnehmung von Partikularinteressen gebildet, so daß eine Schwächung der Gewerkschaftsbewegung überhaupt die Folge war[117]. Zwar konnte mit der Gründung von Einheitsgewerkschaften nach dem sog. Industrieverbandsprinzip die Soli-

---

Wandlungsprozeß bewirkt haben: Änderungen in der Erwerbs- und Berufsstruktur, zunehmender Einsatz des Faktors Arbeit im sekundären und später im tertiären Sektor, Bedeutungszunahme des Konsums, Erhöhung des Lebensstandards, Auswirkungen staatsbürgerlicher Freiheits- und Gleichheitsrechte.

112 Vgl. *Bellebaum*, S. 157.

113 Vgl. zu dem außerordentlich diffizilen Problem der sozialen Schichtung eing. *Bellebaum*, S. 155 ff. m. ausf. Schrifttumsangaben auf S. 202 ff.; ferner *Ryffel*, Rechtssoziologie (1974), S. 389 ff. m. w. N.

114 Den Zusammenhang von Schichtmentalität und Solidarität sieht auch *Lecher*, GMH 1974, S. 557, 558: „Während sich der Arbeiter eher gewerkschaftlich organisiert oder zumindest eine latente Bereitschaft zur Solidarität mit seinen Kollegen zeigt, verhält sich der Angestellte in der Regel individualistisch."

115 So aber *Pfarr / Kittner*, RdA 1974, S. 284, 289 f.

116 Dieser Vorgang stellt ein geradezu klassisches Beispiel für die Wechselbeziehung von Eigengruppe (in-group) und Fremdgruppe (out-group) dar. Dazu näher *Bellebaum*, S. 33 f.

117 Vgl. *v. Reitzenstein*, S. 110.

daritätsbasis wesentlich verbreitert werden, geblieben ist aber, daß sich das Solidaritätsbewußtsein zunächst und vor allem auf die eigene Gewerkschaft konzentriert. Damit hängt zusammen, daß die im DGB organisierten Gewerkschaften durchaus nicht immer kooperieren, sondern als „in sich geschlossene, große und mächtige Industrieverbände" auch ihre Sonderinteressen verfolgen[118]. Ganz besonders deutlich manifestiert sich die Gruppeneigenständigkeit in der DAG, deren Entstehung auf das dem Fachberufsprinzip näherstehende besondere Zusammengehörigkeitsgefühl der Angestellten zurückzuführen ist[119]. Diese eindeutig feststellbare Gruppenorientierung schließt freilich nicht aus, daß sich im Einzelfall gruppen- bzw. schichtenübergreifende Solidarität bildet, etwa anders- oder nichtorganisierte Arbeitnehmer mitstreiken oder die Leistung von Streikarbeit ablehnen. Man mag daraus auf einen latenten Gemeinsinn aller Arbeitnehmer schließen, der sich in solchen Fällen zu solidarischem Bewußtsein und Handeln verdichtet.

Allein die Zusammenfassung der Einzelgewerkschaften im DGB und dessen Übereinkunft mit der DAG, zum Wohl der gesamten Arbeitnehmerschaft gemeinsam handeln zu wollen[120], vermögen demgegenüber nicht die solidarische Einheit aller (organisierten) Arbeitnehmer zu begründen. Hierin kommt lediglich eine mehr oder weniger fundierte prinzipielle Interessensolidarität der Verbände zum Ausdruck, die nicht mit einer umfassenden Solidaritätsgemeinschaft ihrer Mitglieder gleichgesetzt werden kann.

Zusammenfassend läßt sich danach sagen: Dauerhafte Gruppensolidarität allerdings nur grundsätzlicher bzw. abstrakter Art verbindet die Gewerkschaftsmitglieder, wobei die einzelnen Organisationen eigenständige, von entsprechendem Gruppengeist getragene Solidarverbände darstellen. Eine darüber hinausgehende Solidaritätsgemeinschaft aller oder auch nur der organisierten Arbeitnehmer ist weder nachzuweisen noch wegen der Gruppen- und Schichtunterschiede zu vermuten. Damit soll keineswegs eine übergreifende Solidaritäts*fähigkeit* sämtlicher Arbeitnehmer geleugnet werden, die kurzfristiges situationsgebundenes Solidaritätsverhalten ohne Rücksicht auf Schichtmentalität und Organisationsstatus ermöglicht.

---

118 Vgl. *v. Reitzenstein*, S. 110.

119 Vgl. *Hueck / Nipperdey* II, 1, S. 176; ausf. zu dem hier auftretenden Organisationskonflikt *v. Reitzenstein*, S. 111 ff., insb. S. 113. Ein ganz aktuelles Schlaglicht auf die Konkurrenzsituation zwischen DAG und ÖTV wirft die Aufkündigung der Tarifgemeinschaft zwischen beiden Verbänden durch den 8. ÖTV-Gewerkschaftstag im Juni 1976.

120 Vgl. *Hueck / Nipperdey* II, 1, S. 176.

b) Zur juristischen Relevanz des Solidaritätsgedankens

Nach dem bisher Gesagten kann man sich nur wundern, wie undifferenziert das angebliche Solidaritätsprinzip bei der Risikoverteilung im Rahmen der Sphärentheorie und bei anderen Gelegenheiten[121] eingesetzt wird. Zwar hat das BAG die rechtstatsächlichen Schwierigkeiten, die sich aus der Anknüpfung an das Zusammengehörigkeitsgefühl der Arbeitnehmer ergeben, durchaus gesehen, aber kurzerhand mit der Feststellung ausgeräumt, daß es nicht darauf ankomme, ob die am Arbeitskampf unbeteiligten Arbeitnehmer oder Arbeitgeber mit den Kämpfenden sympathisierten[122]. Abgesehen von unüberbrückbaren Beweisschwierigkeiten würde nämlich eine solche Lösung nur dazu geeignet sein, „reine Lippenbekenntnisse entgegen innerer anderer Überzeugung hervorzurufen und noch zu belohnen"[122]. Dahinter verbirgt sich der, wie man meinen möchte, selbstverständliche Grundsatz, daß die Gesinnung als inneres Verhalten schlechterdings nicht judiziabel ist.

Um so erstaunter nimmt man zur Kenntnis, daß das Gericht wenig vorher ohne weiteres die Solidarität der Arbeitnehmer untereinander zum tragenden Entscheidungselement erkoren hat[123]. Eine durch das Zusammengehörigkeitsgefühl aller Arbeitnehmer formierte Gemeinschaft im Sinne abstrakt-genereller Solidarität ist jedoch, wie ausführlich dargelegt, weder nachweisbar noch wahrscheinlich. Inwiefern die vom BAG beiläufig erwähnte überbetriebliche Solidarität in den Gewerkschaften die allseitige Verbundenheit der Arbeitnehmerschaft indizieren soll, bleibt insbesondere mit Rücksicht auf die große Zahl der Außenseiter unerfindlich.

Diese unter dem Aspekt der sonst so wohlbehüteten negativen Koalitionsfreiheit überaus problematische Einbeziehung der Nichtorganisierten in den umfassenden Solidarverband öffnet den Blick für das eigenartige Solidaritätsverständnis der h. L., das *Ballerstedt* treffend beschreibt, wenn er meint, die Zurechnung eines Streiks zur „Sphäre" der Arbeitnehmer sei doch eigentlich ohne die Vorstellung einer durch allgemeine objektive Interessengemeinschaft geschaffenen geheimen Bundesgenossenschaft aller Arbeitnehmer nicht recht verständlich[124]. Die wohl nur so interpretierbare Solidaritätsthese verdient

---

[121] Vgl. die Übersicht bei *Pfarr / Kittner*, RdA 1974, S. 284 f.; ferner *Gamillscheg*, in: Festschr. f. Fechner (1973), S. 135 ff.

[122] BAG AP Nr. 2 zu § 615 BGB Betriebsrisiko, Bl. 3.

[123] BAG AP Nr. 2 zu § 615 BGB Betriebsrisiko, Bl. 2.

[124] *Ballerstedt*, AuR 1966, S. 225, 231; ähnlich neuerdings *Röhsler*, in: Das Arbeitsrecht der Gegenwart, hrsg. v. Gerhard Müller, Bd. 12 (1975), S. 107 ff., der dem BAG eine natürliche Betrachtungsweise (?) bescheinigt, wenn es „unter Solidarität die durch die Betriebsgemeinschaft bzw. durch die

freilich ihren Namen nicht, weil es gar nicht auf das solidarische Verhalten des einzelnen, sondern auf dessen Zugehörigkeit zu einem allgemeinen Interessenverband ankommen soll[125]. Mit einer solchen „Zwangssolidarisierung" aller Arbeitnehmer „ohne Rücksicht auf Beschäftigungsart, Branche oder Gewerkschaftszugehörigkeit und ohne Rücksicht auf das Fehlen eines einheitlichen Arbeitnehmertypus" begünstigt man klassenkämpferische Ideologie[126], da man die pauschale Risikohaftung der Arbeitnehmerklasse statuiert, wobei an Stelle von Solidarität entscheidend an die Arbeitnehmereigenschaft der mittelbar Betroffenen angeknüpft wird[127, 128].

Die h. L. könnte selbst dann nicht aufrechterhalten werden, wenn es eine subjektiv begründete „geheime Bundesgenossenschaft" aller Arbeitnehmer gäbe. Denn der Verwendbarkeit des Solidaritätsarguments ist zunächst schon durch den in der Begriffsanalyse aufgezeigten elementaren Unterschied der beiden Typen solidarischen Verhaltens eine Grenze gesetzt. Die reine Innenbeziehung, eben die Solidarität der Arbeitnehmer untereinander, entzieht sich naturgemäß jeder rechtlichen Bewertung[129]. Während dies bezüglich der Außenseiter sofort einleuchtet, könnte man überlegen, ob nicht zumindest die arbeitswilligen Mitglieder der streikführenden Gewerkschaft sich ihre grundsätzliche, äußerlich faßbare Solidarität haftungsbegründend entgegenhalten lassen müssen[130].

Der Unterschied liegt freilich nur auf der Beweisebene. Für die materiell-rechtliche Beurteilung kann nicht ausschlaggebend sein, ob dem Arbeitnehmer eine solidarische Grundhaltung qua Gewerkschaftszugehörigkeit nachgewiesen werden kann oder dies, wie bei den Nichtorganisierten, tatsächlich unmöglich ist. Hier wie dort geht es um das abstrakte, vom konkreten Anlaß unabhängige Innenverhältnis der Solidaritätsgenossen. Daß daran für die Risikofrage nicht angeknüpft werden darf, ergibt sich vor allem aus dem einer freiheitlich-demokratischen Rechtsordnung immanenten Verbot der Gesinnungshaftung[131].

---

gemeinsame Interessenlage sich zwangsläufig ergebende objektive Verbundenheit der Arbeitnehmer untereinander schlechthin versteht".

125 Vgl. *Ballerstedt*, AuR 1966, S. 225, 231, Fußn. 32; *Müller*, DB 1967, S. 948, 949.

126 Vgl. *Wiedemann*, RdA 1969, S. 321, 326; *Biedenkopf*, Betriebsrisikolehre, S. 18 f.; *Säcker*, DB 1969, S. 1890, 1894.

127 Vgl. *Ramm*, RdA 1968, S. 412, 416; *Richardi*, RdA 1970, S. 65, 70, Fußn. 57.

128 Die Vorstellung einer neuzeitlichen Art von Sippenhaft, bei der Blutsverwandtschaft durch Lohnabhängigkeit ersetzt wird, liegt in der Tat nicht fern. Vgl. *Weiss*, AuR 1974, S. 37, 40; ferner mit Hinweis auf Blutrache und Repressalie *Leibholz*, Die Repräsentation in der Demokratie, S. 30 f.

129 So auch *Pfarr / Kittner*, RdA 1974, S. 284, 292 f.

130 Vgl. so namentlich *Jorns*, S. 156 ff.

131 Vgl. *Weiss*, AuR 1974, S. 37, 41; *Pfarr / Kittner*, RdA 1974, S. 284, 293.

Zudem würde die nachteilige Berücksichtigung der Gewerkschaftssolidarität und die damit verbundene Ungleichbehandlung von Organisierten und Außenseitern höherrangigem Verfassungsrecht widersprechen, das bekanntlich in Art. 9 III GG den Zusammenschluß der Arbeitnehmer unter besonderen Schutz stellt.

Es drängt sich die Frage auf, wann und wie überhaupt die Solidarität der Arbeitnehmer bei der Rechtsfindung verwendet werden kann. Will man dem Vorwurf der Gesinnungshaftung entgehen, so kann dies nur bedeuten, daß erst die solidarische Aktion gegenüber dem sozialen Gegenpart als rechtserheblicher Handlungsvorgang in Betracht kommt[131]. Aber auch solche konkret-individuelle Solidarität erzeugt keine unmittelbare Rechtswirkung, sondern bedarf der Umsetzung in juristische Kategorien. So sind etwa die rechtmäßig Streikenden von ihrer arbeitsvertraglichen Leistungspflicht suspendiert (§ 275 BGB) mit der Folge, daß der Arbeitgeber andererseits nicht mehr zur Gegenleistung verpflichtet ist (§ 323 BGB). Auch in den Fällen der Ablehnung von (direkter) Streikarbeit, in denen sich die Solidarität des Arbeitnehmers als Unterlassenstatbestand realisiert, ist eine rechtliche Transformation erforderlich, wobei die Generalklausel der Unzumutbarkeit den formalen Rahmen für die individualrechtliche Bewertung hergibt[132]. Weitere Beispiele ließen sich anschließen[133], die allesamt veranschaulichen, daß ‚Solidarität' an sich kein Rechtsbegriff mit Normqualität ist[134], sondern soziales Verhalten umschreibt, dessen juristische Relevanz nach den jeweils anwendbaren Rechtsinstituten zu bemessen ist. Dem Versuch *Gamillschegs*[135], die „Solidarität der Arbeitnehmer und Pensionäre untereinander" gar als „dritte Dimension des Arbeitsrechts" zu exponieren und solchermaßen als dogmatischen Lückenfüller zu verwenden, kann insofern nicht entschieden genug widersprochen werden.

c) Zusammenfassung

Es hat sich gezeigt, daß über den Umfang der generell unter den Arbeitnehmern bestehenden Solidarität keine sichere Aussage möglich ist. Als Gründe für diesen Negativbefund sind vor allem komplizierte Schichtungsverhältnisse und die deutliche Gruppenorientierung des Langzeit-Solidaritätsbewußtseins zu nennen. Genausowenig, wie sich

---

[132] Vgl. *Rüthers*, ZfA 1972, S. 403, 413; *Richardi*, Arbeitsrecht (3. Aufl., 1976), S. 35.

[133] Vgl. ausf. *Danz*, S. 73 ff.

[134] Im Erg. ebenso *Richardi*, RdA 1970, S. 65, 70; *Ehmann*, DB 1973, S. 1994, 1996; *Kaufmann*, DB 1966, S. 33, 35.

[135] *Gamillscheg*, Festschr. f. Fechner, S. 135 ff.; ihm folgt nunmehr weitgehend unkritisch *Röhsler*, in: Das Arbeitsrecht der Gegenwart, Bd. 12 (1975), S. 107, 110 ff.

tatsächlich eine auf Dauer angelegte Solidargemeinschaft aller Arbeitnehmer nachweisen oder auch nur vermuten läßt, kann davon in rechtlicher Hinsicht die Rede sein. Die dahingehende Fiktion über das irreführend sog. Solidaritätsprinzip führt zu einer rechtlich wie rechtspolitisch unhaltbaren Klassenhaftung und ist daher abzulehnen.

Auch und besonders für die individualrechtliche Risikozurechnung ist der Solidaritätsgedanke unbrauchbar. Denn wegen des Verbots der Gesinnungshaftung kann erst solidarisches Handeln als konkret-individueller Vorgang für die juristische Bewertung erheblich sein, ein Tatbestand, der bei den mittelbar betroffenen Arbeitnehmern so gut wie nie vorliegt. Hinzu kommt, daß „Solidarität" nicht unmittelbar rechtsgestaltend wirkt, also keine Normqualität besitzt, sondern als soziale Verhaltensweise die Rechtsfindung nur über vorgegebene Rechtsbegriffe beeinflussen kann. Die unreflektierte, z. T. begriffswidrige Verwendung des Solidaritätsarguments durch die h. L. offenbart, daß die generelle Überbürdung des arbeitskampfbedingten Lohnrisikos auf die Arbeitnehmerseite „allein vom Ergebnis her bestimmt ist, ohne daß für diese Wertung eine tragfähige Grundlage im geltenden Recht gesucht wird"[136].

V. Ergebnis

Dieser Vorwurf muß die Sphärentheorie insgesamt treffen. Denn entgegen ihrem normativ-kognitiven Anspruch beinhaltet sie lediglich eine deskriptiv-volitive Risikoverteilung, die in der überlieferten Argumentation keine Stütze findet. Da das Sphärenprinzip zur Verteilung weder des allgemeinen noch in Verbindung mit dem Solidaritätsgedanken des arbeitskampfbedingten Risikos geeignet ist, kann die nach ihm benannte Theorie keinen Bestand mehr haben. Sie sollte möglichst rasch und vollständig verabschiedet werden.

B. Die Risikoverteilung nach dem Prinzip der Kampfparität

Das Prinzip der Kampfparität oder Waffengleichheit spielt bei der Verteilung des arbeitskampfbedingten Betriebsrisikos eine gleichermaßen bedeutsame wie dubiose Rolle. Während das BAG daraus von Anfang an eine zusätzliche Rechtfertigung seines Lösungskonzepts abgeleitet hat, liegt es ebenso dem von *Mayer-Maly* und *Nipperdey* entwickelten Risikoteilungsvorschlag und der Lehre von der Aussperrungsobliegenheit des Arbeitgebers zugrunde[137]. Die Tatsache derart kontroverser Rechtsansichten bei gleicher Argumentationsbasis stellt

---

[136] *Biedenkopf*, Betriebsrisikolehre, S. 19.

[137] Vgl. oben 1. Teil, C. I. II.

die juristische Brauchbarkeit des Paritätsprinzips auf sehr anschauliche Weise infrage. Wegen seiner generalklauselhaften Weite kann erst der Versuch einer Präzisierung Aufschluß darüber geben, ob eines der genannten Risikomodelle auf seiner Grundlage vertretbar ist oder ob es letztlich eine „interpretative Zauberformel“ darstellt, die nach Bedarf Begründungen auch für entgegengesetzte Ergebnisse liefert[138].

I. Herkunft und Inhalt des Paritätsprinzips

Über Normqualität und Normgehalt des Grundsatzes der Kampfparität, der seit seiner Formulierung durch den Großen Senat des BAG[139] zu den Leitsätzen des deutschen Arbeitskampfrechts gehört, ist lange Zeit kaum nachgedacht worden, weil ihm wohl zu sehr der Charakter des Selbstverständlichen anhaftete[140]. Dies änderte sich erst, als die Diskussion um die lösende oder nur suspendierende Wirkung der Aussperrung in ihre entscheidende Phase trat und dabei die Notwendigkeit einer Grundlagen- und Inhaltsbestimmung des Paritätsgedankens virulent wurde. Besonders kritisch meinte etwa *Söllner*, mit der verwirrenden Bezeichnung „Kampfparität“ sei ein Wertungsgesichtspunkt von solcher Abstraktionshöhe angesprochen, daß unmittelbar daraus abgeleitete Rechtsfolgen ohne eine andere sachbezogene Begründung als mehr oder weniger willkürlich erscheinen müßten[141]. Mittlerweile liegt nicht zuletzt wegen des neuen Disputs um die generelle Zulässigkeit der Aussperrung ein reichhaltiges Schrifttum zum Paritätsproblem vor[142]. Hier genügt es, die wesentlichen Ergebnisse dieser literarischen Aufarbeitung zu skizzieren.

Da man den Begriff der Kampfparität höchst unterschiedlich interpretieren kann, war zunächst eine genaue Überprüfung der möglichen Rechtsgrundlagen eines solchen Prinzips erforderlich, um von daher seinen Normgehalt fixieren zu können. Dabei hat sich herausgestellt, daß sich der Paritätsgrundsatz entgegen der fragmentarischen Begründung durch das BAG[143] weder aus Art. 3 GG noch aus der Neutralitäts-

---

138 Vgl. *Rüthers*, JurA 1970, S. 85, 87.

139 BAG AP Nr. 1 zu Art. 9 GG Arbeitskampf.

140 Vgl. das bemerkenswert späte Eingeständnis von *Mayer-Maly*, RdA 1968, S. 432, der ja zusammen mit *Nipperdey* auf der Basis des Paritätsprinzips das sog. Risikoteilungsprinzip entwickelt hat.

141 *Söllner*, DB 1969, S. 838, 839.

142 Vgl. etwa *Lerche*, Verfassungsrechtliche Zentralfragen des Arbeitskampfes (1968), S. 64 ff.; *Evers*, Arbeitskampffreiheit, Neutralität, Waffengleichheit und Aussperrung (1969), S. 31 ff.; *Rüthers*, JurA 1970, S. 85 ff.; *Zöllner / Seiter*, Paritätische Mitbestimmung und Art. 9 III GG (1970), S. 52 ff.; *M. Wolf*, ZfA 1971, S. 151 ff.; *Kaiser*, Die Parität der Sozialpartner (1973); *Zöllner*, Aussperrung und arbeitskampfrechtliche Parität (1974), S. 24 ff.; *Seiter*, Streikrecht und Aussperrungsrecht (1975), S. 156 ff.

143 BAG AP Nr. 1 zu Art. 9 GG Arbeitskampf, Bl. 8 R.

pflicht des Staates bei Arbeitskämpfen ableiten läßt[144]. Auch dem Art. 9 III GG ist jedenfalls unmittelbar kein Postulat der Gleichbehandlung von Arbeitnehmer- und Arbeitgeberkoalitionen zu entnehmen[145]. Insbesondere folgt es nicht notwendig aus der Einrichtungsgarantie des Arbeitskampfes, mit der eine Kampfimparität bis zu einem gewissen Grad durchaus vereinbar ist[146]. Erst wenn man von der engen arbeitskampfrechtlichen Betrachtung abstrahiert und den Arbeitskampf in den größeren Bezugsrahmen der Tarifautonomie stellt, kommt man der Forderung nach Parität der Sozialpartner auf den Grund. Den wesentlichen Zusammenhang hat *Rüthers* in folgender These komprimiert[147]: „Die ‚Richtigkeitsgewähr' der Tarifautonomie, d. h., die Gewähr für die Erzielung generell sachgerechter, den leitenden Systemprinzipien der Gesamtordnung nicht gröblich widersprechender Tarifabschlüsse ist nur dann gegeben, wenn die Verhandlungs-, Schlichtungs- und Arbeitskampfchancen beider Arbeitsmarktparteien nicht gröblich ungleichgewichtig sind." Begreift man nämlich die Tarifautonomie als modifizierte Fortsetzung der Privatautonomie auf kollektivrechtlicher Ebene, dann müssen dem koalitiven Einigungsprozeß entsprechende Gleichgewichtsbedingungen zugrunde liegen, wie sie im privatrechtlichen Bereich ein Mindestmaß an ausgleichender Gerechtigkeit bei der Vertragsgestaltung garantieren[148]. Die Funktionsfähigkeit des Tarifvertragssystems setzt annähernd gleichstarke Verhandlungspositionen („bargaining power")[149] der beiden Kontrahenten voraus[150]; sie würde gestört und schließlich aufgehoben, wenn sich ein generelles Übergewicht einer Partei mit der Möglichkeit einseitiger Vertragsbestimmung herausbilden würde[151]. Als Garant für Tarifergebnisse, die einen vertretbaren Ausgleich der gegenläufigen Interessen beinhalten, findet die (Kampf-)Parität der Sozialpartner daher letztlich ihren

---

[144] Vgl. ausf. *Rüthers*, JurA 1970, S. 85, 97 ff.; ferner *Zöllner*, Aussperrung, S. 28 f.; zum Verhältnis von Parität und staatlicher Neutralität auch *Säcker*, Gruppenparität, S. 109 m. Fußn. 176; *Evers*, S. 33 ff.

[145] Vgl. *Zöllner*, Aussperrung, S. 28.

[146] Vgl. *Rüthers*, JurA 1970, S. 85, 94.

[147] *Rüthers*, DB 1973, S. 1649, 1651.

[148] Vgl. *Rüthers*, JurA 1970, S. 85, 102; *Seiter*, Streikrecht, S. 164 ff.; *Zöllner / Seiter*, S. 52 ff., insb. S. 53; grundlegend zur gleichgewichtsbedingten Richtigkeitsgewähr der Privatautonomie *Schmidt-Rimpler*, AcP 147 (1941), S. 130, 153 ff.; dazu auch *Schmidt-Salzer*, NJW 1971, S. 173 ff.

[149] *Zöllner*, Aussperrung, S. 53, Fußn. 200; vgl. zur „inequality of bargaining power" eing. *M. Wolf*, Rechtsgeschäftliche Entscheidungsfreiheit und vertraglicher Interessenausgleich (1970), S. 63 ff.; 104 ff.

[150] Vgl. BAG AP Nr. 38 zu Art. 9 GG Arbeitskampf, Bl. 2; zum Gegengewichtsprinzip ausf. *Zöllner / Seiter*, S. 52 ff.

[151] Vgl. *Rüthers*, JurA 1970, S. 85, 107; *Seiter*, Streikrecht, S. 166; ebenso BAG AP Nr. 43 zu Art. 9 GG Arbeitskampf, Bl. 7 R.

Rechtsgrund in der Tarifautonomie, „deren unerläßliche Funktionsbedingung sie darstellt"[152].

Damit ist freilich noch nicht gesagt, wie die paritätische Ausgestaltung des Koalitionswesens im einzelnen auszusehen hat. Ebenso wenig, wie sich eine totale „sozioökonomische" Parität der Arbeitnehmer- und Arbeitgebervereinigungen herstellen und mit Bezug auf den Tarifvertrag begründen läßt[153], ist deren schematische Gleichstellung im Arbeitskampf, etwa durch die gleichmäßige Zubilligung von Angriffsmitteln, gefordert, weil dies bei ungleicher Ausgangslage die Imparität nur perpetuieren würde[154]. Zu Recht wird darum ganz überwiegend die Schaffung einer materiellen Verhandlungs- und Kampfparität für notwendig gehalten[155]. Dabei kann es schon mangels geeigneter Prüfungsmaßstäbe nicht auf das reale Kräftegleichgewicht der am konkreten Tarifabschluß beteiligten Parteien ankommen[156], will man nicht eine autonomiebedrohende Rechtsunsicherheit in Kauf nehmen[157]. Vielmehr kann über die (Kampf-)Parität „naturnotwendig nur abstrahierend und generalisierend" befunden werden[158]. Sie bedeutet in ihrem verfassungsrechtlich anzuerkennenden Mindestgehalt die „Vermutbarkeit vergleichbarer Chancen bei der Gestaltung der Tarifinhalte"[159].

Das dem Art. 9 III GG insoweit immanente Paritätsgebot begründet die Pflicht des Gesetzgebers bzw. des ihn vertretenden Richters, für ein generell funktionsfähiges Tarif- und Arbeitskampfrecht zu sorgen, d. h. die rechtlichen Voraussetzungen für einen befriedigenden Interessenausgleich zu schaffen, diese in ihrer Wirkungsweise zu überwachen und gegebenenfalls zu korrigieren[160]. Da die konkrete Ausgestaltung der Tarifautonomie und damit auch des Arbeitskampfrechts in der Verfassung nicht vorgeschrieben ist, hat der Gesetzgeber bei seiner paritätswahrenden Regelungsaufgabe einen erheblichen Gestaltungsspielraum[161]. Das Prinzip der Kampfparität ist deshalb eine „wertausfül-

---

[152] *Rüthers*, JurA 1970, S. 85, 107; ähnlich *Seiter*, Streikrecht, S. 166; *Kaiser*, Parität, S. 9, 11 ff.

[153] Vgl. *Zöllner*, Aussperrung, S. 25 gegen *Kittner*, GMH 1973, S. 91, 100 f.

[154] Vgl. *Zöllner*, Aussperrung, S. 28, 36; *Weiss*, AuR 1974, S. 37, 45.

[155] Vgl. *Seiter*, Streikrecht, S. 161 ff. m. w. N.; *Zöllner*, Aussperrung, S. 29 und passim; *Kaiser*, Parität, S. 4 ff. passim; *Rüthers*, JurA 1970, S. 85, 90; ders., DB 1973, S. 1649, 1651 f.; früher schon *Steindorff*, RdA 1965, S. 253, 258; in diesem Sinne auch die neuere Rechtsprechung, insb. BAG (GS) AP Nr. 43 zu Art. 9 GG Arbeitskampf.

[156] So aber *M. Wolf*, ZfA 1971, S. 151, 155 ff.; dagegen *Lieb*, RdA 1972, S. 129, 134; *Seiter*, Streikrecht, S. 167 ff.

[157] Vgl. *Lieb*, RdA 1972, S. 129, 134; *Rüthers*, DB 1973, S. 1649, 1651 f.; *Zöllner*, Aussperrung, S. 34.

[158] Zutreffend *Lieb*, RdA 1972, S. 129, 134; ähnlich *Seiter*, Streikrecht, S. 163.

[159] *Rüthers*, DB 1973, S. 1649, 1652.

[160] Vgl. *Zöllner*, Aussperrung, S. 34; *Seiter*, Streikrecht, S. 170 f.

lungsbedürftige Generalklausel von großer Interpretationsbreite"[162], die nicht nur eine bestimmte, sondern mehrere paritätskonforme Lösungen arbeitskampfrechtlicher Detailprobleme zuläßt. Es gestattet also keine logisch-deduktiven Operationen, sondern gibt den Rahmen an, in dem der jeweilige Problemkomplex aufgrund sachbezogener Wertungen zu ordnen ist. Hiernach verfügt das Paritätsprinzip nur über einen beschränkten Normgehalt im Sinne einer Richt- und Grenzlinie für die Gestaltung des Koalitionsrechts und vermag jedenfalls für sich genommen ohne weitere Begründung keine bestimmte Regelung zu legimitieren[163].

II. Kritik der herrschenden Lehre

Auch wenn die Risikoverteilung der geltenden Betriebsrisikolehre im Ergebnis paritätskonform sein sollte, so spricht dies allein also noch nicht für ihre Begründetheit. Es ist vom BAG oder von anderen Befürwortern nicht dargetan und nicht erkennbar, daß die pauschale Belastung jeder „Seite" mit dem Störungsrisiko ihres angestammten Kampfmittels zur Wahrung der Kampfparität erforderlich ist. Dieser Nachweis hätte aber mit Rücksicht auf den Verfassungsgrundsatz der Verhältnismäßigkeit geführt werden müssen[164], da eine weniger einschneidende, etwa nur die „tarifbetroffenen" Arbeitnehmer belastende Regelung genau so gut denkbar ist. Soweit das BAG[165] meint, der Kampfpartei würde bei anderer Entscheidung zu Unrecht ein Teil des Kampfrisikos abgenommen, das sie in Betracht ziehen müsse, wenn durch ihren Streik in Drittbetrieben nicht gearbeitet werden könne und Lohnausfälle entstünden, ist dies zudem nur dem ersten Anschein nach eine paritätsorientierte Überlegung. In Wahrheit geht es jedoch nicht um die Gleichgewichtslage zwischen den Kampfparteien, sondern um die Verminderung der Kampfbereitschaft des Angreifers durch die psychologisch relevante Aussicht auf Rechtsnachteile vom Kampfgeschehen mittelbar betroffener Personen. Die darin liegende sachlich unangemessene Aversion gegenüber dem Arbeitskampf hat als Wertungsgesichtspunkt für die Risikoverteilung auszuscheiden[166].

---

[161] Vgl. *Rüthers*, JurA 1970, S. 85, 108; *Zöllner*, Aussperrung, S. 34.

[162] *Rüthers*, JurA 1970, S. 85, 108.

[163] Vgl. *Rüthers*, JurA 1970, S. 85, 109; zum verfassungsrechtlich geschützten „Kernbereich" des Paritätsprinzips *Seiter*, Streikrecht, S. 171, Fußn. 76.

[164] Wenn schon das gesetzgeberische Ermessen durch den Grundsatz der Verhältnismäßigkeit eingeschränkt wird (vgl. *Maunz / Dürig / Herzog*, GG, Art. 20 Rdnr. 118), so muß dies erst recht für das Regelungsermessen des ersatzweise tätig werdenden Richters gelten. Vgl. auch *Reuter*, RdA 1975, S. 275, 281.

[165] BAG AP Nr. 2 zu § 615 BGB Betriebsrisiko, Bl. 2 R.

[166] Vgl. dazu bereits oben 2. Teil, A. IV. 1. b.

Letztlich bleibt „dunkel“[167], welches Gleichgewicht mit der allenfalls formal gleichmäßigen Belastung von Arbeitnehmer- und Arbeitgeberseite überhaupt hergestellt werden soll. Der Vorwurf einer allzu undifferenzierten Argumentationsweise trifft das BAG hier, wo es um die wertende Ausfüllung einer relativ unbestimmten Generalklausel geht, besonders schwer. Es fehlen jegliche Bezugspunkte für den Gleichgewichtsvergleich, da die grundsätzliche Frage, welche Aspekte dafür maßgebend sein dürfen bzw. sollen[168], gar nicht berührt wird. Allein der abstrakte Hinweis auf das Paritätsprinzip vermag aber die höchstrichterlich angeordnete Risikoverteilung nicht zu stützen.

Im übrigen bestehen gegen die Verwendung des Paritätsarguments im Rahmen der Betriebsrisikolehre kaum überwindbare methodische Bedenken. Denn mit einem auf die gleichgewichtige Verhandlungsmacht der Tarifpartner zielenden kollektivrechtlichen Prinzip läßt sich der Lohnverlust des Arbeitnehmers im Individualrechtsverhältnis schwerlich begründen. Auch die wertende Konkretisierung des Paritätsgebots kann daran nichts ändern, sondern erlaubt nur, die bei anderer Risikoverteilung vielleicht feststellbare Imparität der Tarifparteien durch eine Modifizierung des Kampfrechts, etwa durch weitergehende Zulassung oder Beschränkung von Kampfmitteln, zu beseitigen. Das Prinzip der Kampfparität bietet m.a.W. eine Handhabe für die Gestaltung des Koalitionsrechts, nicht aber für die einzelvertragliche Risikosteuerung. Auch unter diesem Aspekt kann seiner Verwendung durch die h. L. nicht zugestimmt werden.

III. Kritik des Risikoteilungsprinzips

Das bisher Gesagte spricht in besonderem Maße gegen die namentlich von *Mayer-Maly* und *Nipperdey* vertretene Risikoteilungstheorie[169]. Selbst wenn man sich über die methodischen Bedenken hinwegsetzen würde, könnte dieser Meinung nicht gefolgt werden. Denn sie ist durch das möglicherweise auch die h. L. beeinflussende Mißverständnis gekennzeichnet, die Kampfparität gebiete auch eine gleichmäßige Aufteilung der kampfbedingten Risiken Dritter[170]. Wäre dies richtig, so müßte man in eine umfassende Realanalyse der Arbeitgeber und Arbeitnehmer in Drittbetrieben treffenden Risiken eintreten und diese wertend gegenüberstellen[171]. Man stünde vor der schwierigen Frage, ob die Ge-

---

[167] *Wiedemann*, RdA 1969, S. 321, 326.

[168] Vgl. dazu *Zöllner*, Aussperrung, S. 52.

[169] Vgl. 1. Teil, C. I.

[170] Unverständlich insoweit der Obersatz von *Ehmann*, DB 1973, S. 1994, 1997, daß die Schadensfolgen eines Arbeitskampfes derjenige tragen soll, „bei dem sie eintreten“. Auf die Frage, wer dies ist, konzentriert sich doch der Streit! Vgl. im übrigen schon *Ballerstedt*, AuR 1966, S. 225, 233.

winneinbußen auf seiten des Arbeitgebers und der Lohnentzug auf seiten des Arbeitnehmers einander entsprechen oder vielmehr „ökonomisch-sozial" unvergleichbar sind, etwa im Hinblick darauf, daß der Wegfall des kurzfristig verplanten Lohnes den Arbeitnehmer regelmäßig sehr viel härter trifft als das Unternehmen die auf das Geschäftsjahr berechneten Verluste[172].

Indessen kann die hier erwachsende Problematik vermieden werden, weil das Paritätsprinzip eben nicht die Aufrechnung oder Aufteilung der nach Art und Wirkungsweise verschiedenen Risiken der mittelbar Kampfbetroffenen verlangt, sondern allein die Erhaltung eines arbeitskampfrechtlich regelbaren Mindestgleichgewichts zwischen den Tarifparteien bezweckt. Der Risikoteilungskonzeption liegt somit ein fehlgehendes Paritätsverständnis zugrunde.

IV. Kritik der Lehre von der Aussperrungsobliegenheit des Arbeitgebers

Im Gegensatz zu den soeben kritisierten Risikomodellen kann man der Lehre von der Aussperrungsobliegenheit[173] keinen methodischen Vorwurf machen. Sie verweist den Arbeitgeber auf das unter Paritätsgesichtspunkten fast allgemein für zulässig erachtete Kampfmittel der Aussperrung[174] und bleibt damit auf der kollektivrechtlichen Regelungsebene. Die Frage ist nur, ob mit diesem angeblich „ebenso klaren wie praktikablen" Vorschlag das Problem des arbeitskampfbedingten Lohnrisikos eine befriedigende Lösung erfährt.

Einwände sind nicht zu erheben, soweit die Aussperrungsmöglichkeit als notwendige, aber auch hinreichende Bedingung zur Wahrung der Kampfparität verstanden wird[175]. Zweifelhaft ist allerdings, ob damit gleichzeitig die Lohnverweigerung nach der Betriebsrisikolehre obsolet wird, der Arbeitgeber also den Lohn solange fortzuzahlen hat, bis er die Aussperrung erklärt. Das Problem hat eine in die Betrachtung einzubeziehende Kehrseite insofern, als in neuerer Zeit gelegentlich die Erforderlichkeit der Aussperrung mit dem Hinweis auf die arbeitskampforientierten Betriebsrisikogrundsätze bestritten wird[176].

---

[171] Vgl. zu der freilich oft überschätzten Bedeutung der Rechtstatsachen für die juristische Wertung *Zöllner*, Aussperrung, S. 51 f.

[172] Vgl. *Ballerstedt*, AuR 1966, S. 225, 233.

[173] Vgl. oben 1. Teil, C. II.

[174] Vgl. *Lieb*, Schwerpunkte, S. 123 ff.; zuletzt ausf. *Seiter*, Streikrecht, S. 314 ff., insb. S. 323 ff.

[175] In diesem Sinne wohl *Danz*, S. 123.

[176] Vgl. insb. *Däubler*, JuS 1972, S. 642, 646; *Kittner*, GMH 1973, S. 91, 98; früher schon *Evers*, S. 68; kritisch dazu *Wiedemann*, RdA 1969, S. 321, 333, Fußn. 116; *Biedenkopf*, Betriebsrisikolehre, S. 14; *Zöllner*, Aussperrung, S. 56 f.; *Lieb*, Schwerpunkte, S. 126.

Ausgangspunkt dieser Überlegungen ist der Umstand, daß Betriebsrisikolehre und suspendierende Aussperrung die gleiche Rechtsfolge, nämlich den Wegfall des Lohnanspruchs bewirken. Darin erschöpft sich freilich auch schon ihre Gemeinsamkeit.

Unübersehbar sind zunächst die Unterschiede in den rechtlichen Voraussetzungen. Der Lohnverlust nach der Betriebsrisikolehre tritt erst ein, wenn der Arbeitgeber den Arbeitnehmer infolge des Streiks nicht mehr beschäftigen kann, und hängt damit von einem Tatbestand ab, der sich weitgehend der Disposition des Arbeitgebers entzieht. Im Gegensatz dazu kann sich der Arbeitgeber im Wege der (Abwehr-)Aussperrung auch gegenüber solchen Arbeitnehmern von der Lohnzahlungspflicht befreien, deren Beschäftigung weiterhin möglich ist. Einschränkend verlangt man bisher lediglich, daß die Aussperrung wenigstens mittelbar einem tariflichen Regelungsziel dient[177].

Die beiden Institute unterscheiden sich ferner ganz wesentlich in ihrer Rechtsnatur. Denn es ist fürwahr etwas anderes, „ob man den Arbeitskampf erklärt" oder nur geltend macht, daß wegen der Kampfwirkungen nicht mehr gearbeitet werden kann[178]. Während der aussperrende Arbeitgeber das ihm gemäße Kampfmittel einsetzt, beruft er sich im anderen Falle auf die arbeitsvertragliche Leistungsstörung. Seine diesbezügliche Erklärung ist, wie *Mayer-Maly* und *Nipperdey* richtig erkannt haben, „eine Folge, nicht aber eine Maßnahme des Arbeitskampfes"[179]. Es muß daher entschieden der Meinung widersprochen werden, die in dem Lohnentzug gemäß der Betriebsrisikolehre eine nicht dem Individualrecht zugehörige „Kampfhandlung" des Arbeitgebers sieht[180], welche sich „ähnlich wie die Lohnverweigerung gegenüber Streikenden als Mittel einer Durchhaltetaktik unter möglichster Aufrechterhaltung der Produktion" erweise[181], so daß über die Risikobelastung der Arbeitnehmer nach speziell kampfrechtlichen Gesichtspunkten zu befinden sei[182]. Allein der Umstand, daß die schlichte Lohnverweigerung regelmäßig eine Vielzahl von Arbeitnehmern betrifft, macht sie mangels Kampfcharakter nicht zu einer kollektiv wirksamen „neuen Waffe"[183]. Noch weniger kann man sie als taktisches Mittel bezeichnen, weil es an der dafür notwendigen Dispositionsfreiheit fehlt. Denn ob der Arbeitgeber statt der Aussperrung auch

---

177 Vgl. dazu *Seiter*, Streikrecht, S. 309, 482 ff.

178 Vgl. *Ehmann*, DB 1973, S. 1994.

179 *Mayer-Maly / Nipperdey*, S. 43.

180 So *Ramm*, in: Naucke / Trappe, Rechtssoziologie und Rechtspraxis (1970), S. 154, 161; ferner *Weiss*, AuR 1974, S. 37, 48.

181 *Seiter*, Streikrecht, S. 308; unklar *Zöllner*, Aussperrung, S. 56 f.

182 Vgl. *Seiter*, Streikrecht, S. 311.

183 So aber *Ramm*, Festschr. f. Abendroth (1968), S. 275, 294.

die ihm günstige Betriebsrisikoregel wählen kann, hängt entscheidend von der jedenfalls seinem unmittelbaren Einfluß entzogenen streikbedingten Arbeitsunmöglichkeit ab. Da die bloße Lohnverweigerung sonach kein taktisches Arbeitskampfinstrument darstellt[184], ist es verfehlt, ihre Zulässigkeit als des weniger einschneidenden Abwehrmittels aus der Anerkennung der suspendierenden Abwehraussperrung ableiten zu wollen[185].

Mit dem Nachweis der wichtigsten Unterschiede beider Rechtsinstitute ist freilich noch nicht entschieden, ob, wie die Befürworter der Aussperrungsobliegenheit annehmen, auf eine besondere Betriebsrisikoregelung verzichtet werden kann. Hier ist vor allem rechtspolitisch zu berücksichtigen, daß die beiden Gestaltungsmöglichkeiten entsprechend ihrer jeweiligen Rechtsnatur sehr verschiedene Effekte äußern[186]. Die Vorenthaltung des Lohnes intendiert eine Verringerung des Arbeitskampffolgeschadens, mit ihr wird kein Kampfsignal gesetzt, sie ist kurz gesagt eine Kampfreaktion, nicht eine Kampfaktion. Demgegenüber würde die Aussperrungsobliegenheit den Arbeitgeber zum Kampf zwingen mit der Folge, daß der Konflikt und die ihn begleitenden Emotionen angeheizt würden[187]. Die Zeichen wären somit auf Kampf gestellt; statt eine sinnvolle Begrenzung des Konflikts zu ermöglichen, hätte man seine Ausweitung vorprogrammiert, woran niemand gelegen sein kann. Diese Perspektive unterstreicht die Funktionsungleichheit von schlichter Lohnverweigerung und Aussperrung und spricht eindeutig gegen deren Austauschbarkeit[188].

Darüber hinaus ist es ein Irrtum zu glauben, mit der Aussperrungsobliegenheit sei eine überzeugende Lösung des Risikoproblems gefunden. Die Frage, in welchem Umfang die Arbeitnehmer mit dem Lohnrisiko belastet sind, stellt sich nämlich dann als Frage nach der Zulässigkeit der Aussperrung. Man gerät, wenn dieses Bild erlaubt ist, vom Regen in die Traufe. Denn ist schon das Aussperrungsrecht des Arbeitgebers im Geltungsbereich des umkämpften Tarifvertrages nicht ganz unbestritten, umso problematischer erweist sich die Frage nach den

---

184 Zutreffend insoweit *Evers*, S. 67 f.: „Die Abwälzung des Betriebsrisikos auf den Arbeitnehmer ist keine Waffe im Arbeitskampf, die dem Arbeitgeber gestattet, nach den Maximen des Arbeitskampfes auf einen Arbeitskampf zu reagieren und auf die Streikenden einen Druck auszuüben.“

185 So aber *Seiter*, Streikrecht, S. 311.

186 Dies übersieht *Reuter*, JuS 1973, S. 284, 289, den das unbewältigte Nebeneinander von Aussperrung und „wirkungsgleichem Individualrecht“ stört.

187 Zu diesem Aspekt auch *Seiter*, Streikrecht, S. 309; *Zöllner*, Aussperrung, S. 57.

188 Im Ergebnis wie hier BAG (GS) AP Nr. 43 zu Art. 9 GG Arbeitskampf, Bl. 8 R; *Zöllner*, Aussperrung, S. 57, Fußn. 219; *Seiter*, Streikrecht, S. 309; unklar *Reuter*, Festschr. f. Böhm (1975), S. 521, 546.

Aussperrungsmöglichkeiten der mittelbar betroffenen Arbeitgeber[189]. Auch wenn man den Sympathiearbeitskampf generell erlauben wollte, ist damit noch nicht über die Zulässigkeit speziell der risikoabwälzenden Sympathieaussperrung befunden. Handelt es sich bei ihr um eine Angriffs- oder Abwehrmaßnahme? Steht im Einzelfall eine tarifliche Friedenspflicht entgegen? Wer dessen ungeachtet die Lehre von der Aussperrungsobliegenheit als vollwertigen, konstruktiv besseren Ersatz für die bisherige Risikoverteilung anbietet[190], übersieht oder verschweigt, daß das Betriebsrisikoproblem nur auf eine andere Ebene verlagert wird.

Insbesondere geht es nicht an, auf die Zulässigkeit der Sympathieaussperrung unter der einschränkenden Voraussetzung des mittelbar eigenen Interesses hinzuweisen und sodann dieses Interesse beim Unternehmer des kampfbetroffenen Drittbetriebes pauschal zu bejahen[191]. Hinter dieser Widersprüchlichkeit steht wohl das Bemühen, die bislang unbeschränkt mögliche Lohnverweigerung bei streikbedingtem Arbeitsausfall durch ein voll entsprechendes Aussperrungsrecht abzulösen.

Nach alledem ist die Lehre von der Aussperrungsobliegenheit keineswegs so klar und praktikabel, wie sie vorgestellt wird. Gerade für den wichtigsten Problembereich, nämlich die Risikoverteilung in mittelbar kampfbetroffenen Betrieben, ergeben sich neue Zweifelsfragen. Der mit ihr unternommene Versuch einer spezifisch arbeitskampfrechtlichen Problemlösung hat überdies rechtspolitisch kaum vertretbare Konsequenzen und kann von daher nur als (Rück-)Schritt in die falsche Richtung betrachtet werden[192].

C. Der Gemeinschaftsgedanke als Grundlage für eine (Mit-)Haftung des Arbeitnehmers?

Über die zentrale Bedeutung des Gemeinschaftsgedankens bei der Grundlegung der Betriebsrisikolehre ist schon berichtet worden. Anders als das RG versuchte das RAG immerhin, die Überlegungen zur sozialen Arbeits- und Betriebsgemeinschaft haftungsrechtlich umzusetzen, indem es die These aufstellte, daß den erweiterten Rechten der Arbeitnehmerschaft „naturgemäß“ erweiterte Pflichten gegenüberstün-

[189] Vgl. zum tiefgehenden Streit über die Zulässigkeit von Sympathiearbeitskämpfen eing. *Seiter*, Streikrecht, S. 502 ff. m. umfangreichen Nachweisen.

[190] So *Danz*, S. 123 ff.; zurückhaltender *Weiss*, AuR 1974, S. 37, 48.

[191] So aber *Danz*, S. 124 f.

[192] Vgl. früher schon BAG AP Nr. 2 zu § 615 BGB Betriebsrisiko, Bl. 2, gegen *Hueck / Nipperdey* II, 6. Aufl. (1957), S. 617; wie BAG u. die h. L. nunmehr *Hueck / Nipperdey* II, 2, S. 947 m. Fußn. 46 a.

den[193]. Diese prinzipielle Inpflichtnahme der Arbeitnehmer bildete nach der Intention des RAG den Ausgangspunkt sowohl für die Sphärenverantwortlichkeit als auch für die Beteiligung am existenzbedrohenden Betriebsrisiko.

Aus guten Gründen hat man diesen Zusammenhang mit zunehmender Verfestigung der Sphärentheorie im Bereich des arbeitskampfbedingten Lohnrisikos einfach verdrängt. Denn die sphärenmäßige Risikoaufteilung führt ja eben nicht zu einer der Gemeinschaftsidee adäquaten Risikogemeinschaft, so daß sich eigentlich mit aller Schärfe die Frage nach der Konsistenz der Argumentation hätte stellen müssen[194]. Deren Beantwortung ist die h. L. solange nicht enthoben, wie der hier angeregte Abschied von der Sphärentheorie auf sich warten läßt. Dies gilt umso mehr, als der Gemeinschaftsgedanke keineswegs völlig überholt ist, sondern nach wie vor die kaum jemals akut gewordene, gleichwohl beharrlich tradierte Mithaftung der Arbeitnehmer bei einer Bestandsgefährdung des Betriebes bzw. Unternehmens rechtfertigen soll.

Hierfür kann man nämlich auf Aspekte der schuldrechtlichen Zumutbarkeitslehre, etwa den des Wegfalls der Geschäftsgrundlage, des Überschreitens der Opfergrenze oder der überobligationsmäßigen Schwierigkeit, nicht zurückgreifen, weil sonst auch andere Gläubiger des Arbeitgebers sich eine Kürzung oder gar den Verlust ihrer Forderungen gefallen lassen müßten[195]. Daß z. B die Kreditgeber eines Unternehmens in Krisensituationen auf Zinszahlungen oder einen Teil des Darlehnskapitals verzichten sollen, wird aber niemand ernsthaft in Erwägung ziehen[196]. Läßt sich demnach die Risikobeteiligung des Arbeitnehmers nicht aus allgemeinen Zumutbarkeitsgesichtspunkten herleiten, so bleibt die Frage, ob „der Arbeitnehmer kein ‚gewöhnlicher' Gläubiger ist, ihm vielmehr als Mitglied der Gemeinschaft erhöhte Pflichten zur Rücksichtnahme obliegen"[197].

I. Zur sozialen Arbeits- und Betriebsgemeinschaft

Hier sind zunächst die mit dem Topos der sozialen Arbeits- und Betriebsgemeinschaft verknüpften Implikationen zu überdenken. Dabei ist schon mehr als zweifelhaft, ob eine solche Gemeinschaft im sozio-

---

193 RAG ARS 3, S. 116, 121.

194 Vgl. dazu auch *Schwerdtner*, Fürsorgetheorie, S. 47.

195 Dies übersieht insb. *Jorns*, S. 141 ff.; vgl. auch *Nikisch* I, S. 600; zutreffend dagegen *Wiedemann*, Arbeitsverhältnis, S. 91.

196 Vgl. *Wiedemann*, Arbeitsverhältnis, S. 91; *Biedenkopf*, Betriebsrisikolehre, S. 17.

197 *Wiedemann*, Arbeitsverhältnis, S. 91.

logischen Sinne wirklich besteht; „denn die Arbeitnehmerschaft eines modernen Betriebes setzt sich aus so heterogenen Elementen zusammen“[198], daß kaum von „subjektiv gefühlter affektueller oder traditioneller Zusammengehörigkeit der Beteiligten“[199] die Rede sein kann. Insoweit darf ergänzend auf das bereits zur Solidaritätsthese Gesagte verwiesen werden[200].

1. *Risikotragung und Betriebsverfassung*

Indes ist nicht sicher auszumachen, ob das RAG bei seinen grundlegenden Ausführungen von einem soziologischen oder normativen Verständnis der Betriebsgemeinschaft ausgegangen ist. Für letzteres könnte der enge Bezug zum Betriebsrätegesetz und dem darin vorgesehenen Zusammenwirken von Unternehmer und Belegschaft sprechen. Damit verbindet sich das mangels anderer Überlegungen des BAG noch heute gültige Kernargument von der gleichmäßigen Erweiterung des Rechts- und Pflichtenkreises der Arbeitnehmer.

Abgesehen davon, daß ein axiomatisches Rechtsprinzip des Inhalts „mehr Rechte gleich mehr Pflichten“ nicht existiert, erlaubt auch der Zusammenhang mit dem Betriebsrätegesetz vom 4. Februar 1920, das erstmals eine betriebliche Mitbestimmung einführte, keine derartige Schlußfolgerung. Selbst das Betriebsverfassungsgesetz vom 15. Januar 1972, in dem die Mitbestimmungs- und Mitwirkungsrechte der Arbeitnehmer ihre bisher weitestgehende Ausprägung erfahren haben, kann nicht zum Anlaß genommen werden, die Belegschaft über den Lohnentzug am Unternehmerrisiko zu beteiligen[201]. Denn es wäre geradezu widersinnig, aus den Beteiligungsrechten des Betriebsrats, die dem Schutz der Arbeitnehmer vor unkontrollierter Ausübung des Direktionsrechts dienen sollen, einen neuen Haftungsgrund abzuleiten. Hinzu kommt, daß die Teilhabe der Arbeitnehmer an der Leitung und Gestaltung der betrieblichen Ordnung ohne jeden Einfluß auf die vermögens- und gesellschaftsrechtlichen Unternehmensverhältnisse bleibt. Die für die prinzipielle Risikozuordnung mitentscheidende Gewinnchance des Unternehmers bzw. Unternehmens wird dadurch nicht im mindesten zugunsten der Arbeitnehmer geschmälert[202]. Es ist daher verfehlt, die Verteilung des Betriebsrisikos von der wie auch immer ausgestalteten Betriebsverfassung abhängig machen zu wollen[203].

---

198 *Jorns*, S. 155.

199 *Max Weber*, Wirtschaft und Gesellschaft (5. Aufl., 1972), S. 21.

200 Vgl. oben 2. Teil, A. IV. 2. a).

201 Vgl. *Ehmann*, DB 1973, S. 1994, 1995.

202 Vgl. *Weiss*, AuR 1974, S. 37, 38 f.

203 So aber *Erman / Küchenhoff*, § 615 Rdnr. 18; richtig dagegen *Biedenkopf*, Betriebsrisikolehre, S. 16.

2. *Risikotragung und Unternehmensmitbestimmung*

Nach Inkrafttreten des Mitbestimmungsgesetzes vom 4. Mai 1976[204] muß man sich auch mit dem Hinweis *Ehmanns* auseinandersetzen, spätestens bei Verwirklichung der paritätischen Mitbestimmung im Aufsichtsrat durch ein neues Unternehmensverfassungsrecht werde die Argumentation von RG und RAG „rechtliche Überzeugungskraft erhalten"[205]. Insofern konsequent vertritt *Küchenhoff* in bezug auf die der Mitbestimmungsregelung im Montanbereich unterfallenden Unternehmen[206] den Standpunkt, daß die Arbeitnehmerschaft entsprechend ihrer Einwirkungsmöglichkeit auf die Unternehmensführung an den Folgen der Einwirkung zu beteiligen sei[207].

Dies wäre in der Tat unter der Prämisse eines Korrelats von unternehmerischer Verantwortung und Risikotragung richtig. Auch das BAG geht übrigens von einer derartigen Vorstellung aus, wenn es den Arbeitgeber zur Lohnzahlung verpflichtet hält, weil dieser den Betrieb organisiert, leitet und die Verantwortung trägt[208]. Freilich ist ein wirtschaftsverfassungsrechtliches Junktim von „Herrschaft und Haftung" unbekannt[209]. So ist man bisher nicht auf die Idee gekommen, den Vorstand einer Aktiengesellschaft, den Geschäftsführer einer G.m.b.H. oder den ausnahmsweise für die Geschäftspolitik zuständigen Kommanditisten wegen seiner Leitungsbefugnisse für das Betriebsrisiko haftbar zu machen[210, 211]. Welche Person oder welches Organ in einem Unternehmen konkret die Führungsfunktion wahrnimmt, ist nicht zuletzt deswegen unbeachtlich, weil sich hinter der Risikoverteilung keine vertrags- oder deliktsrechtliche Handlungshaftung verbirgt[212]. Wichtig ist vielmehr, daß auch die unternehmensbezogenen Einflußmöglichkeiten der Arbeitnehmer in der Montanindustrie und allgemein in der neugestalteten Unternehmensverfassung die Gewinn- und damit auch

---

204 BGBl. 1976, Teil I, S. 1153 ff.

205 Vgl. *Ehmann*, DB 1973, S. 1994, 1995.

206 Bekanntlich haben Bergbauunternehmen und solche der Eisen und Stahl erzeugenden Industrie nach dem Mitbestimmungsgesetz v. 21. 5. 1951 bzw. dem sog. Holdinggesetz v. 7. 8. 1956 einen paritätisch besetzten Aufsichtsrat. Vgl. dazu *Dietz / Richardi*, § 85 BetrVG 1952, Rdnr. 3 ff.

207 Vgl. *Erman / Küchenhoff*, § 615 Rdnr. 18.

208 BAG AP Nr. 2 zu § 615 BGB Betriebsrisiko, Bl. 1 R.

209 Vgl. *Wiedemann*, Arbeitsverhältnis, S. 86.

210 Vgl. *Weiss*, AuR 1974, S. 37, 38; *Wiedemann*, Arbeitsverhältnis, S. 86.

211 Ebenso abwegig ist der Gedanke eines Proporzes zwischen Einfluß und Haftung, was *Wiedemann* (Arbeitsverhältnis, S. 86) prägnant an dem Beispiel zeigt, daß der Besitzer der Anteilsmehrheit zwar die Geschäftsführung der Handelsgesellschaft bestimmt, aber nur entsprechend seinem Kapitaleinsatz haftet.

212 Vgl. *Wiedemann*, Arbeitsverhältnis, S. 87; ähnlich *Weiss*, AuR 1974, S. 37, 38.

die Risikozuordnung zum Unternehmenskapital unberührt lassen. Das den Arbeitgeber als Kapitalträger belastende Risikomodell bedarf jedenfalls insofern noch ganz im Einklang mit wirtschaftswissenschaftlichen Erkenntnissen[213] keiner Korrektur.

3. Ergebnis: Keine Verlustgemeinschaft von Arbeitgeber und Belegschaft

Als Zwischenergebnis ist festzuhalten, daß weder die Beteiligungsrechte des Betriebsrats noch die jetzt weitgehend verwirklichte paritätische Mitbestimmung auf Unternehmensebene eine Risikohaftung der Arbeitnehmer begründen können. Aus der Betriebs- bzw. Unternehmensverfassung läßt sich keine Verlustgemeinschaft von Arbeitgeber und Arbeitnehmern konstruieren.

II. Zum Gemeinschaftsverhältnis zwischen Arbeitgeber und Arbeitnehmer

So sucht denn auch eine andere Meinung die Rechtfertigung für das Abweichen vom Lohnfortzahlungsgrundsatz nicht mehr im kollektivrechtlichen Raum, sondern im Gemeinschaftsverhältnis zwischen Arbeitgeber und dem einzelnen Arbeitnehmer. „Die Rücksichtnahme auf den Arbeitgeber soll den Arbeitnehmer dazu verpflichten, sein Scherflein dazu beizutragen, daß der Betrieb nicht illiquid wird[214]."

Da eine Gemeinschaft im soziologischen Sinne, verstanden als besonders innige, zweckunabhängige soziale Verbindung, offenbar nicht besteht[215], kann nur fraglich sein, ob eine übervertragsmäßige Verbundenheit von Arbeitgeber und Arbeitnehmer normativ begründbar ist. *Wiedemann* hat dazu ausdrücklich klargestellt, man wolle keine Gesinnungsgemeinschaft, sondern eine mit besonderen Treuepflichten ausgestattete (rechtliche) Bindung schaffen, die eine „geistige Wertentscheidung" fordere[216]. Nach *A. Hueck* soll die Bezeichnung „personenrechtliches Gemeinschaftsverhältnis" lediglich zum Ausdruck bringen, daß sich das Arbeitsverhältnis nicht im bloßen Leistungsaustausch von Arbeit gegen Lohn erschöpfe, sondern daß es enge persönliche Beziehungen zwischen beiden Teilen begründe, aus denen sich eine weit über den Grundsatz von Treu und Glauben hinausreichende beiderseitige Treuepflicht ergebe[217].

---

213 Dazu ausf. *Krasnitzky*, S. 59 ff.

214 *Wiedemann*, Arbeitsverhältnis, S. 90 f.

215 Vgl. eing. *Schwerdtner*, Fürsorgetheorie, S. 49 ff.

216 *Wiedemann*, Arbeitsverhältnis, S. 33 f.

217 *Hueck / Nipperdey* I, S. 131.

Trotz dieser und anderer Klärungsversuche[218] bleibt schleierhaft, woraus die Gemeinschaftsbindung der Arbeitsvertragspartner eigentlich hergeleitet wird[219]. Man kann vor allem nicht die Parallele zum deutschrechtlichen Treudienstvertrag ziehen[220]. Dies führt auf den Abweg „rational nicht nachvollziehbarer Sozialromantik“[221]. Denn der schroffe Gegensatz zwischen den Dienstverhältnissen des Mittelalters und den weithin „unpersönlichen“ industriellen Massenarbeitsverträgen unserer Zeit ist doch unübersehbar. Wenn gleichwohl enge, eheähnliche Beziehungen zwischen Arbeitgeber und Arbeitnehmer von Rechts wegen fingiert werden[222], um den nur mehr vorsichtig so genannten gemeinschaftsrechtlichen Einschlag des Arbeitsverhältnisses[223] zu begründen, so ist dies Teil einer namentlich von *Schwerdtner* kritisierten „Harmonisierungsideologie“[224], die den existenten, in der Wirtschaftsstruktur angelegten Sozialkonflikt verbal vernebelt und damit die Gefahr seiner Verschärfung heraufbeschwört.

Um sicheren Boden zu gewinnen, sollte man sich die normative Ausgangslage vergegenwärtigen. Auch von den Verfechtern des Gemeinschaftsgedankens wird nicht mehr bestritten, daß der Arbeitsvertrag zu den schuldrechtlichen Verträgen gehört, da er die kommerziellen Beziehungen zwischen Arbeitgeber und Arbeitnehmer regelt[225]. Er ist außerdem ein gegenseitiger Vertrag, weil der Leistungsaustausch seinen wesentlichen Inhalt darstellt: Arbeitsleistung des Arbeitnehmers und Vergütung des Arbeitgebers stehen im Synallagma[226]. Ebenso unbestreitbar wie diese Grundsätze ist die Tatsache, daß die an sich einschlägige Regelung der §§ 611 ff. BGB in Verbindung mit dem allgemeinen Schuldrecht dem Schutzbedürfnis des unselbständig Beschäftigten nicht gerecht wird. Auf dieser Erkenntnis fußt das moderne Arbeitsrecht, sein Schutzzweck ist Entstehungsgrund und Leitmotiv zugleich. Schutz aber braucht jemand, „der in irgendeiner Beziehung gefährdet

---

218 Vgl. zuletzt ausf. *Wiedemann,* Arbeitsverhältnis, S. 25 ff. m. w. N.

219 Nach Ansicht *Schwerdtners* (Fürsorgetheorie, S. 44) endet die Begründung meist in einem Zirkelschluß: „Aus der Gemeinschaftsbindung werden Treue- und Fürsorgepflichten abgeleitet und sodann mit diesen Treue- und Fürsorgepflichten die Existenz eines Gemeinschaftsverhältnisses nachzuweisen versucht.“ Exemplarisch dafür *A. Hueck* in Hueck / Nipperdey I, S. 129, 241, 390 ff.; unklar auch *Wiedemann,* Arbeitsverhältnis, S. 34.

220 Vgl. insb. *A. Hueck,* Der Treuegedanke im modernen Privatrecht (1947), S. 13; neuerdings wieder *Jobs,* ZfA 1972, S. 305, 336.

221 *Grunsky,* JuS 1970, S. 16, 18,

222 Vgl. *Hueck / Nipperdey* I, S. 131.

223 So *Wiedemann,* Arbeitsverhältnis, S. 36.

224 *Schwerdtner,* Fürsorgetheorie, S. 66 ff.; ders., ZRP 1970, S. 62 ff.; vgl. auch *Biedenkopf,* Betriebsrisikolehre, S. 15.

225 Vgl. *Wiedemann,* Arbeitsverhältnis, S. 9 f. m. N.

226 Vgl. nur *Söllner,* Arbeitsrecht, S. 221.

ist; diese Gefahr muß andererseits notwendig einen Träger haben; es ist augenscheinlich verfehlt, das Verhältnis zwischen dem Träger der Gefahr und dem Gefährdeten als ein Gemeinschaftsverhältnis zu qualifizieren"[227].

Wenn dies in der Vergangenheit trotzdem geschehen ist, so deswegen, um die Rechte und Pflichten der Vertragspartner anders auszugestalten, als es bei rein vermögensrechtlicher Betrachtung möglich erschien[228]. Unter Berufung auf das personengemeinschaftsrechtliche Element wurde dem Arbeitgeber insbesondere eine Fürsorgepflicht auferlegt, womit das Instrument für eine umfangreiche Arbeitnehmerschutzrechtsprechung gefunden war[229]. In der Rückschau erweist es sich allerdings als wenig glücklich, daß das Arbeitsverhältnis zu diesem Zweck als personenrechtliches Gemeinschaftsverhältnis begriffen wurde. Richtig daran ist im Kern, daß Arbeit nicht einfach Ware, also kein gewöhnliches Tauschobjekt ist, sondern untrennbar mit der Persönlichkeit des Menschen verbunden ist und deswegen besonders behandelt und geschützt werden muß. Die Rechtsordnung hat zweifellos bei zunehmender Intensität der zwischenmenschlichen Beziehung stärkere und umfassendere Verhaltensanforderungen an die Beteiligten zu stellen, um den gleichzeitig wachsenden Konfliktmöglichkeiten vorzubeugen[230]. Diese „sachlogische Struktur" ist im Rahmen des Arbeitsvertragsrechts wegen der persönlichen Abhängigkeit des Arbeitnehmers ganz besonders zu beachten, sie zwingt aber nicht zu der Annahme eines dem Arbeitnehmerschutz widersprechenden Gemeinschaftsverhältnisses. Denn zwischen der speziell arbeitsrechtlichen Treue- und Fürsorgepflicht und den allgemeinen Schutz- und Erhaltungspflichten des Schuldrechts besteht kein wesentlicher, sondern nur ein gradueller Unterschied[231]. Die intensive Ausprägung der Pflichten zur gegenseitigen Rücksichtnahme im Arbeitsverhältnis legitimiert daher nicht die Konstruktion einer besonderen Gemeinschaftsbindung, die es entgegen der ursprünglichen Schutzrichtung auch ermöglicht, „den Arbeitnehmer in freier Rechtsfindung zu benachteiligen"[232], wofür die Bestandsgefährdungsregel der Betriebsrisikolehre ein anschauliches Beispiel liefert.

Die Loslösung vom BGB war berechtigt, als man die neben den synallagmatischen Hauptpflichten bestehenden vielfältigen Nebenpflichten noch nicht kannte. Heute ist gesichert, daß die Parteien jedes

---

[227] *Mavridis*, RdA 1956, S. 444, 446.

[228] Zu diesem Aspekt *Grunsky*, JuS 1970, S. 16, 17 f.

[229] Vgl. ausf. *Hueck / Nipperdey* I, S. 390 ff.

[230] Vgl. *Wiedemann*, Arbeitsverhältnis, S. 28; *Schwerdtner*, Fürsorgetheorie, S. 47.

[231] Zutreffend *Mavridis*, RdA 1956, S. 444, 447.

[232] *Grunsky*, JuS 1970, S. 16, 19.

Schuldverhältnisses aufeinander Rücksicht zu nehmen, für persönlichen Schutz zu sorgen und den Vertragszweck zu fördern haben, wobei das Ausmaß dieser Pflichten von der Intensität der Leistungsbeziehung abhängt. „Es ist (darum) an der Zeit, die typischen Pflichten aus dem Arbeitsverhältnis wieder in die Schuldrechtsdogmatik einzufügen[233].“ Auf die in vieler Hinsicht fragwürdige Theorie vom personenrechtlichen Gemeinschaftsverhältnis kann man getrost verzichten, zumal sie mit der sozialen Realität, der gesetzgeberischen Qualifikation des Arbeitsvertrages und sonstigen arbeitsrechtlichen Grundstrukturen, insbesondere der Arbeitskampfordnung[234], kaum in Einklang zu bringen ist[235].

III. Zusammenfassung

Es sollte deutlich geworden sein, daß der Gemeinschaftsgedanke gleich welcher Interpretation für die Risikoverteilung nicht fruchtbar gemacht werden kann und daher als normative Grundlage für eine dem Arbeitnehmer nachteilige Abweichung vom Lohnfortzahlungsgrundsatz ausscheidet.

D. Ergebnis: Unbrauchbarkeit der tragenden Begründungselemente

Die vorstehende Untersuchung hat erbracht, daß die bisher maßgebenden Verteilungsprinzipien für die Lösung des Betriebsrisikoproblems unbrauchbar sind. Damit fällt das alte Lehrgebäude in sich zusammen. In gleicher Weise betroffen sind die auf dem Prinzip der Kampfparität basierenden Alternativkonzepte. Die Frage nach der Reichweite des Lohnfortzahlungsgrundsatzes ist demnach wieder völlig offen und soll nunmehr unter Berücksichtigung der schon gewonnenen Erkenntnisse neu überdacht werden.

---

[233] *Hanau / Adomeit*, S. 133; vgl. in diesem Sinne schon eing. *Schwerdtner*, Fürsorgetheorie, S. 79 ff.

[234] Vgl. *Schwerdtner*, Fürsorgetheorie, S. 48 f.

[235] Vgl. außer den bereits genannten Kritikern im Erg. ebenso *Söllner*, Arbeitsrecht, S. 209 f. m. w. N. und *Säcker*, JurA 1970, S. 165, 177, der zudem das BAG auf dem Wege sieht, „die liberalen und progressiven Momente eines schuldrechtlichen, auf den Leistungsaustausch beschränkten Verständnisses des Arbeitsvertrages bei ausreichender Sicherung der Rechte und Interessen des Arbeitnehmers durch staatliches und kollektivvertragliches Arbeitnehmerschutzrecht wiederzuentdecken“.

Dritter Teil

Die Rechtsgrundlage der Lohnfortzahlungsregel

A. Zur Notwendigkeit der Grundlagenbestimmung

Die Reichweite der Lohnfortzahlungsregel im Betriebsrisikofall läßt sich wegen der Struktur eines jeden Regel-Ausnahme-Verhältnisses nur dann bestimmen, wenn man zuvor ihren Geltungsgrund ermittelt. Erst wenn Klarheit über den für die Ausgangsentscheidung maßgeblichen Wertungsgesichtspunkt besteht, kann man beurteilen, ob es Situationen gibt, die eine andere Bewertung und entsprechende Ausnahmen erfordern. Der andauernde, heftiger denn je geführte Streit um die Betriebsrisikolehre rührt nicht zuletzt daher, daß man diesen Zusammenhang in der Vergangenheit zu wenig beachtet hat.

Um die somit notwendige grundsätzliche Klärung herbeizuführen, muß man an der Wurzel des Betriebsrisikoproblems ansetzen. Verfehlt ist dabei die Vorstellung, man bewege sich im gesetzesfreien Raum und könne unbeeinflußt von positivrechtlichen Determinanten an die Lösung herangehen. Bei solcher Prämisse wird übersehen, daß der Arbeitsvertrag eine Unterart des bürgerlich-rechtlichen Dienstvertrages ist, auf den jedenfalls zunächst die §§ 611 ff. BGB sowie das allgemeine Leistungsstörungsrecht der §§ 275 ff., 320 ff. BGB Anwendung finden[1]. Von dieser nicht mehr ganz unbestrittenen Position[2] aus ist dem möglichen Einwand entgegenzutreten, es liege doch altbekanntermaßen im Fall des Betriebsrisikos eine Gesetzeslücke vor, so daß eine selbständige arbeitsrechtliche Regelung Platz greifen könne. Man darf nämlich nicht vergessen, daß es sich bei der Lückenfeststellung um einen wertenden Erkenntnisakt handelt, der von einem bestimmten Erkenntnisstand abhängig ist[3]. Angesichts unverkennbarer Fortschritte der Schuldrechtsdogmatik stellt sich daher bei heutiger Problembeurteilung die überaus wichtige Vorfrage, ob und in welchem Umfang die vor gut einem halben Jahrhundert festgestellte Lücke weiterbesteht.

---

1 Vgl. nur *Lieb*, Schwerpunkte, S. 9 f., 19.

2 Vgl. die grundsätzliche Auseinandersetzung zwischen *Gamillscheg*, AcP 176 (1976), S. 197 ff. und *Zöllner*, AcP 176 (1976), S. 221 ff.; für die Selbständigkeit des Arbeitsvertrages früher schon *Gamillscheg*, Festschr. f. Werner Weber (1974), S. 793 ff.

3 Vgl. *Larenz*, Methodenlehre, S. 359 m. w. N.

Dies ist umso mehr zu prüfen, als neue Rechtsgebiete wie das Arbeitsrecht stets Gefahr laufen, „auf Grund eines verfehlten Autarkiestrebens gemeinsame Rechtsgrundsätze vorschnell zugunsten eigenständiger Rechtsinstitute aufzugeben“[4].

B. Die (Teil-)Unmöglichkeit der Arbeitsleistung

I. Der Betriebsrisikotatbestand als Primärzweckvereitelung im Sinne der neueren Schuldrechtsdogmatik

Eine Gesetzeslücke soll bekanntlich deswegen vorliegen, weil man den Betriebsrisikotatbestand nicht mit den vom BGB bereitgehaltenen Kategorien der Unmöglichkeit oder des Annahmeverzuges erfassen kann. Zweifelsohne betrifft das Betriebsrisiko einen atypischen Störungsfall insofern, als der Schuldner für sich betrachtet zwar zur Leistung imstande ist, aber der mit der Leistung bezweckte (Arbeits-)Erfolg nicht verwirklicht werden kann. Derartige Leistungsstörungen sind freilich keineswegs nur im Rahmen des Arbeitsverhältnisses möglich, sondern finden sich auch bei Miet-, Werk- und sog. freien Dienstverträgen. Folgende Beispiele mögen dies illustrieren: Der Urlauber kann das auf einer Insel gelegene Hotel wegen eines die Überfahrt hindernden Sturmes nicht zum vorgesehenen Termin erreichen. — Das zu reparierende Auto wird gestohlen. — Der zu behandelnde Patient stirbt vor Eintreffen des Arztes. In der Diktion der modernen Schuldrechtsdogmatik handelt es sich hierbei um Fälle der Zweckvereitelung, genauer um solche der sog. Primärzweckvereitelung, weil das Interesse des Gläubigers am unmittelbaren Erhalt der Leistung und nicht an deren weitererer Verwendung unerfüllt bleibt[5].

II. Unmöglichkeit, Annahmeverzug oder Leistungsstörung sui generis

Es ist also mit Blick auf das Betriebsrisiko zu prüfen, ob die Primärzweckvereitelung unter den Begriff der Unmöglichkeit oder den des Annahmeverzuges subsumiert werden kann oder ob ein Störungstatbestand eigener Art vorliegt, der eine Lücke im gesetzlichen System der Leistungsstörungen offenbart. Für die Arbeitsrechtswissenschaft ist damit die Erinnerung an den historischen Streit zwischen Unmöglichkeitstheorie und Annahmeverzugslehre verbunden, der nur deswegen nicht zu entscheiden war, weil man je nach Definition der Leistung des Arbeitnehmers beide Ansichten vertreten konnte[6]. Daraus ergibt sich als Nutzanwendung, daß eine exakte Abgrenzung von Unmöglich-

[4] *Schwerdtner*, Fürsorgetheorie, S. 80.
[5] Vgl. *Köhler*, Unmöglichkeit, S. 17 f.
[6] Vgl. oben 1. Teil, A. II.

keit und Annahmeverzug solange scheitern muß, wie der Leistungsbegriff variabel ist[7]. Die seinerzeit vernachlässigte, nunmehr zu klärende Frage ist daher, ob das Schuldrecht des BGB den Begriff der Leistung in bestimmter Weise voraussetzt.

1. Der Leistungsbegriff des bürgerlichen Schuldrechts

Dies hat *Wieacker* in seiner Studie über „Leistungshandlung und Leistungserfolg im Bürgerlichen Schuldrecht" ausführlich untersucht[8]. Wie er einleitend bemerkt, besitzt das Schuldverhältnis zwei Grundaspekte, die den Dualismus kennzeichnen, der das gesamte Leistungsstörungsrecht durchzieht. „Es läßt sich begreifen sowohl als Ordnung von Verhaltenspflichten des Schuldners wie auch hinführend zum Leistungserfolg, d. h. zur Verwirklichung des Gläubigerinteresses an der Leistung. Jener Aspekt sieht es also als ein Sichverhaltensollen, dieser als Interessenverwirklichung[9]." Beide Aspekte fallen in dem zentralen Begriff der Leistung zusammen, womit eine „latente Doppeldeutigkeit" des gesetzlichen Sprachgebrauchs korrespondiert, so daß Zweifel bestehen, „ob schon geleistet ist, wenn sich der Schuldner seiner Vertragspflicht gemäß verhalten hat, oder erst dann, wenn durch dieses Verhalten der dem Inhalt der Schuld entsprechende Erfolg eingetreten, d. h. das Gläubigerinteresse verwirklicht worden ist"[10].

Daß letzteres zutrifft, folgt zunächst eindeutig aus § 362 BGB, wonach Erfüllung mittels Leistung nichts anderes bedeutet als die regelmäßig durch das Verhalten des Schuldners herbeigeführte Verwirklichung des Gläubigerinteresses[11].

Wieacker weist sodann nach, daß unter Leistung im Bereich des Unmöglichkeitsrechts dasselbe zu verstehen ist[12]. So knüpften Leistungsurteil und Transformation im Falle der Nichtleistung (§ 283 BGB) an das Ausbleiben des Leistungserfolges an. Ferner könne die objektive Unmöglichkeit nur auf den Leistungserfolg bezogen werden, da es schon in ihrem Begriff liege, daß das Gläubigerinteresse von niemandem realisiert werden könne; das Schuldnerverhalten gewinne erst für die Rechtsfolgen Bedeutung. Schließlich harmoniere auch die Regel des § 275 II BGB mit dem erfolgsbezogenen Leistungsbegriff,

---

7 Für die Bestimmung des Unmöglichkeitsbegriffs ist es in der Tat wichtiger zu wissen, was Leistung bedeutet, als was Unmöglichkeit ist. So *Himmelschein*, AcP 135 (1932), S. 255, 282.

8 *Wieacker*, Festschr. f. Nipperdey (1965), Bd. I, S. 783 ff.

9 *Wieacker*, Festschr. f. Nipperdey, S. 783.

10 *Wieacker*, Festschr. f. Nipperdey, S. 787.

11 Vgl. *Wieacker*, Festschr. f. Nipperdey, S. 790 f.; ebenso *Beuthien*, Zweckerreichung, S. 7 f. m. w. N.

12 Vgl. *Wieacker*, Festschr. f. Nipperdey, S. 791 ff.; dazu auch *Beuthien*, Zweckerreichung, S. 16 f.

denn das Leistungsunvermögen unterscheide sich von der Unmöglichkeit lediglich dadurch, daß gerade der Schuldner außerstande sei, den Leistungserfolg zu bewirken.

Mit *Wieacker* gelangt man daher zu folgendem Ergebnis: Leistung im Sinne des bürgerlichen Schuldrechts ist die Herbeiführung des Leistungserfolges, „d. h. die Verwirklichung des Gläubigerinteresses durch die Leistungshandlung, genauer: durch das vertragsmäßige Verhalten des Schuldners“[13].

Der so fixierte Leistungsbegriff liegt dem gesamten System der Leistungsstörungen zugrunde und kann nicht unter normspezifischen Gesichtspunkten im Hinblick auf die erstrebte Rechtsfolge modifiziert werden. Als wertneutrales Datum bietet er insbesondere keinen Platz für sphärenorientierte Zurechnungsüberlegungen, wie sie früher vielfach für die Abgrenzung von Unmöglichkeit und Annahmeverzug bemüht wurden[14]. Die Leistung ist unmöglich, wenn das primäre Gläubigerinteresse nicht mehr durch die geschuldete Leistungshandlung befriedigt werden kann. Sodann ist Gläubigerverzug per definitionem ausgeschlossen[15], ohne daß es etwa noch darauf ankäme, wessen Sphäre das Leistungshindernis zuzuordnen ist. Die Grenze zwischen Unmöglichkeit und Annahmeverzug verläuft nämlich nicht zwischen den Sphären der Vertragsparteien, sondern zwischen endgültiger Unausführbarkeit und bloßer Verzögerung der Leistung[16].

2. *Primärzweckvereitelung als Unmöglichkeit der Leistung*

Hat man dies einmal erkannt, so fällt es leicht, die Fälle der Primärzweckvereitelung, für die gerade die Unerreichbarkeit des Leistungserfolges das Wesentliche ist, als solche der objektiven Unmöglichkeit zu identifizieren. Damit erübrigt und verbietet sich die Konstruktion einer zusätzlichen Störungskategorie. Die gesetzliche Regelung der Leistungsstörungen erfaßt auch den Tatbestand der Zweckverfehlung und weist insofern keine Lücke auf: „Die ‚Leistung‘ ist unmöglich, nicht bloß ‚gegenstands-, sinn- oder zwecklos‘ geworden“[17].

---

[13] *Wieacker*, Festschr. f. Nipperdey, S. 798; ihm folgend *Köhler*, Unmöglichkeit, S. 24; *Esser / Schmidt*, Schuldrecht A.T. (5. Aufl.), Bd. I, 1, S. 262; vorher schon *Esser*, Schuldrecht (4. Aufl.) Bd. I, S. 222; vgl. ferner *Beuthien*, Zweckerreichung, S. 16 ff.

[14] Vgl. zu den Spielarten dieser bürgerlich-rechtlichen Sphärentheorie *Beuthien*, Zweckerreichung, S. 232 ff.; ferner *Köhler*, Unmöglichkeit, S. 18 ff.; schließlich *Erman / Battes*, vor § 293 Rdnr. 9, wonach die bisherigen Abgrenzungsversuche zu einer bedenklichen „Aufweichung des Unmöglichkeitsbegriffs“ geführt haben.

[15] Vgl. *Erman / Battes*, vor § 293 Rdnr. 5.

[16] Zutreffend *Köhler*, Unmöglichkeit, S. 25; sehr klar auch *Beuthien*, Zweckerreichung, S. 235 ff., 251.

III. Besonderheiten der Primärzweckvereitelung im Arbeitsverhältnis

Trifft es also zu, daß im Fall des Betriebsrisikos ebenso wie in den genannten Beispielsfällen der Primärzweck verfehlt wird, so liegt folgerichtig ein Tatbestand der Leistungsunmöglichkeit vor. Dies ist freilich noch in zweifacher Hinsicht abzusichern.

1. *Die Koinzidenz von Leistungshandlung und Leistungserfolg*

Zunächst ist unerheblich, daß im Rahmen von Dienst- und Arbeitsverträgen Leistungshandlung und Leistungserfolg „koinzidieren"[18]. Die Zweckvereitelung besteht eben darin, daß das Gläubigerinteresse am unmittelbaren Arbeitsergebnis infolge der Arbeitsunterbrechung unerfüllt bleibt[19]. Wie das BAG zutreffend festgestellt hat, ist „eigentlicher und typischer Sinn" des Arbeitsverhältnisses die Leistung von Arbeit[20]. Der Arbeitnehmer schuldet also mehr als nur die Bereitstellung seiner Arbeitskraft, nämlich die „Leistung der versprochenen Dienste" (§ 611 BGB)[21]. Die von ihm zu verrichtende Arbeit im Sinne eines produktiven Tätigwerdens und damit gleichzeitig der Leistungserfolg entfallen für die Dauer der Betriebsstörung[22].

2. *Die Zeitgebundenheit der Arbeitsleistung*

Eher schon könnte man deshalb erwägen, die Leistung des Arbeitnehmers werde gar nicht endgültig, sondern nur vorübergehend unmöglich und könne demnächst nachgeholt werden. Es würde sich dann

---

17 *Wieacker*, Festschr. f. Nipperdey, Bd. I, S. 783, 811; nunmehr ebenso die h. L.: *Beuthien*, Zweckerreichung, S. 19 passim; *Köhler*, Unmöglichkeit, S. 24; *Erman / Battes*, vor §§ 275 - 292 Rdnr. 13; *Palandt / Heinrichs*, § 275 Anm. 1 d, aa; *Staudinger / Werner*, § 293 Rdnr. 3 f.

18 Vgl. *Wieacker*, Festschr. f. Nipperdey, S. 783, 794.

19 So wohl auch *Köhler*, Unmöglichkeit, S. 24, Fußn. 30.

20 BAG AP Nr. 2 zu § 611 BGB Lohnanspruch; darauf bezugnehmend BAG AP Nr. 2, 3 zu § 615 BGB Betriebsrisiko.

21 Deswegen muß auch die von *Nikisch* (I, S. 599) im Rahmen seiner Eingliederungstheorie vorgeschlagene Lösung abgelehnt werden, wonach die Lohnzahlungspflicht des Arbeitgebers wohl unmittelbar aus § 611 BGB folgen soll, weil der Arbeitnehmer seine Dienstpflicht bereits dadurch *erfülle*, daß er dem Arbeitgeber zur Verfügung stehe. Diese Auffassung widerspricht sowohl dem Gesetzeswortlaut als auch den Intentionen des Gesetzgebers, wie die Motive (Bd. II, § 561, S. 461) im Zusammenhang mit dem Annahmeverzug des Dienstberechtigten belegen: „Für den Dienstvertrag kann dagegen das gleiche Prinzip (wie bei der Miete, Verf.), also der Grundsatz, daß die Vorleistungspflicht des Dienstverpflichteten erfüllt ist, wenn er zur Dienstleistung im Stande ist und sich bereit erklärt hat, keineswegs als selbstverständlich erachtet werden, da einleuchtend die beiden angegebenen Erfordernisse nicht genügen, um die wirkliche (reelle) Dienstleistung annehmen zu können." Vgl. ferner die eing. Kritik der Lehre *Nikischs* bei *Fabricius*, Leistungsstörungen, S. 84 ff.

22 Genau besehen ist dem Arbeitnehmer also schon die Leistungshandlung unmöglich, soweit es an dem erforderlichen Leistungssubstrat fehlt.

mangels Zurechenbarkeit der Störungsursache um einen Fall objektiver Leistungsverzögerung handeln[23], wobei der Arbeitnehmer wegen der Unanwendbarkeit des § 615 BGB zur Nachleistung verpflichtet bliebe.

Abgesehen davon, daß längerer Arbeitsausfall kaum durch entsprechende Nacharbeit aufgeholt werden kann[24], läßt diese Betrachtungsweise jedoch unberücksichtigt, daß das Arbeitsverhältnis ein in sukzessiven Teilleistungen zu erfüllendes Dauerrechtsverhältnis darstellt[25]. Hinsichtlich dieser Teilleistungen besitzt die Arbeitspflicht des Arbeitnehmers Fixschuldcharakter[26], was sich dahin auswirkt, daß die in dem jeweiligen Bezugszeitraum unterbliebene Arbeitsleistung nicht mehr nachholbar und somit endgültig unmöglich ist[27]. Dies gilt zumindest für alle Vollzeitarbeitsverhältnisse ohne Rücksicht auf eine etwaige Befristung.

IV. Ergebnis

Zusammenfassend kann festgestellt werden, daß die Betriebsstörung eine vorübergehende Primärzweckvereitelung bewirkt, die im Rahmen des sich in der Zeit fortentwickelnden Dauerschuldverhältnisses als dauernde Teilunmöglichkeit der Arbeitsleistung zu qualifizieren ist[28]. Da sich der Betriebsrisikotatbestand solchermaßen in das gesetzliche Leistungsstörungssystem einfügen läßt, liegt jedenfalls eine sog. offene Regelungslücke[29] nicht vor. Für die weitere Problembehandlung gibt es also entgegen der früheren Prämisse durchaus einen festen Ansatz innerhalb des BGB.

C. Das Fortbestehen der Vergütungspflicht des Arbeitgebers

I. Die Rechtsfolgen der Leistungsunmöglichkeit nach dem BGB

Die Einordnung der im Fall des Betriebsrisikos vorliegenden Arbeitsvertragsstörung als Leistungsunmöglichkeit löst nach dem BGB be-

---

[23] Vgl. zu den verschiedenen Tatbeständen der Leistungsverzögerung *Köhler*, Unmöglichkeit, S. 26.

[24] Vgl. *Beuthien*, Zweckerreichung, S. 246 f. m. Fußn. 81, der insoweit auf die Grenzen der Arbeitskraft, feste Schlußzeiten des Betriebes und die Arbeitszeitordnung verweist.

[25] Vgl. *Fabricius*, Leistungsstörungen, S. 98; *Larenz*, SchR I, § 2 VI, S. 26; *Hueck / Nipperdey* I, S. 134.

[26] Vgl. eing. *Beuthien*, RdA 1972, S. 20, 22; ferner *Fabricius*, Leistungsstörungen, S. 98, 103; *Söllner*, AcP 167 (1967), S. 132, 139; *Hanau / Adomeit*, S. 151 f.

[27] Vgl. *Nastelski*, JuS 1962, S. 289, 294; *Palandt / Heinrichs*, § 275 Anm. 4; *Fikentscher*, Schuldrecht, § 79 II 4 c, S. 471.

[28] Vgl. *Palandt / Heinrichs*, § 275 Anm. 4; *Erman / Battes*, § 275 Rdnr. 15.

[29] Vgl. dazu näher *Larenz*, Methodenlehre, S. 354 ff., insb. S. 362.

stimmte Rechtsfolgen aus. Zunächst wird der Arbeitnehmer gemäß § 275 I BGB, soweit die Leistung unmöglich ist, von seiner Arbeitspflicht befreit: „impossibilium nulla (est) obligatio". Dies leuchtet unmittelbar ein und bringt gegenüber dem bisherigen Rechtszustand lediglich eine Klarstellung.

1. Das Verhältnis von § 275 BGB und § 323 I BGB

Das eigentliche Problem beginnt erst bei der Regelung des § 323 I BGB, wonach der Arbeitnehmer für den unmöglichen Teil seiner Arbeitsleistung den Anspruch auf die Gegenleistung des Arbeitgebers zu verlieren droht. Allerdings besteht, wie neuerdings zu Recht unter Hinweis auf Sondervorschriften über die Gegenleistungsgefahr betont wird, kein „unbedingtes Junktim" zwischen § 275 BGB und § 323 I BGB[30]. Die gegenteilige Vorstellung hat wesentlich zu dem alten Theorienstreit beigetragen, in dem die Abgrenzung von Unmöglichkeit und Annahmeverzug ganz unter dem Eindruck der konträren Rechtsfolgen von § 323 BGB einerseits und § 615 BGB andererseits vorgenommen wurde. § 275 BGB ordnet jedoch nur das Freiwerden des Schuldners von der Leistungspflicht unter der Voraussetzung an, daß die Unmöglichkeit nicht von ihm zu vertreten ist, und läßt völlig offen, welches Schicksal die Gegenleistung nimmt.

2. Zur Anwendbarkeit des § 324 I BGB

Der Arbeitnehmer würde seinen Lohnanspruch insbesondere dann behalten, wenn der Arbeitgeber die Unmöglichkeit der Arbeitsleistung zu vertreten hätte (§ 324 I BGB). Über den Begriff des „Vertretenmüssens" in § 324 I BGB gehen freilich die Meinungen auseinander[31]. Namentlich *Beuthien* will ihn sehr weit fassen bis hin zu einer Risikoverantwortung für sphäreneigene Leistungsstörungen[32]. Folgt man dem, so lassen sich zahlreiche Störungsfälle, die bisher zum Betriebsrisiko gezählt wurden, unter § 324 I BGB subsumieren und damit positivrechtlich entscheiden.

Auch das BAG scheint dahin zu tendieren. So hat es eine vom Arbeitgeber zu vertretende Unmöglichkeit der Arbeitsleistung in dem Fall angenommen, wo ein Nachtkabarett, in dem der Kläger als Universalartist auftrat, infolge schuldhaften Verhaltens des Aufsichtspersonals durch einen Brand zerstört worden war[33]. Die Verantwortlichkeit des

---

30 Vgl. *Köhler*, Unmöglichkeit, S. 29; *Beuthien*, Zweckerreichung, S. 23, 69.

31 Vgl. dazu schon oben 2. Teil, A. I. 3.

32 *Beuthien*, Zweckerreichung, S. 87; ähnlich *Medicus*, Bürgerl. Recht, Rdnr. 269, S. 117.

33 BAG AP Nr. 2 zu § 324 BGB; dazu *Neumann-Duesberg*, JuS 1970, S. 68 ff.

Arbeitgebers für das Fehlverhalten seiner Angestellten ergab sich für das BAG aus einer zumindest entsprechenden Anwendung des § 278 BGB im Rahmen des § 324 I BGB und somit letztlich aus dem Sphärenprinzip, das, wie schon erwähnt, hinter der Regel des § 278 BGB steht.

Aber auch wenn man den Begriff des „Vertretenmüssens" um den Sphärengedanken erweitert, sichert § 324 I BGB dem Arbeitnehmer keineswegs die grundsätzliche Lohnfortzahlung im Betriebsrisikofall. Denn zumeist wird die Betriebsstörung auf sphärenneutralen Ursachen beruhen, die keiner Vertragspartei zurechenbar sind, so daß man nicht umhin kann, den Tatbestand des § 323 BGB zu bejahen.

II. Die verdeckte Regelungslücke in § 323 I BGB

Jedoch könnte die Vorschrift bezüglich des Betriebsrisikos eine verdeckte Regelungslücke enthalten und insofern einer Einschränkung bedürfen[34]. Dann müßte ein Sachverhalt vorliegen, der sich von dem in § 323 I BGB vorausgesetzten wertungsmäßig erheblich unterscheidet.

1. Der Normaltatbestand des § 323 I BGB

Die Regelung des § 323 I BGB beruht auf der synallagmatischen Verknüpfung von Leistung und Gegenleistung im gegenseitigen Vertrag[35]. Die mit ihr getroffene Wertentscheidung, daß jede der beiden Parteien das Risiko des zufälligen Untergangs der von ihr zu erbringenden Leistung zu tragen hat, ist für den Normalfall durchaus gerecht. Wird die Sache des einen Vertragspartners durch Zufall vernichtet, so entfällt gemäß § 275 BGB seine Leistungspflicht, sein Risiko aktualisiert sich in dem Wegfall der Gegenleistung. Der andere Vertragspartner behält seine Sache und kann anderweit darüber verfügen. Wenngleich die Regelung am Modell des schlichten Austauschs von Sachen entwickelt worden ist[36], enthält sie doch eine für alle gegenseitigen Verträge überzeugende Wertung. Sie trifft jedenfalls grundsätzlich auch beim personenbezogenen Dienstvertrag zu: wenn der geplante Leistungsaustausch scheitert, weil der Dienstleistung objektive Hindernisse entgegenstehen, kann dem Dienstherrn regelmäßig nicht zugemutet werden, gleichwohl das vereinbarte Entgelt zu zahlen[37].

---

[34] Vgl. dazu *Larenz*, Methodenlehre, S. 362, 377 ff.; *Canaris*, Die Feststellung von Lücken im Gesetz (1964), S. 136 f.

[35] Vgl. *Beuthien*, Zweckerreichung, S. 69, 114 ff.

[36] Vgl. *Fabricius*, Leistungsstörungen, S. 80.

[37] Vgl. *Soergel / Wlotzke / Volze*, § 616 Rdnr. 9; *Nikisch* I, S. 612.

2. *Das Atypische bei der Primärzweckvereitelung*

Indessen liegt bei der Primärzweckvereitelung eine von dem Normaltatbestand des § 323 I BGB abweichende Art der zufälligen Leistungsunmöglichkeit vor. Anders insbesondere als beim schlichten Austauschvertrag, wo der Sachleistungsschuldner dem Gläubiger sozusagen „mit leeren Händen" gegenübertritt, bleibt er hier weiter leistungsbereit und kann nur deswegen nicht pflichtgemäß tätig werden, weil das Leistungssubstrat nicht zur Verfügung steht[38]. Man kann darüber streiten, ob auch in diesem vom Wortlaut des § 323 I BGB erfaßten Fall der totale Verlust des Anspruchs auf die Gegenleistung gerechtfertigt ist[39] oder dem Schuldner nicht zumindest ein anteiliger Vergütungsanspruch zuzubilligen ist[40].

3. *Die ganz besondere Situation im Arbeitsverhältnis*

Allein bei der Betriebsrisikoproblematik im Rahmen des Arbeitsverhältnisses tritt zu der ohnehin atypischen Lage noch ein wesentlicher Aspekt hinzu, der zur Unanwendbarkeit des § 323 I BGB führt. Es ist nämlich zu berücksichtigen, daß der Arbeitnehmer aufgrund des Arbeitsvertrages in seiner Verfügungsmacht über die Arbeitskraft beschränkt ist und sie für die Zeit der Betriebsstörung nicht anderweitig nutzen kann. Damit wird die von § 323 I BGB vorausgesetzte „Gleichgewichtslage" entscheidend gestört[41]. Denn dem Arbeitnehmer fehlt die bei der Primärzweckvereitelung im Rahmen anderer Vertragsverhältnisse für den Schuldner immerhin noch gegebene Möglichkeit, seinen Schaden durch kurzfristiges (Um-)Disponieren klein zu halten bzw. ganz zu verhindern[42]. Der mit der Norm bezweckten paritätischen Lastenverteilung unter den Parteien des gegenseitigen Vertrages[43] würde es deshalb zuwiderlaufen, dem Arbeitnehmer über das „gewöhnliche" Entgeltrisiko hinaus die Vergütungsgefahr für den zufälligen Untergang des Leistungssubstrats aufzuerlegen. Vielmehr erfordern die Fälle der von keiner Seite zu vertretenden Unmöglichkeit von

---

[38] Vgl. *Köhler*, Unmöglichkeit, S. 30.

[39] So *Beuthien*, Zweckerreichung, S. 118; *Esser / Schmidt*, Schuldrecht, Bd. I, 1, S. 262 f.

[40] Dafür etwa *Palandt / Heinrichs*, § 323 Anm. 1; weitergehend *Köhler* (Unmöglichkeit, S. 55 ff.), der im Rahmen des Dienstvertrages dem Gläubiger das volle Gegenleistungsrisiko analog §§ 552, 615 BGB zuweisen will.

[41] Vgl. *Fabricius*, Leistungsstörungen, S. 81.

[42] So könnte in den genannten Beispielsfällen (oben 3. Teil, B. I.) etwa der Vermieter das Zimmer zwischenvermieten, der Werkstattbesitzer ein anderes Auto reparieren, der Arzt sofort eine andere Behandlung übernehmen.

[43] Vgl. *Esser / Schmidt*, Schuldrecht, Bd. I, 1, S. 252.

Beschäftigungs- und Arbeitspflicht „wertmaterial[44]" einen differenzierten Ausgleich.

4. *Ergebnis*

Da die Regelung des § 323 I BGB insoweit ihrer Intention nach nicht paßt, enthält sie hinsichtlich des Betriebsrisikos eine verdeckte Lücke, die unter Beachtung der besonderen arbeitsrechtlichen Ordnungs- und Wertproblematik ausgefüllt werden muß.

III. Die Lückenausfüllung gemäß dem arbeitsrechtlichen Schutzprinzip

Wenn das BAG[45] und mit ihm die h. L.[46] zur Begründung des Lohnfortzahlungsgrundsatzes auf die Organisations- und Leitungsgewalt des Arbeitgebers sowie auf das Korrelat von Gewinnchance und Verlustrisiko hinweisen, so sind dies zwar durchaus richtige, aber eher periphere Überlegungen, die den wesentlichen Wertungsgesichtspunkt vermissen lassen[47]. Das wird an folgendem Fall deutlich:

A ist festangestellter Musiker im Orchester eines Tanz- und Unterhaltungslokals, B ein bekannter, gut verdienender Schlagersänger, der an mehreren Abenden in dem Lokal auftreten und von dem Orchester begleitet werden soll. Aus Anlaß eines schweren Unglücks wird Staatstrauer angeordnet, so daß die geplanten Veranstaltungen nicht stattfinden können.

Weshalb, so ist zu fragen, kann der angestellte Musiker ungekürzte Lohnzahlung verlangen, während der Schlagersänger auf seine Gage verzichten soll? Im Hinblick auf das Gewinn-Verlust-Prinzip wäre diese Ungleichbehandlung nicht recht einzusehen[48]. Denn sowohl Musiker als auch Schlagersänger sollten für den Lokalinhaber gewinnbringend tätig werden. Warum also soll der Angestellte vom Risiko verschont bleiben, der freischaffende Künstler hingegen nicht?

Die unterschiedliche Risikoverteilung kann, wie schon die Fragestellung impliziert, offenbar nur mit den unterschiedlichen Positionen von unselbständigem Arbeitnehmer einerseits und selbständigem Dienstnehmer andererseits erklärt werden, genauer: die Belastung des Arbeitgebers mit dem Betriebsrisiko im Rahmen des Arbeitsverhält-

---

[44] Ausdruck von *Fabricius*, Leistungsstörungen, S. 71.

[45] BAG AP Nr. 2, 3 zu § 615 BGB Betriebsrisiko.

[46] Vgl. etwa *Hueck / Nipperdey* I, S. 351; *Soergel / Wlotzke / Volze*, § 615 Rdnr. 30; *Jorns*, S. 108 ff.

[47] Darauf hat als erster *Wiedemann* (Arbeitsverhältnis, S. 85) hingewiesen.

[48] Vgl. dazu auch *Wiedemann*, Arbeitsverhältnis, S. 87 f.

nisses rechtfertigt sich allein aus der besonderen Schutzbedürftigkeit des Arbeitnehmers[49]. Diese These gilt es näher auszuführen.

1. Notwendigkeit und Rechtfertigung des Arbeitnehmerschutzes

Das gesteigerte Schutzbedürfnis erwächst vor allem aus der mangelnden Dispositionsmöglichkeit über die fremdnützig gebundene Arbeitskraft[50]. Indem der Arbeitnehmer sich meist auf Dauer in die Dienste eines Arbeitgebers begibt, hört er auf, „sein eigener Herr" zu sein[51]. Er kann fortan seine Arbeitskraft nicht mehr wie etwa der freiberuflich Tätige unternehmerisch einsetzen, um den nach der Marktlage größtmöglichen Gewinn zu erzielen, sondern er hat sie zur Disposition des Arbeitgebers gestellt, um ein vergleichsweise niedriges, aber beständiges Einkommen zu haben. Daraus resultiert eine wirtschaftliche und persönliche Unselbständigkeit des Arbeitnehmers, die ihn zur Eigenvorsorge weitgehend unfähig macht[52]. Er ist daher auf Fremdvorsorge angewiesen, zu der in erster Linie der Arbeitgeber als Nutznießer der Arbeitskraft und hilfsweise der Sozialstaat verpflichtet sind.

Bei dem angestellten Orchestermusiker im Beispielsfall würde sich eine Lohnkürzung wahrscheinlich unmittelbar negativ in der Lebensführung bemerkbar machen, vorausgesetzt, der Lohn ist wie typisch beim Arbeitnehmer sein einziges und zudem größtenteils in fixen Lebenskosten verplantes Einkommen. Dagegen kann der hochbezahlte Schlagersänger als selbständiger Unternehmer für schicksalhafte Eventualitäten in zumutbarer Weise vorsorgen. Er könnte den unvorhersehbaren Einnahmeausfall auch durch zusätzliche spätere Engagements beheben oder etwa die Zeit der staatstrauerbedingten Veranstaltungspause mit Schallplattenaufnahmen überbrücken. Kurzum, der Unternehmer, der seine Leistungen im Rahmen freier Dienstverträge erbringt, verfügt im Gegensatz zum Arbeitnehmer in der Regel über genügend Mittel, das ihn treffende Risiko auszugleichen.

Die Natur des Arbeitsverhältnisses als Austauschverhältnis bringt es mit sich, daß der Arbeitgeber, der die Person des Arbeitnehmers zur Förderung seiner Erwerbsinteressen in Anspruch nimmt, die Verant-

---

[49] So die im Vordringen begriffene Lehre: *Wiedemann,* Arbeitsverhältnis, S. 88; *Beuthien,* Zweckerreichung, S. 88; *Danz,* S. 43 ff.; neuerdings auch *Lieb,* Schwerpunkte, S. 62; *Esser / Schmidt,* Schuldrecht, Bd. I, 1, S. 261. Bemerkenswert klar schon in dieser Richtung das Urteil des LAG Bremen v. 30. 4. 1947, AR-Blattei (D) „Arbeitsausfall II" Betriebsstörung, Entscheidung 9.

[50] Dazu eing. *Wiedemann,* Arbeitsverhältnis, S. 14 ff.; *Lieb,* Schwerpunkte, S. 4 ff.

[51] Treffend *Wiedemann,* Arbeitsverhältnis, S. 15.

[52] Vgl. *Lieb,* Schwerpunkte, S. 5.

wortung für dessen ausreichenden Schutz trägt, insbesondere dessen Lebensunterhalt sicherzustellen hat. Dieser vom Arbeitgeber zu besorgende Schutz darf also weder aus humanitären oder patriarchalischen Erwägungen noch aus dem Sozialstaatsgedanken oder der Würde des Menschen motiviert werden. „Er ist Äquivalent für die Verfügbarkeit der Arbeitskraft[53].“

2. Kraft Gesetzes bestehende Lohnfortzahlungspflicht des Arbeitgebers bei sonstigem Arbeitsausfall

Die Verpflichtung des Arbeitgebers zur Daseinsvorsorge in Form der Lohnfortzahlung ist für einige Teilbereiche bereits gesetzlich positiviert.

An erster Stelle in der praktischen Bedeutung rangiert das kurz und bezeichnend so genannte Lohnfortzahlungsgesetz, nämlich das Gesetz über die Fortzahlung des Arbeitsentgelts im Krankheitsfalle, wonach dem Arbeitnehmer innerhalb der ersten 6 Wochen einer krankheitsbedingten Arbeitsunfähigkeit ein unabdingbarer Anspruch auf Lohnfortzahlung zusteht. Gleiches gilt für Angestellte gemäß den §§ 616 II BGB, 63 HGB, 133 c GewO und für Auszubildende gemäß § 12 I Nr. 2 b BerBG.

Der Schutz des Arbeitnehmers bei persönlicher Arbeitsverhinderung wird abgerundet durch die Generalklausel des § 616 I BGB, die den Vergütungsanspruch weiterbestehen läßt, wenn der Dienstpflichtige für eine verhältnismäßig nicht erhebliche Zeit durch einen in seiner Person liegenden Grund ohne sein Verschulden an der Dienstleistung verhindert wird.

Auch für die Arbeitszeit, die infolge eines gesetzlichen Feiertags ausfällt, hat der Arbeitgeber seinen Arbeitnehmern den Arbeitsverdienst zu zahlen, den sie ohne Arbeitsausfall erhalten hätten (§ 1 I 1 des Gesetzes zur Regelung der Lohnzahlung an Feiertagen).

In den Kreis der Vorschriften, die Lohnzahlung trotz Nichtleistung der Arbeit anordnen, gehört schließlich noch das Bundesurlaubsgesetz, welches jedem Arbeitnehmer einen Anspruch auf bezahlten Erholungsurlaub einräumt (§§ 1, 11 BUrlG).

In allen diesen Fällen wird der synallagmatische Zusammenhang von Arbeit und Lohn zugunsten des Arbeitnehmers durchbrochen[54], um dessen Lebensstandard anhaltend zu sichern. Auffallend dabei ist, daß

---

[53] *Wiedemann*, Arbeitsverhältnis, S. 16; ähnlich *Schwerdtner*, Fürsorgetheorie, S. 162.

[54] Zu der insofern stark eingeschränkten Bedeutung der Formel „ohne Arbeit kein Lohn“ *Söllner*, AcP 167 (1967), S. 132, 144 ff.

der in den Lohnfortzahlungsbestimmungen normierte Arbeitnehmerschutz nicht von irgendwelchen Sphärenüberlegungen abhängig ist. Im Gegenteil umfaßt er auch jene praktisch häufigen Arbeitshindernisse, die aus der persönlichen Sphäre des Arbeitnehmers herrühren. Für die Risikoverteilung im Arbeitsvertrag kommt darin unzweideutig der Vorrang des arbeitsrechtlichen Schutzprinzips vor dem Sphärenprinzip zum Ausdruck.

3. Gesamtanalogie und Ergebnis

Die gemeinsame ratio der angeführten Regeln, den Arbeitnehmer vom Lohnrisiko unverschuldeten Arbeitsausfalls zu entlasten und ihm dadurch einen stabilen Lebensunterhalt zu garantieren, trifft auch und gerade im Betriebsrisikofall zu. So macht es wertungsmäßig keinen Unterschied, ob wegen eines Feiertags oder wegen Landestrauer nicht gearbeitet werden kann. Überhaupt bleibt, wenn man die grundsätzliche Risikotragung des Arbeitgebers in einer Gesamtanalogie[55] zum positiven Lohnfortzahlungsrecht mit dem Arbeitnehmerschutzgedanken rechtfertigt[56], die Ursache der Betriebsstörung unbeachtlich. Die Lohnzahlungspflicht besteht demnach insbesondere auch dann, wenn das die Störung auslösende Ereignis gänzlich unvorhersehbar und somit kaufmännischer Kalkulation entzogen war oder nicht nur ein Betrieb oder einige wenige, sondern der gesamte Wirtschaftszweig bzw. ganze Landstriche durch höhere Gewalt, etwa eine Flutkatastrophe, betroffen sind[57].

Diese prinzipielle Belastung des Arbeitgebers mit dem Betriebsrisiko trägt den ungleichen Positionen der Arbeitsvertragspartner Rechnung und vermeidet eine sachlich unangemessene Benachteiligung des Arbeitnehmers, womit letztlich auch dem Normzweck des § 323 I BGB, nämlich die Parteien „gleich" zu behandeln, entsprochen wird. Das Ergebnis beruht also auf einer teleologischen Reduktion des § 323 I BGB in Verbindung mit einer Gesamtanalogie zu den gesetzlichen Lohnfortzahlungsvorschriften[58], die allesamt das sog. Lebensstandardprinzip[59]

---

[55] Vgl. näher zur Figur der Gesamtanalogie als Mittel der Rechtsfortbildung praeter legem *Larenz*, Methodenlehre, S. 368 ff.; *Westhoff*, Die Inhaltskontrolle von Arbeitsverträgen (1975), S. 75.

[56] Eine solche Analogie scheitert nicht etwa daran, daß die verschiedenen Vorschriften Ausnahmen von dem Grundsatz „ohne Arbeit kein Lohn" darstellen. Die methodische Faustregel „singularia non sunt extendenda" findet nämlich dann keine Anwendung, wenn den Ausnahmevorschriften ein gegenüber dem allgemeinen Grundsatz (hier: Synallagma von Leistung und Gegenleistung) engeres Prinzip (hier: Sicherung des Lebensstandards gemäß dem Schutzprinzip) zugrunde liegt. Vgl. dazu allgemein *Larenz*, Methodenlehre (2. Aufl.), S. 329; *Söllner*, AcP 167 (1967), S. 132, 144 f.

[57] Die vereinzelt vorgeschlagene Sonderbehandlung des sog. generellen Betriebsrisikos (vgl. etwa *Erman / Küchenhoff*, § 615 Rdnr. 15) ist daher abzulehnen.

verwirklichen und damit den generalklauselartigen Arbeitnehmerschutzgedanken konkretisieren.

D. Exkurs: Die grundsätzliche Behandlung des Wirtschaftsrisikos

Nachdem über den Geltungsgrund der Lohnfortzahlungsregel im Betriebsrisikofall die im Hinblick auf mögliche Ausnahmen notwendige Klarheit geschaffen worden ist, soll nunmehr das korrespondierende Problem des Wirtschaftsrisikos einer grundsätzlichen Betrachtung unterzogen werden.

Es betrifft im Gegensatz zum Betriebsrisiko die Fälle, in denen die Arbeitsleistung als solche technisch möglich ist, der Arbeitgeber aber den Arbeitnehmer nicht mehr beschäftigen will, weil sich die Fortsetzung der Arbeit aus wirtschaftlichen Gründen (z. B. Auftrags- bzw. Absatzmangel, fehlende Rentabilität) nicht mehr lohnt. Zwar ist man im Ergebnis wie beim Betriebsrisiko einer Meinung, daß der Arbeitgeber das Wirtschaftsrisiko grundsätzlich voll zu tragen hat[60]. Aber mehr noch als dort herrscht Streit darüber, ob und in welchem Umfang eine Ausnahme davon insbesondere im Fall des arbeitskampfbedingten Auftrags- oder Absatzmangels zu machen ist[61]. Auch hier muß deshalb zunächst die normative Basis der Ausgangsentscheidung aufgedeckt werden.

I. Das Begründungsdefizit

Wenn überhaupt eine Begründung gegeben wird, so nur die, daß jeder für seine finanzielle Leistungsfähigkeit einzustehen habe (§ 279 BGB)[62]. Damit wird jedoch allenfalls jener Teil des Wirtschaftsrisikos erfaßt, der mit Geldmangel zu tun oder sonstige zurechenbare Beschaffungsschwierigkeiten zum Gegenstand hat. Der Hinweis auf § 279 BGB ist daher nicht geeignet, die generelle Belastung des Arbeitgebers mit dem Wirtschaftsrisiko zu erklären.

---

[58] Vgl. dazu aus methodologischer Sicht *Canaris*, Lückenfeststellung, S. 87 f.; *Larenz*, Methodenlehre, S. 377 ff.; *Westhoff*, S. 75.

[59] Ausdruck von *Wiedemann*, Arbeitsverhältnis, S. 49.

[60] Vgl. BAG AP Nr. 2 zu § 615 BGB Kurzarbeit; AP Nr. 13 zu § 615 BGB Betriebsrisiko m. zust. Anm. v. *A. Hueck; Hueck / Nipperdey* I, S. 349; *Nikisch* I, S. 608 f.; *Lieb*, Schwerpunkte, S. 63; *Jorns*, S. 151.

[61] Vgl. einerseits *Ballerstedt*, AuR 1966, S. 225, 228 und andererseits *Löwisch*, RdA 1967, S. 45, 49 f.; *Lieb*, Schwerpunkte, S. 63; ferner *Erman / Küchenhoff*, § 615 Rdnr. 17, wonach der Arbeitnehmer am „Rentabilitätsrisiko" beteiligt werden soll; schließlich *Jorns*, S. 151 f., der das Wirtschaftsrisiko nach den gleichen Grundsätzen wie das Betriebsrisiko behandeln will.

[62] Vgl. *Staudinger / Nipperdey / Mohnen / Neumann*, § 615 Rdnr. 70; *Nikisch* I, S. 608 f.; *Schaub*, Arbeitsrechtshandbuch, S. 433.

II. Die schuldrechtsdogmatische Einordnung

Der tragende Lösungsaspekt läßt sich auch hier nur erschließen, wenn man zuvor die Vertragsstörung genauer betrachtet. Die Situation besteht darin, daß die Arbeitsleistung und damit gleichzeitig der Leistungserfolg noch realisiert werden können, aber der weitere vom Arbeitgeber verfolgte Zweck, nämlich die profitable Verwendung des Arbeitsergebnisses, unerreichbar geworden ist. Es liegt also nicht wie im Betriebsrisikofall eine sog. Primärzweckvereitelung vor, sondern es geht, allgemein zivilrechtlich formuliert, um den Wegfall des Gläubigerinteresses am Vertrag infolge der Unerreichbarkeit des weiteren Gläubigerzwecks.

Ob und unter welchen Voraussetzungen ein solche „sekundäre" Störung Auswirkungen auf die gegenseitigen Vertragspflichten haben kann, ist seit jeher umstritten. Während früher eine Lösung vornehmlich im Rahmen der Geschäftsgrundlagenlehre gesucht wurde[63], sind neuere Bestrebungen hinzugetreten, die über das geltende Unmöglichkeitsrecht zu vertretbaren Ergebnissen kommen wollen[64].

Dies freilich setzt voraus, daß auch bei der Störung des weiteren Gläubigerzwecks ein Tatbestand der Leistungsunmöglichkeit gegeben ist, obwohl doch die Vertragsdurchführung an sich ohne weiteres möglich bleibt. Zur Unmöglichkeit gelangt man daher nur über die recht bedenkliche Konstruktion einer zweckgebundenen Leistungspflicht[65], bedenklich vor allem deshalb, weil hiermit der Leistungsbegriff (wieder)[66] in bestimmter Weise interpretiert wird, um ein Problem der Risikoverteilung in den Griff zu bekommen. Die risikoneutralen Schulderlöschenstatbestände der Unmöglichkeit und der Erfüllung geraten dadurch in eine systemwidrige Relation zur Gegenleistungsfrage[67], so daß dieser Weg kaum gangbar erscheint.

Hält man demgegenüber an dem Begriff der Leistung fest, wie er vom Schuldrecht des BGB vorgegeben ist[68], so liegt zweifellos bei der Störung des weiteren Gläubigerzwecks keine Unmöglichkeit vor, da der Leistungserfolg (Primärzweck) nach wie vor durch die Leistungshandlung des Schuldners herbeigeführt werden kann. Allerdings hat der Gläubiger wegen der für ihn nutzlosen Leistung das Interesse an

---

[63] Vgl. die Nachweise bei *Köhler*, Unmöglichkeit, S. 83; *Larenz*, SchR I, § 21 II, S. 262 ff.

[64] So insb. *Beuthien*, Zweckerreichung, S. 145 ff.; vgl. auch *Flume*, Allgemeiner Teil des Bürgerlichen Rechts, Bd. II, § 26, 5, S. 507 ff.

[65] So *Beuthien*, Zweckerreichung, S. 159 ff.; kritisch dazu *Köhler*, Unmöglichkeit, S. 84 ff.

[66] Ähnlich schon die Annahmeverzugslehre, dazu oben 1. Teil, A. II.

[67] Zutreffend *Köhler*, Unmöglichkeit, S. 98 ff.

[68] Dazu bereits oben 3. Teil, B. II. 1.

der Vertragserfüllung verloren und trachtet danach, von der Gegenleistung ganz oder zum Teil befreit zu werden. Die Frage konzentriert sich also darauf, welche der beiden Vertragsparteien das „Verwendungsrisiko" trägt, d. h. „das Risiko der Nutzlosigkeit der an sich noch erbringbaren Leistung"[69].

III. Das Verwendungsrisiko des Arbeitgebers bezüglich der weiterhin möglichen Arbeitsleistung

Da die Gegenleistungspflicht, wie aus den §§ 323, 324 BGB hervorgeht, an der Möglichkeit der Leistungsbewirkung, nicht aber an der Erforderlichkeit oder subjektiven Dienlichkeit der Leistung orientiert ist[70], liegt das Verwendungsrisiko normalerweise beim Gläubiger. Dies entspricht auch dem Pflichtengefüge des gegenseitigen Vertrages, weil ja der Gläubiger die Leistung weiterhin verlangen könnte; daß er sie nicht mehr haben will, ist grundsätzlich seine Sache[71]. Nur ausnahmsweise kann dem Schuldner das Risiko der (Nicht-)Verwendbarkeit der Leistung über die Lehre vom Wegfall der Geschäftsgrundlage angelastet werden[72], insbesondere wenn sich sein Beharren auf unveränderter Vertragserfüllung als widersprüchliches Verhalten darstellt oder im Hinblick auf den weiteren Gläubigerzweck ein Tatbestand der „Risikonutznießung" vorliegt[73]. Da sich der Arbeitnehmer im Fall des Wirtschaftsrisikos weder das eine noch das andere vorhalten lassen muß, kommt eine Lohnkürzung oder gar ein Lohnwegfall nach der Geschäftsgrundlagenlehre nicht in Betracht[74].

IV. Zur Anwendbarkeit des § 626 BGB

Damit ist das Problem jedoch noch nicht erledigt. Denn auch hier gewinnt der Umstand, daß es sich bei dem Arbeitsverhältnis um ein Dauerschuldverhältnis handelt, insofern Bedeutung, als dem Arbeitgeber gem. § 626 BGB die Möglichkeit der fristlosen Kündigung aus wichtigem Grund eröffnet wird, die gerade auch auf eine rein objektive Veränderung der für die konkrete Leistungsbeziehung maßgeblichen Faktoren gestützt werden kann[75].

---

69 *Köhler*, Unmöglichkeit, S. 107.

70 Vgl. *Esser / Schmidt*, Schuldrecht, Bd. I, 1, S. 266.

71 Vgl. *Köhler*, Unmöglichkeit, S. 109.

72 Vgl. *Larenz*, SchR I, § 21 II, S. 265 ff.

73 Dazu eing. *Köhler*, Unmöglichkeit, S. 143 ff.

74 Insoweit kann dahinstehen, ob für den Wegfall der Geschäftsgrundlage im Rahmen des Dienstvertrages neben § 626 BGB überhaupt noch Raum bleibt. Verneinend BGHZ 24, S. 91, 95 f.; ebenso *Flume*, Allgemeiner Teil des Bürgerlichen Rechts, Bd. II, § 26, 5. c), S. 514; differenzierend aber *Soergel / Wlotzke / Volze*, § 615 Rdnr. 41.

75 Vgl. *Hueck / Nipperdey* I, S. 583; *Esser / Schmidt*, Schuldrecht, Bd. I, 1, S. 267.

Erforderlich ist, daß dem Arbeitgeber „unter Berücksichtigung aller Umstände des Einzelfalles und unter Abwägung der Interessen beider Vertragsteile" die Fortsetzung des Arbeitsverhältnisses bis zum Ablauf der Kündigungsfrist nicht zugemutet werden kann (§ 626 I BGB). Die Prüfung der Zumutbarkeit verlangt demnach eine Wertung, die für das Wirtschaftsrisiko generalisierend vorgenommen werden darf. Wesentlich dabei ist folgende Überlegung: Auch wenn im Einzelfall eine derart gravierende Veränderung der wirtschaftlichen Situation eintreten sollte, daß die Weiterproduktion objektiv sinnlos wäre, muß dem Arbeitgeber das Recht zur fristlosen Kündigung mit Rücksicht auf die schutzwürdigen Belange des Arbeitnehmers[76] verwehrt bleiben[77]. Anders als beim „freien" Dienstvertrag ist ihm nach Maßgabe des Arbeitnehmerschutzprinzips die Einhaltung der ordentlichen Kündigungsfrist regelmäßig zuzumuten[78]. Ein gewichtiges Indiz für die Richtigkeit dieser Interessenbewertung ergibt sich aus § 22 I KO, wonach selbst im Konkurs, also nach dem wirtschaftlichen Zusammenbruch des Unternehmens, eine Kündigung grundsätzlich nur mit gesetzlicher Kündigungsfrist möglich ist[79].

V. Abschließende Würdigung

Als Ergebnis steht somit fest, daß der Arbeitgeber sich von dem Wirtschaftsrisiko nicht im Wege der fristlosen Kündigung derjenigen Arbeitnehmer befreien kann, für deren Arbeitsleistung er keine gewinnbringende Verwendung mehr hat. Insoweit ist eine bemerkenswerte Parallele zur grundsätzlichen Behandlung des Betriebsrisikos zu konstatieren. Denn auch bei einer „technischen" Betriebsstörung kann der Arbeitgeber nicht fristlos kündigen, um sich seiner Lohnfortzahlungspflicht, die ihm ja gerade zur Daseinsvorsorge für den unselbständigen Beschäftigten auferlegt wurde, zu entledigen[80]. In beiden Fällen gestaltet sich die Rechtslage entsprechend dem Arbeitnehmerschutzprinzip. Dies beläßt dem Arbeitgeber nur die Möglichkeit

---

[76] Vgl. dazu oben 3. Teil, C. III. 1.

[77] Auch in den Ausnahmefällen, wo einem Arbeitnehmer etwa nach langer Dienstzeit nur noch aus wichtigem Grund gekündigt werden darf, sollte der Arbeitgeber an die für eine entsprechende ordentliche Kündigung geltende Frist gebunden sein. Vgl. dazu BAG AP Nr. 16 zu § 626 BGB m. Anm. von *G. Hueck;* näher zur Lehre von der fristgebundenen außerordentlichen Kündigung ders., Anm. zu BAG AP Nr. 15 zu § 626 BGB.

[78] Wegen der relativ kurzen Kündigungsfristen — ein weiterer Grund für deren zumutbare Einhaltung durch den Arbeitgeber — bekommen Arbeiter Konjunktureinbrüche schneller zu spüren als Angestellte. Vgl. *Hanau / Adomeit,* S. 201 f.

[79] Gleiches gilt im Vergleichsverfahren (§ 51 II VerglO). Vgl. im einzelnen *Hueck / Nipperdey* I, S. 614 ff.; ferner BAG NJW 1969, S. 525.

[80] Vgl. BAG AP Nr. 28 zu § 615 BGB Betriebsrisiko *(Beuthien).*

der ordentlichen, fristgebundenen Kündigung[81], die dann wohl zumeist wegen dringender betrieblicher Erfordernisse gerechtfertigt sein wird[82].

Im übrigen kann und wird der Arbeitgeber insbesondere bei nur saisonalen wirtschaftlichen Schwierigkeiten auf das Mittel der Kurzarbeit zurückgreifen, um Entlassungen insbesondere von Facharbeitern, die in absehbarer Zeit wieder benötigt werden, zu vermeiden[83]. Freilich ist zu beachten, daß der Arbeitgeber nicht einseitig kraft seiner Direktionsgewalt Kurzarbeit unter entsprechender Lohnminderung einführen darf, sondern dazu aufgrund einzelvertraglicher oder kollektivrechtlicher Vereinbarung berechtigt sein muß[84]. Besitzt er ein derartiges Gestaltungsrecht, bedarf die konkrete Anordnung der Kurzarbeit darüber hinaus immer noch der Zustimmung des Betriebsrats gem. § 87 Abs. 1 Nr. 2 Betr.VG[85]. Fehlt eine dieser Voraussetzungen, so gerät der Arbeitgeber, wenn und soweit er die Beschäftigung verweigert, in Annahmeverzug[86] mit der Rechtsfolge des § 615 BGB, ohne daß noch irgendein Angebot der Arbeitsleistung seitens der Arbeitnehmer erforderlich wäre[87].

---

[81] Im Erg. ebenso *Hueck / Nipperdey* I, S. 583 f.; *Nikisch* I, S. 609; *Staudinger / Nipperdey / Mohnen / Neumann,* § 615 Rdnr. 70; *Soergel / Wlotzke / Volze,* § 626 Rdnr. 31, § 615 Rdnr. 42 f.; *Hanau / Adomeit,* S. 206.

[82] Vgl. *Staudinger / Nipperdey / Mohnen / Neumann,* § 626 Rdnr. 35; *Soergel / Wlotzke / Volze,* § 615 Rdnr. 44; *Hueck,* KSchG (9. Aufl., 1974), § 1 Rdnr. 103 ff. m. w. N.

[83] Auf die Frage, inwieweit der Arbeitgeber unter Kündigungsschutzgesichtspunkten zu solcher Arbeitsstreckung verpflichtet ist, kann hier nicht näher eingegangen werden. Vgl. dazu etwa BAG AP Nr. 14 zu § 1 KSchG Betriebsbedingte Kündigung *(Herschel); Hueck,* KSchG, § 1 Rdnr. 103.

[84] Vgl. BAG AP Nr. 2, 3 zu § 615 BGB Kurzarbeit *(Söllner).*

[85] Zu den Einzelheiten *v. Stebut,* RdA 1974, S. 332 ff./ ferner unten 5. Teil, E. II.

[86] Vgl. zu dieser wegen des Fixschuldcharakters der Arbeitsleistung nicht unproblematischen Feststellung *Beuthien,* StudK BGB, § 615 Anm. IV.

[87] BAG AP Nr. 2 zu § 615 BGB Kurzarbeit *(Söllner).*

Vierter Teil

Das bestandsgefährdende Betriebsrisiko

Aufbauend auf den bisherigen Untersuchungsergebnissen kann nunmehr überprüft werden, ob die von der h. L. für den Fall der Bestandsgefährdung des Betriebes bzw. Unternehmens vorgesehene Ausnahme vom Lohnfortzahlungsgrundsatz berechtigt ist. Da der Gemeinschaftsgedanke, auf den man sich insoweit vor allem berufen hat, als normativer Anknüpfungspunkt ausscheidet[1], gilt es Ausschau nach anderen Gesichtspunkten zu halten, die eine Risikobeteiligung der Arbeitnehmer fordern könnten.

A. Risikobeteiligung der Arbeitnehmer aus Bestandsschutzgründen?

Unter diesem Blickwinkel ist ein Aspekt aufzugreifen, den *Wiedemann* besonders hervorgehoben hat. „Wenn überhaupt", meint er[2], „so lassen sich Lohnwegfall oder Lohnabstriche nur daran anknüpfen, daß das Liquidieren des Betriebes den Arbeitgeber so gut um sein Unternehmen wie den Arbeitnehmer um seinen Arbeitsplatz bringt. Der Arbeitnehmer schneidet sich also durch Beharren auf der Lohnzahlung ins eigene Fleisch, namentlich in der Zeit der Arbeitslosigkeit, aber auch in Branchen, Landstrichen oder Altersklassen, in denen ein gleichwertiger Arbeitsplatz nicht verfügbar ist."

Diese Überlegungen könnten im Licht des hier für die Risikoverteilung maßgeblich erachteten Arbeitnehmerschutzprinzips insofern Bedeutung erlangen, als man argumentieren könnte, daß der Lohnschutz im Hinblick auf den Bestandsschutz des Arbeitsverhältnisses zurückzutreten habe, m. a. W. die Sicherung des Arbeitsplatzes den Vorrang gegenüber ungeschmälerter Lohnzahlung beanspruche. Die Risikobeteiligung des Arbeitnehmers wäre demnach, so paradox dies zunächst scheinen mag, zu seinem wohlverstandenen Schutz geboten.

---

1 Vgl. oben 2. Teil, C.

2 *Wiedemann*, Arbeitsverhältnis, S. 90; vgl. ähnlich *Böhmer*, Grundlagen der Bürgerlichen Rechtsordnung, II, 2, S. 190; *Richardi*, Arbeitsrecht, S. 33, Fußn. 43.

I. Zur ökonomischen Relevanz des Lohnentzuges

Indessen setzt diese Argumentation voraus, daß die ökonomische Hypothese der h. L. zutrifft, wonach das Lohnopfer der Belegschaft den Betrieb bzw. das Unternehmen vor dem drohenden Zusammenbruch retten kann. Das ist jedoch von wirtschaftswissenschaftlicher Seite detailliert bestritten worden[3]. Einige Punkte dieser Kritik seien hier kurz angesprochen.

Zu Recht wird etwa darauf hingewiesen, daß die unterschiedlichen Kostenstrukturen der Betriebe für die Wirkung des Lohnentzuges eine wichtige Rolle spielen[4]. Die Betriebswirtschaftslehre unterscheidet lohnintensive Betriebe mit vergleichsweise hohem Personalkostenanteil und kapitalintensive Betriebe mit wenig Personaleinsatz. Es versteht sich, daß die durch Lohnentzug erzielbare ökonomische Entlastung des Betriebes um so geringer ausfällt, je größer im Einzelfall die Kapitalintensität ist. Allenfalls bei extrem lohnintensiven Betrieben werden daher Lohneinsparungen zur Bestandserhaltung beitragen können.

Es kommt hinzu, daß bei steigender Betriebsgröße erfahrungsgemäß der Kapitaleinsatz wächst und der Personalkostenanteil abnimmt[5]. Demnach bildet gerade bei Mittel- und Großbetrieben mit hoher Beschäftigtenzahl die Vorenthaltung des Lohnes kein taugliches Mittel, um die Bestandsgefahr, d. h. den drohenden Konkurs abzuwenden.

In der Praxis scheint dies längst anerkannt zu sein. Obwohl sich Jahr für Jahr Tausende von Konkursen ereignen[6], ist bis heute kein Fall bekannt geworden, in dem auch nur versucht worden wäre, mit Hilfe des Lohnentzuges nach der Betriebsrisikolehre den gefährdeten Betrieb „über Wasser“ zu halten[7].

Damit steht in Einklang, daß Lohneinsparungen die angeschlagene Liquiditätsdecke eines Betriebes nicht nachhaltig zu stabilisieren vermögen. Denn die im Zuge einer Betriebsstörung auftretende Konkursgefahr beruht in aller Regel nicht allein und nicht einmal wesentlich auf der Lohnfortzahlung, sondern auf einer Vielzahl von Ursachen innerhalb wie außerhalb des Unternehmens, so daß selbst bei lohnintensiven Betrieben die Insolvenz durch den Wegfall der Lohnbelastung wohl nie endgültig verhindert, sondern allenfalls hinausgezögert werden kann[8].

---

[3] Vgl. *Krasnitzky*, S. 108 ff.
[4] Vgl. *Krasnitzky*, S. 112 ff.
[5] Vgl. *Krasnitzky*, S. 116 ff.
[6] Vgl. die Übersicht bei *Uhlenbruck*, NJW 1975, S. 897, 899, Fußn. 34.
[7] Dazu auch *Krasnitzky*, S. 115.
[8] Vgl. ausf. *Krasnitzky*, S. 125 ff.; ferner *Weiss*, AuR 1974, S. 37, 39.

Dies mag genügen, um die Fragwürdigkeit der Bestandsgefährdungsregel in ökonomischer Hinsicht zu erkennen. Zusammenfassend kann man sagen, daß die Rettungsfunktion des Lohnentzuges weder betriebswirtschaftstheoretisch noch empirisch nachweisbar ist und darüber hinaus die prinzipiell angestrebte Betriebserhaltung sehr oft den volkswirtschaftlich notwendigen Ausleseprozeß behindern, also insgesamt mehr schaden als nützen würde[9].

II. Die Relativität des Arbeitsplatzschutzes

Entscheidend ist jedoch letztlich — und damit gelangt man wieder auf die juristische Ebene des Problems —, daß der Unternehmer nicht gezwungen ist, den in Schwierigkeiten geratenen Betrieb unter allen Umständen fortzuführen und dadurch das Risiko weiterer Verluste in Kauf zu nehmen. Kraft seiner unternehmerischen Entscheidungsfreiheit kann er vielmehr den Betrieb stillegen, etwa wenn sich abzeichnet, daß der Betrieb — unabhängig von der Verteilung des Lohnrisikos — die Krise zwar übersteht, aber wegen sonstiger Verluste (Schäden an Produktionsanlagen, Verlust von Absatzmärkten, Vertragshaftung gegenüber Abnehmern oder Zulieferern, etc.) auf längere Sicht keinen Gewinn mehr abwerfen wird. Ob die Betriebseinstellung nach Lage der Dinge zweckmäßig ist, kann in den etwaigen Kündigungsschutzprozessen der entlassenen Arbeitnehmer nicht nachgeprüft werden[10].

III. Ergebnis

Da somit weder eine Bestandsgarantie für den Betrieb und noch weniger eine Arbeitsplatzgarantie für jeden einzelnen Arbeitnehmer als Äquivalent für das Lohnopfer in Betracht kommt, ist eine Risikobeteiligung der Arbeitnehmer aus Bestandsschutzgründen nicht zu rechtfertigen.

B. Stundung des Lohnanspruchs?

Wiedemann hat darum eine bloße Stundung des Lohnanspruchs vorgeschlagen[11]. Für den Arbeitnehmer sei es zumutbar, „mit Rücksicht auf die (mögliche, Verf.) Erhaltung seines Arbeitsplatzes dem Arbeitgeber auch über einen längeren Zeitraum hinweg zinslosen Kredit zur Verfügung zu stellen"[12].

---

9 Vgl. dazu wiederum *Krasnitzky*, S. 131 ff.

10 Vgl. *Hueck*, KSchG, § 1 Rdnr. 106 m. w. N.

11 Vgl. *Wiedemann*, Arbeitsverhältnis, S. 91; früher schon *Jorns*, S. 148.

12 *Wiedemann*, Arbeitsverhältnis, S. 92.

I. Die Wirkungsweise der Lohnstundung

Abgesehen von dem noch zweifelhafteren betriebswirtschaftlichen Nutzen eines solchen Verfahrens scheint es jedenfalls rechtlich weniger angreifbar, da der Lohnanspruch in voller Höhe erhalten bleibt und nur seine Fälligkeit hinausgeschoben wird. Freilich erhebt sich sofort die Frage, wer nach welchen Kriterien über Beginn und Ende des Krisenzeitraums und damit über die Höhe des Stundungsbetrages befinden sowie schließlich den Nachzahlungstermin bestimmen soll. Bedenklicher noch ist die Tatsache, daß sich für den betroffenen Arbeitnehmer praktisch nichts ändert: Wie bei der „echten" Risikobeteiligung wird ihm der Lohn vorenthalten, diesmal mit der vagen Aussicht späterer Nachzahlung, wovon er allerdings auch nicht leben kann.

II. Der Wertungswiderspruch zum gesetzlichen Arbeitnehmerschutz bei Unternehmenskrisen

Die mit Lohnverlust oder Lohnstundung verbundene Schlechterstellung des Arbeitnehmers gegenüber anderen Gläubigern des Arbeitgebers widerspricht aber der gesetzgeberischen Grundentscheidung, den Arbeitnehmer soweit wie möglich vor wirtschaftlich nachteiligen Auswirkungen einer Unternehmenskrise zu bewahren.

1. Die Regelung des Betriebsverfassungsgesetzes bei Betriebsänderungen

Dies kommt zunächst in der neugestalteten Regelung des Betriebsverfassungsgesetzes bei Betriebsänderungen (§§ 111 - 113 BetrVG) zum Ausdruck, mit der das Ziel verfolgt wird, Arbeitsplätze und soziale Stellung der Arbeitnehmer im Rahmen des Möglichen zu erhalten[13]. Dabei zeigt sich, daß Lohn- und Bestandsschutz nicht, wie eingangs erwogen wurde, konkurrieren, sondern zum Zwecke einer wirksamen Sicherung der sozialen Existenz des Arbeitnehmers kumulieren.

Hervorzuheben ist das erzwingbare Mitbestimmungsrecht des Betriebsrats hinsichtlich der Aufstellung eines Sozialplans, der die „Einigung über den Ausgleich oder die Milderung der wirtschaftlichen Nachteile, die den Arbeitnehmern infolge der geplanten Betriebsänderung entstehen" (§ 112 I 2 BetrVG), zum Gegenstand hat[14]. Entschließt sich etwa der Unternehmer während einer länger andauernden, durch höhere Gewalt verursachten Betriebspause zu einer Einschränkung des Betriebs durch Abbau von Produktionskapazität[15] (z. B. Verzicht auf

---

[13] Vgl. *Fitting / Auffarth / Kaiser*, BetrVG, § 111 Rdnr. 1.

[14] Dazu eing. *Hanau*, ZfA 1974, S. 89 ff.

[15] Vgl. *Hanau*, ZfA 1974, S. 89, 97 f.; *Dietz / Richardi*, BetrVG, § 111 Rdnr. 22.

die Wiederbeschaffung eines Teils der zerstörten Maschinen, Entlassung von Arbeitnehmern[16]), um die Bestandsgefahr herabzumindern, so verschafft der dann zu erstellende Sozialplan den betroffenen Arbeitnehmern materielle Hilfen, damit sie mit den nachteiligen Folgen der Betriebsänderung besser fertig werden können. In Betracht kommen beispielsweise einmalige Abfindungen für entlassene Arbeitnehmer oder Lohnausgleichszahlungen für versetzte Arbeitnehmer[17].

Für den Fall, daß infolge betriebsverfassungswidriger Durchführung der Betriebsänderung kein Sozialplan vereinbart werden konnte, besitzen die Arbeitnehmer unmittelbar aufgrund des § 113 BetrVG einen umfassenden Anspruch auf Nachteilsausgleich gegen den Arbeitgeber[18].

Vor dem Hintergrund dieser auf zusätzlichen sozialen Schutz des Arbeitnehmers bedachten Regelung verbietet es sich, den Lohnfortzahlungsgrundsatz für das bestandsgefährdende Betriebsrisiko in irgendeiner Form einzuschränken.

2. *Die Sicherung des Lohnanspruchs im Konkurs des Arbeitgebers*

Daß die gegenteilige Auffassung der h. L. nicht in das gesetzliche System des Arbeitnehmerschutzes paßt, zeigt auch ein Blick auf das geltende Konkursrecht.

Schon seit jeher steht den Arbeitnehmern das sog. Lidlohnvorrecht zu[19], wonach rückständige Lohnforderungen aus dem letzten Jahr vor Konkurseröffnung an erster Stelle vor den übrigen Konkursforderungen zu befriedigen sind. Erst vor kurzem hat der Gesetzgeber den konkursrechtlichen Schutz der Arbeitnehmer weiter verstärkt[20], indem er zunächst den § 61 KO neugefaßt und das Vorrecht auf andere schutzwürdige Ansprüche der Arbeitnehmer ausgedehnt hat. Er hat sodann alle diese Ansprüche, soweit sie Rückstände aus den letzten sechs Monaten vor der Eröffnung des Konkurses oder dem Ableben des Gemeinschuldners betreffen, zu Masseschulden erklärt (§ 59 I Nr. 3 KO), die vorweg aus der Masse zu begleichen sind (§ 57 KO). Aber auch dies bedeutet noch keine Deckungsgarantie für die ausstehenden Lohnforderungen, weil die Zahl der masselosen oder massearmen Konkurse vor

---

[16] Str., vgl. GK — *Fabricius*, BetrVG, § 111 Rdnr. 88 ff.; *Dietz / Richardi*, BetrVG, § 111 Rdnr. 24.

[17] Vgl. die Übersicht bei *Fitting / Auffarth / Kaiser*, BetrVG, § 112 Rdnr. 12.

[18] Vgl. *Dietz / Richardi*, BetrVG, § 113 Rdnr. 16.

[19] Vgl. zur Entstehungsgeschichte des § 61 Nr. 1 KO *Heinze*, DB 1974, S. 1814, 1815.

[20] Vgl. *Heinze*, DB 1974, S. 1814, 1815 f.; kritisch *Lent / Jauernig*, Zwangsvollstreckungs- und Konkursrecht (13. Aufl., 1975), § 41 III 1, S. 146; *Heilmann*, NJW 1974, S. 1895 ff.

allem wegen der umfänglichen Aus- bzw Absonderungsrechte der Geld- und Warengläubiger ständig zunimmt[21].

Einen wirklich effektiven Schutz bringt jedoch die ebenfalls neugeschaffene Regelung über das Konkursausfallgeld, die durch Gesetz vom 17. 7. 1974 in das Arbeitsförderungsgesetz eingefügt wurde[22]. Gemäß § 141 b I AFG kann derjenige Arbeitnehmer Konkursausfallgeld beanspruchen, der bei Eröffnung des Konkursverfahrens für die letzten der Konkurseröffnung vorausgehenden drei Monate des Arbeitsverhältnisses noch Ansprüche auf Arbeitsentgelt hat.

Die konkursrechtliche Bevorzugung der Arbeitnehmer sowie die staatliche Garantie des Nettoarbeitsentgelts für die letzten drei Monate kennzeichnen das gesetzgeberische Bemühen, den Lohnanspruch konkursfest zu machen und den Arbeitnehmer somit weitgehend vom Verlustrisiko, wie es den normalen Konkursgläubiger trifft, freizustellen. Tragender Beweggrund ist auch hier, daß der Arbeitnehmer auf ungeschmälerte Lohnzahlung angewiesen ist, um seinen Lebensunterhalt bestreiten zu können[23].

3. Schlußfolgerungen

Es liegt in der Konsequenz des intensivierten gesetzlichen Lohnschutzes nach dem Zusammenbruch des Unternehmens, die volle Lohnzahlungspflicht des Arbeitgebers während einer etwa vorhergehenden Betriebsstörung beizubehalten. Denn es wäre widersinnig, wenn der Lohnanspruch, dessen Realisierung der Gesetzgeber gewährleisten will, erst gar nicht entstehen würde, wenn die konkursrechtliche Vorzugsstellung der Arbeitnehmer durch eine Risikobeteiligung unterlaufen, ja in ihr Gegenteil verkehrt werden könnte. Die Arbeitnehmer sind auch nicht zur Lohnstundung verpflichtet, weil sie sonst am Risiko der späteren Zahlungsunfähigkeit des Arbeitgebers teilnehmen würden, was aber, wie insbesondere die Regelung über das Konkursausfallgeld beweist, gerade vermieden werden soll[24].

C. Ergebnis: Uneingeschränkte Lohnfortzahlung

Nach allem besteht keinerlei Veranlassung für eine Einschränkung der Lohnfortzahlungsregel beim bestandsgefährdenden Betriebsrisiko. Vielmehr ist der Arbeitnehmer in der Unternehmenskrise besonders

---

[21] Vgl. *Uhlenbruck*, NJW 1975, S. 897, 899.

[22] Dazu näher *Lorenz*, DB 1974, S. 1720 f.; *Heilmann*, NJW 1974, S. 1895 ff.

[23] Vgl. BAG E 22, S. 105, 106.

[24] Zum möglichen Mißbrauch der Konkursausfallgeldregelung durch freiwillige Stundung vgl. *Heilmann*, NJW 1974, S. 1895.

schutzbedürftig, da sie für ihn das Arbeitsplatzrisiko verschärft und somit eine ungewisse Zukunft bedeutet.

Dementsprechend kommt der dem Schutzprinzip folgende Risikotragungsgrundsatz voll zur Geltung, so daß der Arbeitgeber zu ungekürzter und pünktlicher Lohnzahlung verpflichtet bleibt. Die insoweit revidierte Betriebsrisikolehre ergänzt das System der einschlägigen gesetzlichen Schutzvorschriften, die über die primär erforderliche Lohnsicherung sogar hinausgehen und den Arbeitnehmern auch sonstige wirtschaftliche Nachteile, soweit sie durch eine Betriebsänderung bedingt sind, ersparen wollen.

Fünfter Teil

Die Reichweite der Betriebsrisikolehre im Arbeitskampf

A. Der Lösungsansatz

Für den praktisch so bedeutsamen Bereich des arbeitskampfbedingten Betriebs- und Wirtschaftsrisikos gilt es einen neuen Lösungsansatz zu finden, nachdem sich die bisher maßgeblichen Verteilungsprinzipien als unbrauchbar erwiesen haben. Anzuknüpfen ist dabei an die besondere Ursache dieser Risikotatbestände: den Arbeitskampf. Man hat es also mit Folgewirkungen des kollektiven Auseinandersetzungsprozesses zu tun, wodurch das Problem, obschon es um die arbeitsvertragliche Risikoverteilung geht, einen starken kollektivrechtlichen Bezug erhält. Um eine dem Gesamtsystem des individuellen wie des kollektiven Arbeitsrechts adäquate Lösung zu entwickeln, muß man sich deshalb zunächst den Grundzusammenhang beider Rechtskreise vergegenwärtigen.

I. Zum Verhältnis von staatlichem Arbeitnehmerschutz und kollektiver Selbsthilfe

Bekanntlich sieht das Arbeitsrecht seine Hauptaufgabe darin, die Abhängigkeit des Arbeitnehmers vom Arbeitgeber entsprechend der sozialen Gerechtigkeit auszugleichen. Zu diesem Schutzzweck muß die Vormachtstellung des Arbeitgebers tatsächlich beseitigt oder rechtlich neutralisiert werden. Das geschieht entweder durch kollektive Selbsthilfe der Arbeitnehmer oder durch staatliches Eingreifen zugunsten der Arbeitnehmer[1]. Im Selbsthilfemodell bilden die Arbeitnehmer zu ihrem Schutz eine Koalition, die dem Arbeitgeber als potentiell gleichwertiger Kontrahent gegenübersteht und in der Lage ist, angemessene Arbeitsbedingungen notfalls kampfweise durchzusetzen und tariflich festzulegen. Nach dem Modell des staatlichen Eingriffs erfolgt der Schutz des Arbeitnehmer durch die zwingenden Normen des Gesetzes- und Richterrechts, indem die Vertrags- und Handlungsfreiheit des Arbeitgebers ohne Beseitigung der tatsächlichen Machtunterschiede unmittelbar beschränkt wird. Beide Formen des Arbeitnehmerschutzes können sich bis

[1] Vgl. *Biedenkopf*, Grenzen der Tarifautonomie (1964), S. 122 ff.; *Hueck / Nipperdey* I, S. 11; *Söllner*, Arbeitsrecht, S. 37 f.

zu einem gewissen Grad ergänzen, wie dies die historisch gewachsene Zweigleisigkeit des deutschen Arbeitsrechts anschaulich demonstriert[2]. „Sie schließen sich jedoch insoweit aus, als sie nicht beide zur gleichen Zeit den gleichen konkreten Sachverhalt regeln können. Diese Ausschließlichkeit folgt aus dem privatrechtlichen Charakter des Arbeitsrechts, der eine Überkompensation der natürlichen Abhängigkeit des Arbeitnehmers verbietet ... Das Arbeitsrecht soll den privatrechtlichen Grundtatbestand der Ebenbürtigkeit der Parteien zwar wiederherstellen, nicht aber das rechtliche und tatsächliche Ausgangsverhältnis unter den Parteien des Einzelarbeitsvertrages umkehren[3]."

II. Einfluß der Schutzmodellkonkurrenz auf die Risikoverteilung

Darin liegt der Schlüssel für die Lösung der arbeitskampfbedingten Lohnrisikoproblematik. Auch hier zahlt sich wieder die genaue Kenntnis vom Rechtsgrund der Betriebsrisikolehre aus, wonach die Lohnfortzahlungsregel eine das Schutzprinzip konkretisierende Norm des gesetzesvertretenden Richterrechts ist[4]. Das individualrechtliche Schutzprinzip wird aber — wie soeben modelltheoretisch aufgezeigt wurde — durch die kollektive Interessenwahrnehmung der Gewerkschaft im Selbsthilfeprozeß teilweise, nämlich der Regelungsmaterie entsprechend, derogiert. Auf das vorliegende Problem bezogen heißt dies: Arbeitnehmerschutz in Form der Risikoentlastung ist logisch und teleologisch dann nicht geboten, wenn die Gewerkschaft als gleichstarker Tarifpartner die Interessen des Arbeitnehmers vertritt und es im Rahmen eben dieses (Selbst-)Regelungsverfahrens zu Betriebsstörungen kommt. Insoweit besteht ein unmittelbarer Zusammenhang zwischen Risikotatbestand und tariflicher Regelung, der die Anwendung der Betriebsrisikolehre verbietet, damit nicht eine Kumulation beider Schutzprinzipien stattfindet[5]. Um es noch klarer zu sagen: Die Lohnsicherung nach dem individualrechtlichen Schutzprinzip kommt nicht in Frage, wenn auf kollektiver Ebene um Lohnverbesserung gestritten wird. Denn der repräsentierte Arbeitnehmer wird dem Arbeitgeber mediatisiert durch die Gewerkschaft jedenfalls insoweit ebenbürtig, wie die tarifliche Regelungsmacht sachlich reicht. Dem entspricht es dann aber auch, daß er vor den Folgen der Auseinandersetzung nicht in Schutz genommen werden darf. Vielmehr überträgt sich die Gleichgewichtslage unter den Tarifpartnern spiegelbildlich auf jedes rege-

---

[2] Vgl. *Wiedemann*, Arbeitsverhältnis, S. 21.

[3] *Biedenkopf*, Tarifautonomie, S. 125.

[4] Vgl. dazu ausf. oben 3. Teil.

[5] Vgl. zu diesem Kumulationsverbot grundsätzlich noch einmal *Biedenkopf*, Tarifautonomie, S. 151 f.

lungsbetroffene Arbeitsverhältnis, so daß die Verteilung des arbeitskampfbedingten Lohnrisikos der nunmehr anwendbaren Regel des § 323 I BGB folgt[6]. Der tarifbetroffene Arbeitnehmer, dessen Arbeitsleistung infolge des Arbeitskampfes zufällig unmöglich wird, büßt seinen Lohnanspruch ein.

Hierbei wird deutlich, daß jenes Dogma, demzufolge eine kollektive Handlung nur kollektivrechtliche Wirkungen haben könne, unzutreffend ist[7]. Soweit im Prozeß der kollektiven Selbsthilfe um den „richtigen" Lohn gekämpft wird, ist der Individualrechtsschutz nach der Betriebsrisikolehre hinsichtlich der Kampffolgen ausgeschlossen. Würde man dessen ungeachtet an der Lohnfortzahlungsregel festhalten, so würden die Arbeitnehmer, deren (Lohn-)Interessen von der Koalition vertreten werden, gegenüber dem Arbeitgeber doppelt begünstigt, ihre Unterlegenheit würde überkompensiert. Mit dem Zweck des Arbeitsrechts wäre dieser „Ausbeutungsvorgang mit umgekehrten Vorzeichen" unvereinbar[8].

Die Möglichkeit einer Verbesserung der Lohn- oder sonstiger Arbeitsbedingungen durch den angestrebten Tarifvertrag schließt deshalb die Möglichkeit eines zeitweiligen Lohnverlustes ein, wenn es infolge der gleichgewichtigen kollektiven Auseinandersetzung zu einer Betriebsstörung kommt. Das kampfbedingte Lohnrisiko ist sozusagen die Kehrseite der Chance bzw. der Gewißheit, in Zukunft mehr Lohn oder andere Vorteile zu erhalten[9].

III. Ergebnis

Nach diesen grundsätzlichen Überlegungen steht fest, daß die Reichweite der Betriebsrisikolehre im Arbeitskampf durch die Notwendigkeit individuellen Arbeitnehmerschutzes begrenzt wird. Keine Lohnfortzahlung beanspruchen können diejenigen Arbeitnehmer, die dem gewerkschaftlich repräsentierten Selbsthilfeverband angehören und damit in eine Gleichgewichtsbeziehung zum Arbeitgeber treten, wodurch

---

6 Vgl. zu den Gleichgewichtsbedingungen und der Intention des § 323 I BGB oben 3. Teil, C. II. 1.

7 Vgl. *Wiedemann*, RdA 1969, S. 321, 331 f. gegen *Hueck / Nipperdey* II, 2, S. 932.

8 Vgl. *Biedenkopf*, Tarifautonomie, S. 151 mit Hinweis auf *Arndt*, Theoretische Grundlagen der Lohnpolitik (1957), S. 42.

9 Nebenbei sei bemerkt, daß der betroffene Arbeitnehmer für diese Risikoverteilung wegen des engen Kontakts zu seiner Rechtsgütersphäre durchaus Verständnis haben wird, während dies derzeit bei der weitgefaßten Solidarhaft in rechtspolitisch sehr bedenklicher Weise nicht der Fall ist. Es kennzeichnet die augenblickliche, höchst unbefriedigende Situation, wenn die „Sphärentheorie in den Betrieben" mit „Sphärenklängen aus dem All" verglichen wird. Vgl. *Nasserke*, in: Streik und Aussperrung, hrsg. v. Kittner (1974), S. 118.

ihre Schutzbedürftigkeit partiell, nämlich hinsichtlich der Risikofolgen des Arbeitskampfes, entfällt.

Eine erste Konsequenz des hier entwickelten Lösungskonzepts liegt darin, daß die Unterscheidung zwischen Streik und Aussperrung als Störungsursache hinfällig wird. Einheitlicher Anknüpfungspunkt ist vielmehr der tarifbezogene Arbeitskampf als Bestandteil des gleichgewichtigen koalitiven Regelungsverfahrens, das die Anwendung der Betriebsrisikolehre in dem dargelegten Umfang verbietet. Kein Lohnfortzahlungsanspruch bestünde daher auch in dem wohl nur akademisch bedeutsamen Fall, daß die Arbeitgeberseite den Arbeitskampf mit einer schwerpunktmäßigen Angriffsaussperrung eröffnet[10] und dies zu Betriebsstörungen in anderen Betrieben des Tarifgebietes führt.

B. Die individuelle Zurechenbarkeit der kollektiven Interessenvertretung (Gleichgewichtslage)

Die Untersuchung muß sich nunmehr der Frage zuwenden, welche Arbeitnehmer in dem hier gemeinten Sinne betroffen sind. Denn nur die Arbeitnehmer, deren Arbeitsverhältnisse regelungsbetroffen sind, partizipieren an der kollektiv hergestellten Gleichgewichtslage und verlieren demgemäß bezüglich der Kampffolgen den Schutz der Betriebsrisikolehre. Es geht m. a. W. um die personelle Reichweite der gewerkschaftlichen Interessenwahrnehmung.

Die individuelle Zurechnung setzt dabei zweierlei voraus, nämlich einmal, daß die kämpfende Gewerkschaft die Interessen des Arbeitnehmers vertreten darf (rechtsnormativer Aspekt), und zum anderen, daß sie diese auch tatsächlich vertritt (rechtstatsächlicher Aspekt).

Mit der ersten Voraussetzung wird berücksichtigt, daß sich der einzelne Arbeitnehmer nicht jedes beliebige Handeln Dritter zurechnen lassen muß, sofern dies nur rein tatsächlich seinen Interessenkreis berührt. Hier stellt sich nicht nur die Frage nach der allgemeinen Legitimation der Gewerkschaften, mit Rechtswirkung zu Lasten Arbeitswilliger zu handeln, sondern insbesondere auch nach der Auswirkung des rechtswidrigen bzw. wilden Streiks auf die Risikotragung im Arbeitsverhältnis.

I. Arbeitswillige Gewerkschaftsmitglieder

Kein Zurechnungsproblem gibt es zunächst bei den arbeitswilligen Mitgliedern der kampfführenden Gewerkschaft. In der Mitgliedschaft liegt ja gerade der Auftrag zur Interessenwahrnehmung. Da die Ge-

---

[10] Die Zulassung der Angriffsaussperrung ist freilich nicht unbedenklich. Vgl. *Lieb*, Schwerpunkte, S. 124.

werkschaft Repräsentant ihrer Mitglieder ist, kommt es auch nicht darauf an, ob die Betroffenen mit den konkreten Kampfzielen einverstanden sind. Es genügt vielmehr, wenn der Streikbeschluß die nach der Satzung erforderliche Legitimation besitzt. Demnach müssen sich auch jene Mitglieder, die den Streikaufruf nicht befolgen, das objektiv in ihrem Interesse liegende Handeln ihres Verbandes zurechnen lassen[11]. Ebenso unbeachtlich sind schließlich strategisch bedingte „Lippenbekenntnisse" angeblich arbeitswilliger Arbeitnehmer, die insgeheim den Streik befürworten und in der Urabstimmung entsprechend votiert haben. Dies alles findet seine Bestätigung in § 3 I TVG, wonach die Tarifbindung mit den sich daraus ergebenden Vorteilen nur von der Mitgliedschaft und nicht etwa von dem Kampfverhalten abhängig ist.

II. Das Außenseiterproblem

Äußerst problematisch ist dagegen, ob auch die arbeitswilligen Außenseiter von der gewerkschaftlichen Interessenwahrnehmung derart betroffen werden, daß sie für die Risikofolgen in gleicher Weise wie die Mitglieder einzustehen haben. In tatsächlicher Hinsicht kann zunächst nicht geleugnet werden, daß die Gewerkschaften gemäß ihrem selbstgewählten Anspruch als Gesamtinteressenvertreter fungieren. Erinnert sei nur an die hinlänglich bekannte Breitenwirkung des Tarifvertrages, insonderheit an die Leitlohnfunktion der Tariflöhne. Die soziale Wirklichkeit entspricht also nicht dem Bild des § 3 I TVG, vielmehr werden grundsätzlich die Arbeitsbedingungen aller Arbeitnehmer des jeweiligen Industriezweiges geregelt[12].

1. Die Handlungsbefugnis der Gewerkschaft hinsichtlich der Außenseiter ihres Zuständigkeitsbereiches

Für die hier auftretende Zurechnungsproblematik ist entscheidend, ob es sich bei der Außenwirkung gewerkschaftlichen Handelns lediglich um Reflexe von Marktmacht handelt[13], oder ob den Koalitionen auch eine Handlungsbefugnis hinsichtlich der in ihrem „Einzugsbereich" befindlichen Außenseiter zusteht.

a) Zur Bedeutung der Gesamtrepräsentationsfunktion

Eine solche Handlungsbefugnis folgt jedenfalls nicht aus der so oft beschriebenen Gesamtrepräsentationsfunktion der Gewerkschaften[14].

---

11 Vgl. *Biedenkopf*, Betriebsrisikolehre, S. 21.

12 Vgl. dazu eingehend *Gamillscheg*, Differenzierung, S. 39 f.

13 So *Säcker*, Grundprobleme, S. 43.

14 Vgl. nur *Gamillscheg*, Differenzierung, S. 36 ff.

Denn niemand kann von sich aus durch Berufung auf die Repräsentanz juristische Legitimation erzeugen, „weil die Repräsentanz keinen Zurechnungsgrund, sondern einen Legitimationsmodus bezeichnet. Das Gerieren als Repräsentant ersetzt den fehlenden Auftrag nicht“[15]. Dem sei hinzugefügt, daß es sich bei dem Repräsentationsbegriff um einen apriorischen Sinn- oder Wesensbegriff handelt, der nichts über die besondere Legitimation des Repräsentanten zur Einwirkung auf den Rechts- und Pflichtenkreis der Repräsentierten aussagen will, geschweige denn, sie zu begründen vermag[16].

b) Die Ordnungsaufgabe der Berufsverbände als Rechtsgrund für die Befugnis zur mitgliederüberschreitenden Interessenwahrnehmung

Da es den Gewerkschaften insoweit am Mandat der Außenseiter fehlt, kann sich die übergreifende Handlungsbefugnis nur aus einem der Willensentscheidung dieser Personengruppe vorrangigen Rechtsgedanken ergeben. Als solcher kommt die Ordnungsaufgabe der Berufsverbände in Betracht, die vom Bundesverfassungsgericht wie folgt umschrieben wurde[17]:

„Die aus der Koalitionsfreiheit entspringende Tarifautonomie verfolgt ... den Zweck, in dem von der staatlichen Rechtssetzung frei gelassenen Raum das Arbeitsleben im einzelnen durch Tarifverträge sinnvoll zu ordnen, insbesondere die Höhe der Arbeitsvergütung für die verschiedenen Berufstätigen festzulegen, und so letztlich die Gemeinschaft sozial zu befrieden.“

Dieser Verfassungsauftrag[18] könnte über ein streng mandatarisch ausgestaltetes Tarif- und Arbeitskampfsystem, bei dem nur knapp ein Drittel der Beschäftigten erfaßt würde, schwerlich erfüllt werden[19]. Das „sinnvolle Funktionieren der Tarifautonomie“[20] setzt vielmehr voraus, daß die große Mehrheit der Nichtorganisierten in geeigneter Weise in den Prozeß der Selbstverwaltung integriert wird. So gesehen verliert die Einbeziehung der Außenseiter in das kollektive Regelungsverfahren den Charakter des Zufälligen, findet die vom Bild des § 3 I

---

15 *Wiedemann,* RdA 1969, S. 321, 328.

16 Vgl. *Pollmann,* Repräsentation und Organschaft (1969), S. 89 f., insb. S. 90: „Der Repräsentationsbegriff ist also im Gegensatz zum normativen Organbegriff ein Seinsbegriff, der bestimmte, hinter oder vor den organisationsrechtlichen Funktionsbegriffen liegende soziale Tatbestände zu charakterisieren berufen ist.“

17 BVerfGE 18, S. 18, 28; vgl. auch BVerfGE 20, S. 312, 317.

18 Vgl. *Rüthers,* RdA 1968, S. 161, 169.

19 Vgl. *Gamillscheg,* Differenzierung, S. 95 f.; *Wiedemann,* RdA 1969, S. 321, 329 m. Fußn. 70.

20 BVerfGE 18, S. 18, 30.

TVG abweichende Rechtswirklichkeit ihre juristisch normative Erklärung. Die Gesamtzuständigkeit der Tarifvertragsparteien zur Ordnung ihres Selbstverwaltungsbezirkes ist unmittelbar in der Tarifautonomie selbst angelegt, die in ihrem verfassungsrechtlich geschützten Kernbereich eine staatliche Regelung der Arbeitsbedingungen in bestimmtem Umfang ausschließt[21], und zwar nicht nur hinsichtlich der organisierten Arbeitnehmer und Arbeitgeber, sondern generell. „Der Staat darf (also) auch mit Beschränkung auf die Außenseiter keine Regelung mit selbstgeschaffenem Inhalt treffen[22].“ In dem Maße aber, wie der Staat die an sich ihm obliegende Ordnungsaufgabe delegiert, wächst sie den Tarifpartnern zu und begründet deren Verantwortung für den gesamten Berufskreis.

Die Regelungszuständigkeit der Verbände geht demnach über den Kreis ihrer Mitglieder hinaus, wiewohl die Tarifnormen unmittelbar und zwingend in der Regel nur für die Arbeitsverhältnisse der Tarifgebundenen gelten[23]. Insoweit divergieren Rechtsetzungsmacht und Regelungsaufgabe, worin freilich kein Widerspruch zu sehen ist. „Vielmehr kann gerade eine kluge und gesellschaftspolitisch ausgewogene Regelung in einer Mittellösung wie der des geltenden Rechts bestehen, die in optimaler Weise die Schaffung einheitlichen Rechts durch die Kräfte des Arbeitslebens selbst ermöglicht, ohne doch den Außenseiter generell der Verbandsmacht zu unterwerfen und ohne ein Anwachsen der Macht der Verbände allzusehr zu begünstigen[24].“ Auch wenn man daran festhält, daß die tarifliche Normsetzungsbefugnis zumindest grundsätzlich an das mitgliedschaftliche Mandat gebunden ist[25], so bedeutet das nicht gleichzeitig, daß jede „Überwirkung“ außerhalb der Tarifmacht liegt[26]. Ganz allgemein läßt sich sagen, daß die zur Ordnung und Befriedung des Arbeitslebens berufenen Koalitionen nicht zu-

---

[21] Dazu eing. *Biedenkopf*, Tarifautonomie, S. 178 ff.; ferner *Säcker*, Grundprobleme, S. 45 ff., insb. S. 48 ff.

[22] *Zöllner*, Differenzierungsklauseln, S. 54.

[23] Vgl. *Leventis*, Tarifliche Differenzierungsklauseln nach dem Grundgesetz und dem Tarifvertragsgesetz (1974), S. 82.

[24] *Zöllner*, Differenzierungsklauseln, S. 51.

[25] Eine beachtliche Ausnahme davon gilt nach § 3 II TVG für betriebliche und betriebsverfassungsrechtliche Normen. Vgl. dazu *Wiedemann*, RdA 1969, S. 321, 322 f.; *Gamillscheg*, Differenzierung, S. 97; *Lieb*, RdA 1967, S. 441 ff.; ders., Schwerpunkte, S. 108 ff.; *Wagenitz*, Die personellen Grenzen der Tarifmacht (1972), S. 50 ff. m. w. N. Nach Ansicht von *Wagenitz* (S. 47 ff.) kann der Gesetzgeber die Koalition ausnahmsweise ermächtigen, auch für die nichtorganisierten Arbeitnehmer und Arbeitgeber unmittelbar und zwingend wirkende Tarifnormen zu setzen, wenn dies zur Wahrnehmung ihrer Ordnungsfunktion im Arbeitsleben notwendig ist.

[26] Vgl. zu der speziell tarifrechtlichen Problematik einerseits *Gamillscheg*, Differenzierung, S. 72 ff., insb. S. 96 f. und andererseits *Zöllner*, Differenzierungsklauseln, S. 35 ff., insb. S. 49 ff.

letzt wegen des autonomiebedingten Rechtsetzungsmonopols das *Pflichtrecht*, haben, die Interessen aller Arbeitnehmer und Arbeitgeber ihres Zuständigkeitsbereiches wahrzunehmen[27]. Daraus erwächst den Gewerkschaften, um die es hier vor allem geht, eine „Vertretungsbefugnis" auch in bezug auf die Außenseiter, zu der sie aufgrund ihrer Ordnungsfunktion legitimiert sind[28].

c) Die Gewerkschaften als repräsentative Berufsorgane

Diese Gesamtvertretungsbefugnis und das entsprechende, über den Bereich tariflicher Normsetzung hinausreichende, alle Arbeitnehmer erfassende Wirkungsfeld kennzeichnet die Stellung der Gewerkschaften als repräsentative Berufsorgane[29, 30]. „Nach deutschem Recht bilden die Angehörigen eines Industriezweiges zwar keinen rechtsfähigen Stand und keine juristische Person. Aber sie stellen eine nicht nur soziologisch, sondern auch rechtlich erfaßbare Gruppe dar, für die die Gewerkschaft handeln darf. Die Bezeichnung als Organ ist deswegen gewählt, weil damit ein durch Organisationsnormen geschaffenes institutionelles Rechtssubjekt bezeichnet wird, dem Vertretungsbefugnis in dem vom Organisationsstatut vorgesehenen Umfang zukommt, weil es sich mit anderen Worten um einen Zurechnungsbegriff handelt[31, 32]."

---

27 Vgl. *Zöllner*, Differenzierungsklauseln, S. 53 f., der jedoch nur die Verpflichtung der Tarifpartner zu gleichheitlicher Regelung für alle Arbeitnehmer anspricht.

28 Vgl. in tariflicher Hinsicht *Gamillscheg*, Differenzierung, S. 96 f.; allgemein *Kunze*, in: Koalitionsfreiheit und Tarifautonomie als Probleme der modernen Demokratie, hrsg. v. Duvernell (1968), S. 109 f.; *Leventis*, S. 82 ff., der freilich nicht in gebotener Weise zwischen Repräsentation und Organschaft unterscheidet. Insofern ist es mißverständlich, wenn er sagt (S. 85), die Ordnungsfunktion bilde die Grundlage der Gesamtrepräsentationsfunktion, sie legitimiere die Gewerkschaften als Repräsentanten aller Arbeitnehmer. Dazu bedarf es jedoch nicht des Rückgriffs auf die Ordnungsfunktion, mit der vielmehr die besondere Legitimation der Gewerkschaften zur Einwirkung auf die Rechtsstellung der Nichtorganisierten begründet werden soll. Sehr klar diesbezüglich *Pollmann*, S. 90: „Während der Repräsentant seine Legitimation aus einer Homogenität mit der Gruppe herleitet, beruht die Vertretungsmacht des Organwalters auf organisatorischem Rechtssatz." Vgl. ferner *Biedenkopf*, Tarifautonomie, S. 57 ff.; *Wiedemann*, RdA 1969, S. 321, 327 f.

29 Vgl. hierzu grundlegend *Wiedemann*, RdA 1969, S. 321 ff.; ferner *Biedenkopf*, in: Koalitionsfreiheit und Tarifautonomie als Probleme der modernen Demokratie, S. 199 ff., der die Gewerkschaft als eine verfassungsrechtlich besonders privilegierte Organisation begreift, deren Zuständigkeit darin bestehe „durch Tarifvertrag die Arbeitsbedingungen zu regeln und im Bereich der Wirtschaftsbedingungen repräsentativ tätig zu sein" (S. 208).

30 Zum Begriff des Repräsentativorgans *Pollmann*, S. 94 ff.

31 *Wiedemann*, RdA 1969, S. 321, 329.

32 Vgl. dazu wiederum *Pollmann*, S. 90 ff. „Während Repräsentation ein dialektisches Verhältnis zwischen Führer und Geführten zum Inhalt hat, bezeichnet Organschaft ein rechtlich normiertes Institut, das für ein ebenfalls

Dies erklärt und rechtfertigt die vielgestaltige Außenwirkung gewerkschaftlichen Handelns[33], mögen dabei z. T. auch noch andere Gesichtspunkte als das Ordnungsprinzip eine Rolle spielen[34]. Besonders prägnant tritt die Organstellung der Verbände etwa im Arbeitskampfrecht hervor, wo der gewerkschaftliche Streikbeschluß nicht nur das Verhalten der Mitglieder legalisiert, sondern auch den Anschluß der Außenseiter gestattet[35]. *Wiedemann* hat zu Recht darauf hingewiesen, daß es juristisch unzureichend ist, allein dieses „Funktionieren" aufzuzeigen, ohne die zugrundeliegende — in diesem Fall richterrechtliche — Wertung zu realisieren, nämlich die Beleihung der Gewerkschaften mit Aufgaben des Berufsstandes[36].

2. Risikoteilnahme des Außenseiters und negative Koalitionsfreiheit

Ist somit prinzipiell geklärt, daß die Gewerkschaften die Interessen der Außenseiter ihres Zuständigkeitsbereiches mitwahrnehmen dürfen und sollen, bleibt zu prüfen, ob die Außenseiter auch die daran geknüpften nachteiligen Betriebsrisikofolgen hinnehmen müssen oder sich insofern mit Erfolg auf die sog. negative Koalitionsfreiheit berufen können.

So meint etwa *Biedenkopf*[37], daß der Außenseiter im Zuge der Entscheidung des Großen Senats zur Differenzierungsklausel[38] nunmehr auch im Arbeitskampfrecht als „Mimose" behandelt werden müsse. Durch seine Risikobeteiligung erleide er infolge fremder Kampfmaßnahmen einen rechtlichen Nachteil ohne rechtliche Kompensation. Diesen Ausgleich in Form der Unabdingbarkeit des Streikerfolges könne der Außenseiter nur durch den Beitritt zur Gewerkschaft erlangen, weswegen auf ihn ein wirtschaftlicher Druck zum Gewerkschaftsbeitritt ausgeübt werde. Die Risikobelastung des arbeitswilligen Nichtorganisierten bedeute daher einen eklatanten Widerspruch zu den vom Gro-

---

institutionalisiertes und personifiziertes Rechtsgebilde rechtlich umgrenzte Funktionen wahrnimmt." (S. 90) Ferner: „Aus der ... Abgrenzung zwischen Repräsentation und Organschaft einerseits und zwischen Repräsentation und Stellvertretung andererseits hat sich ergeben, daß Organschaft und Stellvertretung im Gegensatz zur Repräsentation zwei normative Begriffe sind." (S. 92).

33 Vgl. die Darstellung bei *Gamillscheg*, Differenzierung, S. 38 f. und *Leventis*, S. 77; ausf. dazu ferner *Wiedemann*, RdA 1969, S. 321, 322 ff.

34 So liegt etwa dem § 3 II TVG auch der Gleichheitssatz zugrunde. Vgl. näher dazu *Wiedemann*, RdA 1969, S. 321, 323; *Lieb*, RdA 1967, S. 441, 447.

35 Vgl. nur *Lieb*, Schwerpunkte, S. 117.

36 *Wiedemann*, RdA 1969, S. 321, 329.

37 Vgl. *Biedenkopf*, Betriebsrisikolehre, S. 21 ff.

38 BAG AP Nr. 13 zu Art. 9 GG.

ßen Senat des BAG entwickelten Grundsätzen, wonach die negative Koalitionsfreiheit den einzelnen gerade davor schützen solle, der Einfluß- und Regelungsmacht der Verbände unterworfen zu werden[39].

a) Kein unzulässiger Druck zum Gewerkschaftsbeitritt

Gleichviel, ob man den Schutz der negativen Koalitionsfreiheit in Art. 9 III GG oder in Art. 2 I GG ansiedelt[40, 41], steht zunächst fest, daß niemand zum Beitritt gezwungen werden darf, mithin Arbeitnehmer und Arbeitgeber über die uneingeschränkte Freiheit verfügen, einer Koalition fernzubleiben oder sie wieder zu verlassen[42]. Es bleibt das Abgrenzungsproblem, wann die dem Außenseiter nachteilige Wirkung der Koalitionstätigkeit ein solches Ausmaß annimmt, daß von einem wirtschaftlichen Zwang zum Beitritt gesprochen werden kann.

Konkret ist zu fragen, ob die Risikobeteiligung des Außenseiters wegen des fehlenden unmittelbaren Rechtsanspruchs auf die tariflichen Vorteile einen unzulässigen Beitrittsdruck ausübt. Die praktische Erfahrung lehrt jedoch, daß dies nicht der Fall ist. Obwohl bis heute unterschiedslos alle Arbeitnehmer mit dem streikbedingten Betriebsrisiko belastet werden, stagniert die Organisationsquote seit Jahrzehnten bei ca. 30 %[43]. Allem Anschein nach wird also die Risikobelastung der Außenseiter durch deren faktische Gleichstellung mit den Organisierten ohne weiteres kompensiert, so daß die Freiheit zum Nicht-Beitritt erhalten bleibt[44].

b) Kein absoluter Schutz vor Auswirkungen der Koalitionstätigkeit

Gleichwohl müßte ein Verstoß gegen die negative Koalitionsfreiheit bzw. genauer die negative Arbeitskampffreiheit angenommen werden, wenn die entsprechende Grundrechtsausübung des Nichtorganisierten

---

[39] Vgl. *Biedenkopf*, Betriebsrisikolehre, S. 22.

[40] Vgl. zum Streitstand *Wagenitz*, S. 41 ff.; *Scholz*, Koalitionsfreiheit als Verfassungsproblem (1971), S. 41; *Leventis*, S. 34 ff.; alle mit zahlreichen Nachweisen. Ferner zuletzt *Steinberg*, RdA 1975, S. 99, 100 ff.

[41] Zutreffend im übrigen *Wiedemann*, SAE 1969, S. 265, 266: „Das Sachproblem der negativen Koalitionsfreiheit, wieweit nämlich dem Expansionsstreben der Koalition im Interesse einer funktionierenden sozialen Selbstverwaltung oder der Freiheitlichkeit der Organisation im Interesse der unbeeinflußten Willensbildung des Staatsbürgers der Vorzug gebührt, bleibt unabhängig von der Zuweisung zu Art. 2 oder Art. 9 GG." Ähnlich *Dietlein*, AuR 1970, S. 200, 202.

[42] Vgl. nur *Scholz*, Koalitionsfreiheit, S. 41.

[43] Vgl. *Bergmann / Jacobi / Müller-Jentsch*, Gewerkschaften in der Bundesrepublik (1975), S. 359, Tabelle 20: Mitglieder der DGB-Gewerkschaften und Organisationsgrad von 1950 - 1973.

[44] Vgl. *Seiter*, Streikrecht, S. 348.

jedweden arbeitskampfbedingten Nachteil verbieten würde[45]. Hierbei ist freilich zu beachten, daß Art. 9 III GG im Interesse der *positiven* individuellen wie kollektiven Koalitionsfreiheit geschaffen wurde[46] und in seiner funktionalen Ausrichtung die Bildung als auch den Bestand der Koalitionen im Hinblick auf eine funktionsfähige Arbeitsordnung schützen will[47]. Die negative Koalitionsfreiheit ist also nicht um ihrer selbst willen, sondern als Voraussetzung der freien Koalitionsbildung gewährleistet[48]. Eben deshalb kann sie, auch wenn man sie korrelativ durch Art. 9 III GG mitgeschützt ansieht[49], keinen absoluten Schutz beanspruchen, sondern muß im Lichte der Bedeutung vor allem der positiven kollektiven Koalitionsfreiheit relativiert werden[50].

Insofern ist zu bedenken, welche Konsequenzen eine Risikofreistellung der Nichtorganisierten für die Gewerkschaften hätte. Durch die Schonung der Außenseiter trotz deren zumindest faktischer Partizipation am Kampfergebnis würde nicht nur die Attraktivität des Gewerkschaftsbeitritts vermindert, sondern ein gewichtiger Grund für das Fernbleiben und mehr noch ein starker Anreiz zum Austritt erzeugt. Mitgliederschwund und eine erhebliche Schwächung der Verbände bis hin zur Bestandsgefährdung wären die Folge, wodurch letztlich die Funktionsfähigkeit der Tarifautonomie überhaupt infrage gestellt würde[51]. In diesem Fall hat das Interesse des Außenseiters, von der Verbandstätigkeit unberührt zu bleiben, hinter dem Bestands- und Funktionsschutzinteresse der Gewerkschaften zurückzutreten. Für die Abwägung ist wesentlich, daß einerseits die Substanz des individuellen Abwehrrechts nicht angetastet wird[52], andererseits aber elementare, Verfassungsschutz genießende Koalitionsinteressen[53] betroffen sind. Da

---

[45] Zu diesem Aspekt *Hanau*, JuS 1969, S. 213, 218; *Seiter*, Streikrecht, S. 104.

[46] Vgl. *Maunz / Dürig / Herzog*, GG, Art. 9 Rdnr. 105.

[47] Vgl. *Wiedemann*, RdA 1969, S. 321, 330; *Säcker*, Grundprobleme, S. 20 f. m. w. N.; *Maunz / Dürig / Herzog*, GG, Art. 9 Rdnr. 106 ff.

[48] Vgl. *Säcker*, Grundprobleme, S. 36; kritisch hierzu *Scholz*, Koalitionsfreiheit, S. 64.

[49] Vgl. so etwa BAG (GS) AP Nr. 13 zu Art. 9 GG, Bl. 13; *Scholz*, Koalitionsfreiheit, S. 42.

[50] Vgl. *Hanau*, JuS 1969, S. 213, 218; *Söllner*, Arbeitsrecht, S. 60; *Steinberg*, RdA 1975, S. 99, 102 f.; *Dietlein*, AuR 1970, S. 200, 203.

[51] Zutreffend *Seiter*, Streikrecht, S. 348: „Man kann daher wohl ohne Übertreibung sagen, daß die Befreiung der Außenseiter von den negativen Kampfeinwirkungen den subtilsten und gefährlichsten Anschlag auf den gewerkschaftlichen Mitgliederbestand darstellen würde."

[52] Wenn dem Außenseiter bei seiner Grundrechtsausübung gewisse materielle Nachteile entstehen („Differenz zwischen akkumulierter Beitragszahlung und Streikentschädigung" — *Biedenkopf*, Betriebsrisikolehre, S. 23), so wird damit noch nicht der Wesensgehalt des Grundrechts der negativen Koalitionsfreiheit berührt. Vgl. dazu *Steinberg*, RdA 1975, S. 99, 105; *Leventis*, S. 51 f.

[53] Dazu ausf. *Säcker*, Grundprobleme, S. 33 ff.

der risikoerzeugende Einfluß auf das Arbeitsverhältnis des Nichtorganisierten zur notwendigen, mithin von der positiven kollektiven Koalitionsfreiheit gedeckten Außenwirkung gewerkschaftlichen Handelns gehört, kann darin keine „sozialinadäquate" Beeinträchtigung der negativen Koalitionsfreiheit liegen.

c) Ergebnis

Abschließend sei noch einmal betont, daß die dem Außenseiter drohenden bzw. entstehenden Nachteile durch seine Nutznießung am Kampfergebnis offensichtlich kompensiert werden, so daß von einem wirtschaftlichen Druck zum Gewerkschaftsbeitritt nicht die Rede sein kann. Solange aber das Fernbleiberecht als Kern der negativen Koalitionsfreiheit nicht tangiert wird, ist die (ambivalente!) Außenwirkung gewerkschaftlicher Tätigkeit verfassungsrechtlich durchaus zulässig[54], zumal wenn sie wie hier im Hinblick auf die Koalitionsbestandsgarantie erforderlich ist.

III. Arbeitswillige Andersorganisierte

Außerhalb des Einwirkungsbereiches der kampfführenden Gewerkschaft befinden sich die Arbeitsverhältnisse der Andersorganisierten. Diese Arbeitnehmer haben andere Gewerkschaften mit der Wahrnehmung ihrer Interessen beauftragt, so daß ihnen gegenüber eine Handlungsbefugnis der kämpfenden Koalition definitiv nicht besteht. Bei den Andersorganisierten scheidet daher von vornherein die Zurechnung der für sie fremden Verbandstätigkeit aus, ohne daß es noch darauf ankäme, ob ihre Interessen durch die aktuelle Auseinandersetzung in irgendeiner Weise tatsächlich berührt werden, etwa der angestrebte Tarifvertrag für andere Branchen Signalwirkung oder gar Modellcharakter hat[55]. Denn faktische Interdependenzen innerhalb des kollektiven Regelungssystems vermögen allein jedenfalls nicht über die Zurechenbarkeit des Gewerkschaftshandelns auf individualrechtlicher Ebene zu entscheiden. Der Hinweis auf die tatsächliche Ausstrahlungskraft oder Breitenwirkung des Kampfergebnisses trägt keine Risikoverteilung, die sich normativ nicht begründen läßt.

Da man den Andersorganisierten die Kampfaktionen der unzuständigen Gewerkschaft nicht zurechnen kann, fehlt insoweit eine notwendige

---

[54] Treffend insoweit *Wiedemann*, RdA 1969, S. 321, 330: „die persönlichkeitsbezogene Freiheit, einer Vereinigung beitreten oder fernbleiben zu dürfen, reagiert empfindlicher gegen Eingriffe als die Abwehr von Außenbeziehungen einer Korporation."

[55] In dieser Richtung aber *Löwisch*, RdA 1967, S. 45, 46 m. Fußn. 15; *Hueck / Nipperdey* I, S. 354 m. Hinw. auf BAG AP Nr. 2 und 4 zu § 615 BGB Betriebsrisiko; neuerdings auch *Seiter*, Streikrecht, S. 313.

Voraussetzung für die Einschränkung der Betriebsrisikolehre. Gleiches gilt mutatis mutandis auch für die Nichtorganisierten außerhalb des Zuständigkeitsbereiches der kampfführenden Gewerkschaft.

Dieser über den personellen Rahmen der Zurechenbarkeit entscheidende Zuständigkeitsbereich ist praktisch relativ leicht bestimmbar, weil die deutschen Einheitsgewerkschaften mit Ausnahme nur der DAG nach dem sog. Industrieverbandsprinzip organisiert sind[56]. Oft wird also für die ganze Belegschaft eines Betriebes nur eine Gewerkschaft zuständig sein (Schlagwort: „ein Betrieb — eine Gewerkschaft“)[57], so daß die Entscheidung darüber, ob die Betriebsrisikolehre anwendbar ist oder nicht, einheitlich ausfallen kann.

IV. Der rechtswidrige Verbandsarbeitskampf

Eine andere Dimension des Zurechnungsproblems eröffnet sich im Hinblick auf den rechtswidrigen Arbeitskampf. Es fragt sich nämlich, ob den nach dem bisher Ausgeführten eigentlich „betroffenen“ Arbeitnehmern auch rechtswidriges Kampfgeschehen in risikobegründender Weise zurechenbar ist. Die schon gefühlsmäßig hiergegen bestehenden Bedenken finden ihre rechtliche Bestätigung, wenn man daran denkt, daß den Gewerkschaften eine Befugnis zur Interessenvertretung nur in dem von Satzung bzw. „Organisationsstatut“ vorgesehenen Umfang zukommt. Zu diesem Statut gehören auch die richterlichen Regeln des Arbeitskampfrechts, die den Aktionsrahmen bestimmen, innerhalb dessen die Verbände die Interessen der von ihnen repräsentierten Arbeitnehmer kampfweise wahrnehmen dürfen. Werden die Rahmenbedingungen mißachtet, liegt etwa kein tariflich regelbares Ziel vor[58], so führt dies zur Rechtswidrigkeit der ergriffenen Kampfmaßnahmen[59]. Damit ist gleichzeitig festgestellt, daß die streikführende Gewerkschaft ihre Kompetenz zur Interessenvertretung im Innenverhältnis überschritten hat, m. a. W. außerhalb ihrer nach dem Organisationsstatut bestehenden Zuständigkeit gehandelt hat. Wird aber die Gewerkschaft insoweit unbefugt tätig, so kann den arbeitswilligen Arbeitnehmern das Streikgeschehen im Betriebsrisikofall genausowenig zugerechnet werden wie der rechtswidrige Streikaufruf die Arbeitsverweigerung der Streikenden legalisiert[60]. Die Betriebsrisikolehre bleibt daher uneingeschränkt anwendbar[61].

---

[56] Vgl. *Söllner*, Arbeitsrecht, S. 62 f.; *Lieb*, Schwerpunkte, S. 106 f.

[57] Dazu *Wiedemann*, RdA 1975, S. 78, 79.

[58] Vgl. *Hueck / Nipperdey* II, 2, S. 1010 ff.; nunmehr eing. *Seiter*, Streikrecht, S. 482 ff.

[59] Im Hinblick auf die deliktische Haftung z. T. a. A. *Seiter*, Streikrecht, S. 469 ff., 567 f.

[60] Vgl. *Lieb*, Schwerpunkte, S. 122; *Seiter*, Streikrecht, S. 477.

Dafür, daß daraus keine übermäßige Belastung für die Arbeitgeberseite resultiert, können die vom Streik unmittelbar betroffenen Arbeitgeber selbst sorgen, indem sie gegen die rechtswidrigen Aktionen mit den ihnen zu Gebote stehenden Mitteln einschreiten. Nach noch h. L. ist gegenüber rechtswidrig Streikenden die lösende Abwehraussperrung zulässig[62]. Auch wenn man diese Aussperrungsmöglichkeit verneint, wofür einiges spricht[63], verbleibt den Arbeitgebern das gleichwirksame individualrechtliche Mittel der fristlosen Kündigung wegen Arbeitsvertragsbruchs[64]. Die Arbeitgeber können sogar noch früher reagieren und den rechtswidrigen Streik vielleicht dadurch ganz verhindern, daß sie gegen die streikwillige Gewerkschaft eine einstweilige Verfügung erwirken[65], worin dieser etwa verboten wird, die Urabstimmung durchzuführen oder zum Streik aufzurufen[66]. Die Einschaltung des Arbeitsgerichts zu dem Zweck einer vorläufigen Klärung der Rechtslage ist dem betroffenen Arbeitgeber insbesondere dann zu empfehlen, wenn die Rechtswidrigkeit des geplanten oder soeben begonnenen Streiks nicht offenkundig, sondern zweifelhaft ist, was nicht selten vorkommen wird[67]. Geht man in einem solchen Zweifelsfall etwa auch nach Ablehnung der einstweiligen Verfügung zunächst von der Rechtmäßigkeit des Arbeitskampfes aus, wird dann aber in der endgültigen Entscheidung oder in einem Schadensersatzprozeß die Rechtswidrigkeit des Streiks festgestellt, so hat der Arbeitgeber den mit Hinweis auf das Betriebsrisiko einbehaltenen Lohn an die betroffenen Arbeitnehmer nachzuzahlen[68].

Den ihm dadurch entstehenden Schaden kann er freilich von der verantwortlichen Gewerkschaft, soweit diese schuldhaft gehandelt hat, ersetzt verlangen[69]. Nicht anders liegt es, wenn trotz sofort erkannter Rechtswidrigkeit des Streiks und entsprechender Abwehrmaßnahmen

---

[61] Im Ergebnis ebenso *Lieb*, Schwerpunkte, S. 127; zumindest grundsätzlich auch *Seiter*, Streikrecht, S. 387.

[62] Vgl. BAG (GS) AP Nr. 43 zu Art. 9 GG Arbeitskampf, Bl. 10; *Hueck / Nipperdey* II, 2, S. 1034; *Richardi*, RdA 1971, S. 334, 343.

[63] Vgl. *Lieb*, Schwerpunkte, S. 126 f.; *Seiter*, Streikrecht, S. 373 ff.

[64] Vgl. BAG (GS) AP Nr. 43 zu Art. 9 GG Arbeitskampf, Bl. 10 R; *Seiter*, Streikrecht, S. 379 ff.; *Lieb*, Schwerpunkte, S. 126.

[65] Hierzu näher *Hueck / Nipperdey* II, 2, S. 1049 f.; *Heckelmann*, AuR 1970, S. 166 ff.; krit. *Zeuner*, RdA 1971, S. 1 ff.

[66] Vgl. die zahlreichen Rechtsprechungsnachweise bei *Heckelmann*, AuR 1970, S. 166, 168.

[67] Vgl. *Seiter*, Streikrecht, S. 383.

[68] Vgl. *Lieb*, Schwerpunkte, S. 127.

[69] Vgl. ausf. *Hueck / Nipperdey* II, 2, S. 1036 ff.; zu dem Problem, ob auch die an einem rechtswidrigen gewerkschaftlichen Streik beteiligten Arbeitnehmer haften, vgl. *Söllner*, Arbeitsrecht, S. 93; *Lieb*, Schwerpunkte, S. 122 ff.; *Seiter*, Streikrecht, S. 469 ff.

der Arbeitgeberseite kampfbedingte Arbeitshindernisse auftreten, so daß Lohnfortzahlung nach der Betriebsrisikolehre geleistet werden muß.

V. Der „wilde" Streik als Risikoursache

Als „wilden" Streik bezeichnet man die zumeist spontane, nicht gewerkschaftlich organisierte Arbeitsniederlegung einer Mehrzahl von Arbeitnehmern. Mit dem Attribut „wild" wird schon angedeutet, daß diese Form des Streiks schlechthin rechtswidrig sein soll[70]. Indessen ist die Rechtslage nicht so eindeutig, wie es verbal den Anschein hat[71]. Die Beurteilung hängt vor allem davon ab, welche Ziele mit der Arbeitseinstellung verfolgt werden.

Zweifellos rechtswidrig sind die Arbeitsniederlegungen nur dann, wenn sie die Verbesserung tariflich regelbarer bzw. geregelter Arbeitsbedingungen bezwecken und auch nicht im Anschluß an sog. Massenänderungskündigungen erfolgen[72]. Handelt es sich dagegen nicht um eine Regelungs-, sondern um eine Rechtsstreitigkeit, sind durchaus Situationen denkbar, in denen sich der „wilde" Streik als gebündelte Ausübung von Zurückbehaltungsrechten der einzelnen Arbeitnehmer darstellen kann[73]. Unter welchen Voraussetzungen im einzelnen die individualrechtlich begründete, aber kollektiv stattfindende Arbeitsverweigerung insoweit zulässig ist, kann hier dahinstehen, weil es auf die Frage der Rechtmäßigkeit oder Rechtswidrigkeit des „wilden" Streiks für die Risikoverteilung letztlich nicht ankommt.

Vielmehr fehlt von vornherein jener Zusammenhang mit dem koalitiven tariflichen Regelungsverfahren, der die Anwendung der Betriebsrisikolehre zur Vermeidung einer Überkompensation des Schutzbedürfnisses regelungsbetroffener Arbeitnehmer ausschließt. Dies gilt besonders im Hinblick auf den durch eine Rechtsstreitigkeit ausgelösten „wilden" Streik, nicht minder aber auch in bezug auf regelungsorientierte Arbeitsniederlegungen. Der „wilde" Streik wird nämlich im Gegensatz zum Gewerkschaftsstreik nicht von einer zur Wahrung und Förderung der Arbeitsbedingungen berufenen tariffähigen Koalition getragen, sondern von einer Arbeitnehmergruppe, die sich ohne organisatorische Grundlage aus einem konkreten Anlaß kurzfristig zusammenfindet. Dieser losen Gruppierung stehen naturgemäß keine koalitionsrechtlichen Befugnisse zu, insbesondere kann sie nicht als ad-hoc-Koali-

---

70 Vgl. nur *Hueck / Nipperdey* II, 2, S. 1005 ff.

71 Vgl. *Rüthers*, DB 1970, S. 2120 ff.; *Lieb*, Schwerpunkte, S. 129 ff.

72 Vgl. zum Problem der Massenänderungskündigung auf Arbeitnehmerseite eing. *Rüthers*, DB 1970, S. 2120, 2125 f.; *Lieb*, Schwerpunkte, S. 133 f.; *Seiter*, Streikrecht, S. 387 ff., 417 ff.

73 Vgl. *Rüthers*, JZ 1970, S. 625 ff.; *Söllner*, ZfA 1973, S. 1 ff. m. w. N.

tion mit quasigewerkschaftlichem Status anerkannt werden[74]. Sie ist folglich weder in der Lage noch dazu legitimiert, die Interessen am Kampf unbeteiligter Arbeitnehmer zu vertreten. Das Verhalten der „wild" Streikenden beschränkt sich demnach in seiner rechtlichen Bedeutung auf deren eigene Arbeitsverhältnisse[75] und kann den arbeitswilligen Kollegen auch nur desselben Betriebes keinesfalls zugerechnet werden[76], eben weil es sich nicht um eine Aktion des (tarif-)zuständigen Arbeitnehmerorgans handelt.

Kommt es also infolge eines „wilden" Streiks zu einer Betriebsstörung, so hat der Arbeitgeber den Lohn an die Arbeitswilligen fortzuzahlen ohne Rücksicht darauf, ob die störungsursächlichen Arbeitsniederlegungen ausnahmsweise einmal individualrechtlich zulässig sind[77].

Gegen die bislang überwiegend befürwortete Risikobelastung Arbeitswilliger mit den Folgen „wilder" Streiks spricht nicht zuletzt auch das rechtspolitische Bedenken, daß der Arbeitgeber in Anbetracht der ihm günstigen Risikolage geneigt sein könnte, von entschiedenen Maßnahmen gegenüber rechtswidrig Streikenden abzusehen, was wiederum die Bereitschaft, einen „wilden" Streik zu beginnen bzw. sich ihm anzuschließen fördern würde[78]. Dies birgt die Gefahr einer Erschütterung der gewerkschaftlichen Autorität, deren Erhaltung aber unabdingbare Voraussetzung für das Funktionieren der Tarifordnung ist. Ein Grund mehr also, Arbeitswillige nicht am Risiko des „wilden" Streiks zu beteiligen, sondern den Arbeitgeber auf seine Reaktionsmöglichkeiten gegenüber den allein Verantwortlichen zu verweisen.

VI. Zusammenfassung

Die vorstehenden Erörterungen haben ergeben, wo die Grenzen der risikoerheblichen individuellen Zurechenbarkeit kollektiver Kampfaktionen verlaufen.

Aufgrund ihrer Konstitution als Mitgliederverband ist die kampfführende Gewerkschaft zunächst befugt, die Interessen aller ihrer Mitglieder kampfweise zu vertreten. Die Einbeziehung arbeitswilliger Gewerkschaftsmitglieder in den kollektiven Selbsthilfeverband wirft daher kein Problem auf.

---

74 Vgl. *Rüthers*, DB 1970, S. 2120, 2127.

75 Vgl. *Richardi*, RdA 1971, S. 321, 342.

76 So aber BAG AP Nr. 3 zu § 615 BGB Betriebsrisiko m. zust. Anm. v. *A. Hueck*.

77 Im Ergebnis wie hier *Richardi*, RdA 1970, S. 65, 70; mit Bezug nur auf den rechtswidrigen „wilden" Streik ferner *Lieb*, Schwerpunkte, S. 127, Fußn. 19.

78 Vgl. dazu *Seiter*, Streikrecht, S. 385.

Die Gewerkschaft besitzt aber auch eine die einzelvertragliche Zurechnung erlaubende Handlungsbefugnis hinsichtlich der Außenseiter ihres Zuständigkeitsbereiches. Dies folgt zwar nicht aus der selbstbeanspruchten und tatsächlich ausgeübten Gesamtrepräsentationsfunktion der Verbände, wohl aber aus ihrer den Mitgliederkreis überschreitenden, verfassungsrechtlich anerkannten Ordnungsaufgabe. Ordnungsfunktion und Gesamtvertretungsbefugnis markieren die Stellung der Gewerkschaft als repräsentatives Berufsorgan, welches mit Wirkung für sämtliche Arbeitnehmer des jeweiligen Industriezweiges bzw. Berufsstandes handeln darf.

Damit steht fest, welcher Personenkreis von der koalitiven Interessenwahrnehmung in risikobegründender Weise betroffen werden kann: Es sind dies die Gewerkschaftsmitglieder sowie die übrigen Angehörigen des Wirtschaftszweiges, für den der kampfführende Verband tarifzuständig ist.

Keine Zurechnungsmöglichkeit besteht dagegen bei den Andersorganisierten und denjenigen Nichtorganisierten, die in die Zuständigkeit anderer Gewerkschaften fallen; diese Arbeitnehmer behalten daher den Schutz der Betriebsrisikolehre selbst dann, wenn der angestrebte Tarifvertrag Signalwirkung oder Modellcharakter für andere Branchen haben sollte. Bei der Zuständigkeitsabgrenzung hinsichtlich der Außenseiter ist im Zweifelsfall danach zu fragen, ob der abgelaufene Tarifvertrag, an dessen Stelle der umkämpfte treten soll, auf das nicht zwingend tarifunterworfene Arbeitsverhältnis zumindest tatsächlich erstreckt worden ist.

Die Relevanz der normativen Betrachtungsweise erwies sich insbesondere bei der Behandlung des rechtswidrigen Arbeitskampfes. Denn rechtswidrige Kampfaktionen der Gewerkschaft können den an sich „betroffenen" Arbeitnehmern nicht zugerechnet werden, weil das Kollektivorgan insoweit außerhalb seiner organisationsrechtlichen Befugnisse handelt. Die Betriebsrisikolehre bleibt daher auf Betriebsstörungen im Gefolge von rechtswidrigen Arbeitskämpfen voll anwendbar.

Gleiches gilt im Hinblick auf die Folgen sog. wilder Streiks. Hier fehlt von vornherein der für die Verdrängung des individuellen Risikoschutzes erforderliche Bezug zum tariflichen Regelungsverfahren, so daß es auf die zum Teil schwierige Beurteilung der Rechtmäßigkeit von spontanen Arbeitsniederlegungen gar nicht mehr ankommt.

C. Das Erfordernis konkreter Regelungsbetroffenheit

Ging es bisher darum festzustellen, für welche Arbeitnehmer und in welchem Umfang die jeweilige Gewerkschaft überhaupt zurechenbarerweise handeln darf, so muß im Anschluß daran geklärt werden, welche Arbeitsverhältnisse konkret regelungsbetroffen sind. Wollte man nämlich einfach sämtlichen Arbeitnehmern, die Mitglieder der kampfführenden Gewerkschaft sind oder als Außenseiter in deren Zuständigkeitsbereich fallen, den Schutz der Betriebsrisikolehre versagen, bliebe unberücksichtigt, daß der aktuelle Arbeitskampf keineswegs immer den Interessen all dieser Arbeitnehmer dient. Zuständigkeitsbereich und Regelungszone können sich zwar decken, müssen es aber nicht.

Betreibt z. B. der Bezirksverband der IG Metall in Nordwürttemberg/Nordbaden einen Streik, um seine regionalen Tarifziele durchzusetzen, so ist nicht ersichtlich, inwiefern die Metallarbeiter in Schleswig-Holstein, für die bereits ein neuer Tarifvertrag gilt, davon profitieren können. Nur dann aber, wenn der einzelne Arbeitnehmer am Kampfergebnis partizipiert, erfaßt das koalitive Regelungsverfahren auch sein Arbeitsverhältnis mit der Folge, daß er den Risikoschutz hinsichtlich der Kampffolgen einbüßt. Unanwendbar ist die Betriebsrisikolehre daher nur in der jeweiligen Regelungszone, die es nunmehr zu bestimmen gilt.

I. Die Arbeitsverhältnisse im räumlichen und fachlichen Geltungsbereich des umkämpften Tarifvertrages

Regelungsbetroffen sind zunächst alle diejenigen Arbeitsverhältnisse, auf die der umkämpfte Tarifvertrag unmittelbar rechtlich oder tatsächlich Anwendung finden wird, die also in dessen räumlichen und fachlichen Geltungsbereich fallen.

Daß dem Außenseiter im Gegensatz zum organisierten Arbeitnehmer zumindest in der Regel kein Rechtsanspruch auf die tariflichen Leistungen zusteht, vermag einen Unterschied hinsichtlich der Risikotragung nicht zu begründen. Denn die Beurteilung der „materiellen" Regelungsbetroffenheit hat sich an der Rechtswirklichkeit zu orientieren. In der Praxis aber kommt der Tarifvertrag organisierten wie nicht-organisierten Arbeitnehmern gleichermaßen zugute. Folglich sind deren Arbeitsverhältnisse, jedenfalls soweit sie im räumlichen und fachlichen Geltungsbereich des umkämpften Tarifvertrages liegen, in dem für die Risikobelastung maßgebenden Sinne tarifbetroffen.

II. Die Arbeitnehmer in fachlich gleichen Tarifgebieten außerhalb des Kampfbezirkes (Modellregelung)

Ob man die Unanwendbarkeit der Betriebsrisikolehre im Arbeitskampf starr auf diesen Bereich beschränken kann, erscheint freilich mit Blick auf ein bestimmtes Phänomen des tariflichen Einigungsverfahrens zweifelhaft. Als Beispiel mag die Tarifrunde des Jahres 1971 in der Metallindustrie dienen, in deren Verlauf der folgenreiche Arbeitskampf in Nordwürttemberg/Nordbaden stattfand.

1. Die beispielhaften Geschehnisse der Tarifrunde des Jahres 1971 in der Metallindustrie

„Aufgrund der konjunkturellen Lage und der stabilitätspolitischen Ermahnungen der Bundesregierung bemühte sich die Führung der IG Metall, bereits das Forderungsniveau niedrig zu halten. Nach ihren Vorstellungen sollten die einzelnen Bezirke mit einer Forderung von 10 Prozent in die Verhandlungen gehen. Mit geringfügigen Abweichungen konnte der Vorstand seine ‚Leitlinie' in fast allen Tarifkommissionen durchsetzen; die bezirklichen Forderungen lagen zwischen 9 und 11 Prozent. Allein die Tarifkommission der Klöcknerhütte Bremen stellte eine Forderung von 17 Prozent auf. Prompt reduzierte der Vorstand sie auf 11 Prozent (auf Grund der Richtlinien ist er dazu berechtigt, weil Forderungen der Tarifkommissionen nur den Charakter von Empfehlungen an den Vorstand haben)[79]."

Gleichzeitig mit der Verlautbarung der vom Gewerkschaftsvorstand am 30. August gebilligten Forderungen wurden sodann die laufenden Lohn- und Gehaltstarife von den zuständigen regionalen Stellen zum 30. September gekündigt. Eine Ausnahme machte lediglich Bayern, wo eine Kündigung erst zum 31. Oktober zulässig war[80]. Daraufhin erteilten alle regionalen Arbeitgeberverbände dem „Gesamtverband metallindustrieller Arbeitgeberverbände" (Gesamtmetall) Verhandlungsvollmacht nach § 2 II TVG. Die Arbeitgeber boten bundeseinheitlich eine Lohnerhöhung von 4,5 % an[81]. „Nachdem der Vorstand der IG Metall zentrale Verhandlungen abgelehnt hatte, bildete Gesamtmetall eine Kernkommission, die bei allen regionalen Verhandlungen auf der Arbeitgeberseite verhandelte[82]."

Gemäß dem Vorstandsbeschluß der IG Metall, nach dem die Tarifbewegung 1971 vom Bezirk Nordwürttemberg/Nordbaden angeführt werden sollte, begannen in Stuttgart am 7. Oktober die ersten Verhandlungen, die anderen Tarifgebiete folgten zwischen dem 13. und 27. Oktober. „Am 17. Oktober erklärte die Stuttgarter Tarifkommission die Verhandlungen für gescheitert[82]." Nachdem auch der anschließende Schlichtungsversuch gescheitert war, wurde am 22. November der Ar-

---

[79] *Bergmann / Jacobi / Müller-Jentsch,* S. 253.

[80] Vgl. LSG Baden-Württemberg, Urt. v. 27. 11. 1972 (AZ: L 5 a Ar 886/72), abgedr. bei *Schwerdtfeger,* Arbeitslosenversicherung und Arbeitskampf (1974), S. 123 ff., 124.

[81] Vgl. *Schwerdtfeger,* S. 38; *Radke,* RdA 1973, S. 14, 18 f.

[82] *Bergmann / Jacobi / Müller-Jentsch,* S. 254.

beitskampf mit ausgewählten Schwerpunktstreiks der Arbeitnehmer eröffnet. Schließlich waren etwa 280 000 zum Teil ausgesperrte Metallarbeiter an der Auseinandersetzung in Nordwürttemberg/Nordbaden beteiligt[83].

„Die Auswirkungen des Streiks in Nordwürttemberg/Nordbaden blieben nicht auf dieses Gebiet beschränkt. Weil beispielsweise die bestreikten Automobilwerke die Erzeugnisse ihrer außerhalb des Streikgebiets gelegenen Zweigbetriebe und Zulieferer nicht mehr abnehmen konnten, waren auch diese gezwungen, ihre Produktion einzuschränken oder einzustellen. Umgekehrt bekamen viele außerhalb des Tarifgebiets Nordwürttemberg/Nordbaden liegende Unternehmen, die auf Zulieferungen aus diesem Raum angewiesen sind, die Folgen des Ausbleibens dieser Zulieferungen zu spüren und mußten deswegen entsprechende Betriebseinschränkungen oder gar Stillegungen anordnen. So mußten u. a. die Automobilfabriken Opel, Ford, VW und BMW ihre Werke schließen und 212 Betriebe der Metallindustrie außerhalb Nordwürttembergs/Nordbadens für 199 261 Arbeitnehmer Kurzarbeit einführen[84].“

Obwohl auch in anderen Bezirken (Nordrhein-Westfalen, Hamburg, Berlin, Hessen) nach gescheiterten Schlichtungsverhandlungen die Friedenspflicht erloschen war, wartete man dort, auf Weisung der IG Metall-Führung, die weitere Entwicklung in Nordwürttemberg/Nordbaden ab. Am 10. Dezember einigten sich schließlich die Tarifkontrahenten des Kampfbezirks über einen neuen Tarifabschluß[85].

Danach wurden die in den übrigen Tarifgebieten „in der Schwebe gehaltenen“[86] Verhandlungen aufgrund übereinstimmender Empfehlungen der unmittelbar oder mittelbar beteiligten Verbände — einerseits der IG Metall an ihre bezirklichen Tarifkommissionen, andererseits von Gesamtmetall an seine Mitgliedsverbände — zwischen dem 10. und 21. Dezember zum Abschluß gebracht. „Die Empfehlungen gingen dahin, neue Tarifverträge ‚nach Maßgabe des Verhandlungsergebnisses für Nordwürttemberg/Nordbaden‘ abzuschließen[87].“

2. Rechtliche Konsequenzen

Die skizzierten Ereignisse des Jahres 1971 lassen deutlich werden, daß ein regional geführter Arbeitskampf durchaus im Dienste einer bundesweiten Tarifrunde stehen und der regionale Tarifabschluß

---

[83] Vgl. LSG Baden-Württemberg, a.a.O. (Fußn. 80), S. 124.

[84] LSG Baden-Württemberg, a.a.O. (Fußn. 80), S. 124 f.

[85] Vgl. *Bergmann / Jacobi / Müller-Jentsch,* S. 255 f.

[86] Vgl. *Bergmann / Jacobi / Müller-Jentsch,* S. 259.

[87] LSG Baden-Württemberg, a.a.O. (Fußn. 80), S. 125.

„Modellcharakter“[88] für alle übrigen Tarifbezirke des Industriezweiges haben kann. In einem solchen Fall wäre es unvertretbarer Formalismus zu argumentieren, es handele sich um verschiedene Regelungsprozesse, so daß die jeweils regional tarifbetroffenen Arbeitnehmer auch nur die Risikofolgen bezirkseigener Kampfmaßnahmen zu tragen hätten. Bei wertender Betrachtung der geschilderten Sachlage handelt es sich vielmehr um ein einheitliches Geschehen, bei dem die Arbeitnehmer aller beteiligten Tarifbezirke im Sinne des hier vertretenen Lösungskonzeptes regelungsbetroffen sind. Wenn nämlich der erkämpfte Tarifvertrag seinem Inhalt nach mit Gewißheit auch für die kampfunbeteiligten Arbeitnehmer der anderen Tarifbereiche Geltung erlangen wird, entspricht die Situation zwischen den verschiedenen Tarifgebieten der eines Schwerpunktstreiks innerhalb eines einzigen Tarifgebietes[89].

Wie berechtigt dieser Vergleich ist, unterstreicht die zentrale Tarif- und Arbeitskampfplanung der IG Metall im Beispielsfall. Daß der Vorstand in Anbetracht der „harten Linie“ von Gesamtmetall auf regionalen Verhandlungen beharrte, hatte wohl vor allem den kampfstrategischen Sinn, einen notwendig werdenden Streik begrenzt führen zu können[90]. So gesehen war der Arbeitskampf in Baden-Württemberg Bestandteil des verdeckt bundesweit geführten Auseinandersetzungsprozesses zwischen den Tarifpartnern.

Da in solchen Fällen auch die regelungsbetroffenen Arbeitnehmer in den fachlich gleichen Tarifgebieten außerhalb des umkämpften Bezirks das arbeitskampfbedingte Lohnrisiko zu tragen haben, muß möglichst exakt festgelegt werden, wann ein Tarifvertrag „Modellcharakter“ hat. Dies ist erst dann anzunehmen, wenn (1) in den anderen Tarifgebieten die Tarife ebenfalls gekündigt sind und (2) dort die gleichen Forderungen erhoben werden, so daß (3) der erkämpfte Tarifvertrag mit aller Wahrscheinlichkeit ohne weiteres in den übrigen Bezirken übernommen werden wird[91].

Die Frage, ob in anderen Tarifbezirken der Branche „gleiche“ Forderungen gestellt werden, darf man nicht „formal-quantitativ-numerisch“ entscheiden[92]. Vielmehr kommt es darauf an, ob wirtschaftlich betrachtet nach Art und Umfang gleiche Forderungen vorliegen. „Sind die für die verschiedenen Tarifgebiete gestellten Forderungen im Kern

---

88 Vgl. zum Begriff der Modellregelung *Löwisch*, RdA 1973, S. 22, 23 f. m. w. N.

89 Vgl. BSG BB 1976, S. 272, 273 = NJW 1976, S. 689, 692.

90 Vgl. dazu näher *Müller-Jentsch*, GMH 1972, S. 324, 329.

91 Vgl. ähnlich BSG BB 1976, S. 272, 273; *Säcker*, Gruppenparität, S. 83, der insoweit von „barometrischer Tarifführerschaft“ eines Bezirks für die übrigen Bezirke derselben Branche spricht.

92 Vgl. *Säcker*, Gruppenparität, S. 95.

identisch", wird etwa wie im authentischen Beispielsfall für alle Betriebe des Industriezweiges eine durchschnittliche Lohnerhöhung zwischen 9 und 11 Prozent verlangt, sei es mit oder ohne festen Sockelbetrag, „so entfällt bei wirtschaftlicher Betrachtungsweise die wesentliche Gleichheit der Forderungen nicht dadurch, daß für einzelne Tarifbereiche zusätzlich noch Nebenforderungen miterhoben werden"[93, 94].

Für die Risikoverteilung ist entscheidend, daß die Arbeitnehmer in mittelbar kampfbetroffenen Betrieben derselben Branche genauso wie die Arbeitnehmer des Tarifbezirks, wo der Industrietarif schwerpunktmäßig erkämpft wird, regelungsbetroffen sind, da sie am Kampfergebnis in wesentlich gleichem Umfang partizipieren. Soweit das der Fall ist, scheidet die Anwendung der Betriebsrisikolehre aus.

III. Der Sachzusammenhang mit § 116 III AFG und der Neutralitäts-Anordnung der Bundesanstalt für Arbeit vom 22. 3. 1973

Die hier gefundene Lösung findet ihre Entsprechung in § 116 III 1 AFG und der dazu ergangenen sog. Neutralitäts-Anordnung der Bundesanstalt für Arbeit vom 2. 3. 1973[95], nach der die Arbeitslosen- bzw. Kurzarbeitergeldansprüche mittelbar kampfbetroffener Arbeitnehmer zu beurteilen sind. Es handelt sich dabei um die sozialversicherungsrechtliche Fortsetzung der arbeitsrechtlichen Betriebsrisikoproblematik unter dem Gesichtspunkt der staatlichen Neutralität im Arbeitskampf.

Nach § 116 III 1 AFG gilt zunächst folgendes:

„Ist der Arbeitnehmer durch einen inländischen Arbeitskampf, an dem er nicht beteiligt ist, arbeitslos geworden, so ruht der Anspruch auf Arbeitslosengeld bis zur Beendigung des Arbeitskampfes, wenn

1. der Arbeitskampf auf eine Änderung der Arbeitsbedingungen in dem Betrieb, in dem der Arbeitnehmer zuletzt beschäftigt war, abzielt oder
2. die Gewährung des Arbeitslosengeldes den Arbeitskampf beeinflussen würde[96]."

---

[93] *Säcker*, Gruppenparität, S. 96.

[94] Vgl. zur Modellsituation beim Metallarbeitskampf 1971 einerseits *Löwisch*, RdA 1972, S. 73, 76; ders., RdA 1973, S. 22, 24; andererseits *Radke*, RdA 1973, S. 14, 17 f.

[95] Abgedruckt in RdA 1973, S. 168; ferner bei *Säcker*, Gruppenparität, S. 20 f.; *Schwerdtfeger*, S. 118 f.

[96] Vgl. zum Streit um die Auslegung dieser Vorschrift, insb. der Nr. 2, vor Erlaß der Neutralitäts-Anordnung einerseits *Löwisch*, RdA 1972, S. 73 ff.; ders., RdA 1973, S. 22 ff.; andererseits *Weber*, RdA 1972, S. 80 ff.; *Muhr*, RdA 1973, S. 9 ff.; *Radke*, RdA 1973, S. 14 ff.; *Jülicher*, DB 1973, S. 720 (I), 722 ff., 770 ff. (II).

Die Anwendungsfälle des § 116 III 1 AFG sind in der bereits erwähnten Neutralitäts-Anordnung des Verwaltungsrats der Bundesanstalt, mit der dieser von seiner Ermächtigung nach § 116 III 2 AFG Gebrauch gemacht hat, näher beschrieben worden. Die Anordnung hat die Rechtsqualität einer autonomen Satzung (vgl. §§ 191 III und IV AFG), d. h. sie wirkt sowohl nach außen gegenüber Dritten als auch nach innen gegenüber der Verwaltung[97]. Als lex specialis zu § 116 III 1 Nr. 1 und 2 AFG bestimmt sie fortan die praktische Rechtsanwendung[98].

Gemäß den §§ 2 und 3 der Anordnung, welche die Nr. 1 des § 116 III 1 AFG konkretisieren, haben diejenigen Arbeitnehmer keinen Anspruch auf Versicherungsleistungen, für die der umkämpfte Tarifvertrag rechtlich gelten oder tatsächlich maßgebend sein würde. § 3 besagt wortwörtlich:

„Der Anspruch des nichtbeteiligten Arbeitnehmers (§ 1) auf Arbeitslosengeld ruht nach § 116 III 1 Nr. 1 AFG, wenn der Arbeitnehmer seine Beschäftigung in einem Betrieb verloren hat, weil in einem anderen Betrieb ein Arbeitskampf geführt wird, sofern

1. der Betrieb, in dem der Arbeitslose zuletzt beschäftigt war, unter den räumlichen und fachlichen Geltungsbereich des umkämpften Tarifvertrages fällt und
2. dieser Arbeitskampf um Arbeitsbedingungen geführt wird, die für den arbeitslosen nichtbeteiligten Arbeitnehmer zuletzt gegolten haben oder auf ihn angewendet worden sind oder bei Arbeitsaufnahme für ihn gelten oder auf ihn angewendet würden."

Das Ruhen der sozialversicherungsrechtlichen Lohnersatzansprüche im fachlichen und räumlichen Geltungsbereich des umkämpften Tarifvertrages darf man ebenso wie die Nichtanwendbarkeit der Betriebsrisikolehre in diesem primären Regelungsbereich als den Grundsatz bezeichnen[99]. Unter besonderen Umständen verlieren aber auch Arbeitnehmer in Betrieben außerhalb dieses Bereiches den Anspruch auf die Versicherungsleistungen. § 4 der Neutralitäts-Anordnung bestimmt dazu:

„Der Anspruch des nichtbeteiligten Arbeitnehmers (§ 1) auf Arbeitslosengeld ruht nach § 116 III 1 Nr. 1 und 2 AFG, wenn der Arbeitnehmer seine Beschäftigung in einem Betrieb verloren hat, weil in einem anderen Betrieb ein Arbeitskampf geführt wird, sofern

---

[97] Vgl. *Schwerdtfeger*, S. 43; *Säcker*, Gruppenparität, S. 91.

[98] Vgl. *Schwerdtfeger*, S. 94.

[99] Vgl. in diesem Sinne auch BSG BB 1976, S. 272, 273; *Jülicher*, DB 1973, S. 720, 723; *Weber*, RdA 1972, S. 80, 83; *Weber / Paul*, AFG, § 116 Anm. 8; *Möller-Lücking*, AuR 1973, S. 295, 299 f.

1. dieser Arbeitskampf auf die Änderung von Arbeitsbedingungen eines Tarifvertrages gerichtet ist und der Betrieb, in dem der Arbeitslose zuletzt beschäftigt war, zwar nicht dem räumlichen, aber dem fachlichen Geltungsbereich des in Frage kommenden Tarifvertrages zuzuordnen ist und

2. die Gewerkschaften für den Tarifvertragsbereich des arbeitslosen nichtbeteiligten Arbeitnehmers nach Art und Umfang gleiche Forderungen wie für die am Arbeitskampf beteiligten Arbeitnehmer erhoben haben und mit dem Arbeitskampf nach Art und Umfang gleiche Arbeitsbedingungen durchgesetzt werden sollen[100]."

Es geht insoweit leicht erkennbar um die schon bei der Lohnrisikoverteilung berücksichtigte Modellsituation, in der der regionale Tarifvertrag Modellcharakter und der um ihn geführte Arbeitskampf Schwerpunktcharakter im Hinblick auf die brancheneinheitliche Regelung besitzen. Insgesamt ist daher eine bemerkenswerte Übereinstimmung zwischen den Tatbeständen der Versagung des arbeitsrechtlichen Risikoschutzes und des Ruhens der Ansprüche aus der Arbeitslosenversicherung zu konstatieren.

Dies ist natürlich kein Zufall, sondern Ausdruck innerer Sachgesetzlichkeit. § 116 AFG ist Bestandteil einer partitätsgewährleistenden Organisationsgesetzgebung, mit der der sozialstaatliche Gesetzgeber seiner Pflicht zur Neutralität gegenüber den Koalitionen und deren Autonomiebereich Rechnung trägt[101]. Die Neutralität des Staates muß sich an der Parität der sozialen Gegenspieler orientieren. Sie verlangt Zurückhaltung, wenn und solange das „kommunikative Konsensverfahren" funktioniert; ist dies jedoch nicht mehr der Fall, bedarf es einer positiven oder fördernden Haltung des Staates, damit im Wege entsprechender Organisationsgesetzgebung die gestörte Gleichberechtigung (wieder)hergestellt wird oder die verfahrenstechnischen Voraussetzungen für einen wirklichen Interessenausgleich geschaffen werden[102].

Soweit die realen Ausübungsbedingungen für Gruppenautonomie im Arbeitsrecht erfüllt sind und die Koalitionen selbstregelnd tätig werden, „ist ein interventionistischer, inhaltsrechtlicher Abbau privater Übermacht durch staatliche Mikrosteuerung mit Art. 9 III GG unvereinbar. Daraus ziehen die §§ 25 KSchG und 116 AFG die Konsequenzen, indem sie den allein dem Arbeitnehmer individualrechtlich gewährten Schutz für die Zeit des Arbeitskampfes suspendieren. Dies ist die verfassungs-

---

100 Vgl. dazu ausf. *Säcker*, Gruppenparität, S. 91 ff.; *Schwerdtfeger*, S. 94 ff.; ferner neuestens *Musa*, AuR 1976, S. 161, 167.

101 Vgl. *Säcker*, Gruppenparität, S. 112 ff.

102 Vgl. *Scholz*, Koalitionsfreiheit, S. 353.

teleologisch gebotene Konsequenz aus der In-Gang-Setzung des koalitionsmäßigen Einigungsverfahrens. Da dieses durch den zur Neutralität verpflichteten Sozialstaat in Form einer allgemeinen Rahmenordnung paritätisch organisiert ist, muß die staatliche Mikrosteuerung weichen, damit nicht ein Übergewicht zugunsten der durch diese inhaltsrechtliche Intervention begünstigten Seite eintritt und damit das koalitionsrechtliche Einigungsverfahren infolge Überparität nunmehr der Arbeitnehmerseite seinen freiheitlichen Charakter verliert[103]."

Eben dieser Zusammenhang macht ja auch die Einschränkung der Betriebsrisikolehre im Hinblick auf das arbeitskampfbedingte Lohnrisiko notwendig. Wie bereits dargestellt, würde die Risikobefreiung der regelungsbetroffenen Arbeitnehmer deren individuelle Unterlegenheit überkompensieren, was auf kollektiver Ebene eine systemwidrige Überlegenheit der Gewerkschaften zur Folge hätte[104].

Betriebsrisikolehre und § 116 AFG stehen demnach vor ein- und demselben sachlichen Problem, nämlich zu bestimmen, wie weit die Regelungszone der jeweiligen koalitiven Auseinandersetzung reicht. In dieser Regelungszone — und nur in dieser — büßen die Arbeitnehmer den individuellen arbeits- und sozialversicherungsrechtlichen Risikoschutz bezüglich der Kampffolgen ein. Anders ausgedrückt: Der Bereich, in dem die Betriebsrisikolehre nicht zur Anwendung gelangt, deckt sich mit dem Bereich, für den § 116 III AFG und die Neutralitäts-Anordnung das Ruhen der Arbeitslosen- bzw. Kurzarbeitergeldansprüche vorsehen[105].

Es kann insofern keine Rede davon sein, daß der Gesetzgeber mit § 116 III AFG die herrschende Fassung der Betriebsrisikolehre bestätigt habe[106]. Wenn man die Regelung des AFG als Argumentationshilfe bei der Verteilung des arbeitskampfbedingten Lohnrisikos heranzieht, dann bestätigt sie — wie soeben gezeigt — gerade das Gegenteil.

Konkret wird gesagt[107], § 116 III AFG setze voraus, daß diejenigen Arbeitnehmer, die infolge eines Arbeitskampfes nicht beschäftigt werden können und auf deren Arbeitsverhältnisse der Arbeitskampf auch keinen Einfluß hat, ihren Lohn- bzw. Gehaltsanspruch verlieren; andernfalls wäre es nämlich sinnlos, diesen Arbeitnehmern einen An-

---

103 *Säcker*, Gruppenparität, S. 116.

104 Vgl. oben 5. Teil, A.

105 Im Ergebnis ebenso *Gerke*, ABA 1973, S. 380, der jedoch in methodisch wie dogmatisch ungenauer Weise einseitig auf die gruppenparitätisch orientierte Neutralitätspflicht des Staates abstellt und dabei den individualarbeitsrechtlichen Lösungsaspekt weitgehend unberücksichtigt läßt.

106 In dieser Richtung aber *Schwerdtfeger*, S. 54; *Hanau / Adomeit*, S. 179; *Hoffknecht*, Die leitenden Angestellten im Koalitions- und Arbeitskampfrecht (1975), S. 117.

107 Vgl. *Hoffknecht*, S. 117.

spruch auf Arbeitslosengeld zu geben, so daß die Regelung des § 116 AFG bei anderer Lohnrisikoverteilung ins Leere stoße.

Dies erscheint freilich schon im Ansatz unzutreffend, weil § 116 III AFG nur regelt, wer *keinen* Anspruch auf Arbeitslosengeld besitzt. Daraus kann man nicht einfach e contrario den Schluß ziehen, daß alle übrigen mittelbar betroffenen Arbeitnehmer Arbeitslosengeld beziehen, weil ihnen kein Lohnanspruch zusteht. Vielmehr ist die Frage, ob die Arbeitnehmer in kampfbetroffenen Drittbetrieben Lohnfortzahlung beanspruchen können, die Frage also nach der Reichweite der Betriebsrisikolehre, der Frage, ob ein Anspruch auf Arbeitslosengeld besteht, logisch vorgelagert[108]. Schon deswegen kann man dem Gesetzgeber nicht unterstellen, er habe mit § 116 III AFG die bisherige Lohnrisikoverteilung ihrer Umstrittenheit zum Trotz indirekt sanktionieren wollen.

Es mag sodann dahinstehen, ob für § 116 II und III AFG nach der arbeitskampfrechtlichen Entwicklung vom Kündigungs- zum Suspensivarbeitskampf überhaupt noch ein breites „unmittelbares Anwendungsfeld" gegeben ist. Auch wenn man dies mangels Arbeitslosigkeit der streikenden bzw. ausgesperrten oder mittelbar kampfbetroffenen Arbeitnehmer verneint[109], bleibt die Regelung des AFG durchaus von Bedeutung.

Zum einen gilt nach § 70 AFG die Vorschrift des § 116 III AFG entsprechend für die Gewährung von Kurzarbeitergeld. Das ist deswegen sehr bedeutsam, weil kampfbetroffene Drittbetriebe Arbeitsengpässe häufig mit der Einführung von Kurzarbeit aufzufangen vermögen, wobei die Lohneinbuße der betroffenen Arbeitnehmer durch das Kurzarbeitergeld ausgeglichen werden kann.

Zum anderen greift § 116 III AFG unmittelbar ein, wenn kampfunbeteiligten Arbeitnehmern infolge der Auswirkungen des Arbeitskampfes gekündigt wird und damit das versicherungspflichtige Beschäftigungsverhältnis endet, also Arbeitslosigkeit eintritt[110]. Soweit es sich dabei um Arbeitnehmer handelt, die einem der Tatbestände der Neutralitäts-Anordnung unterfallen, ruht der Anspruch auf Arbeitslosengeld bis zur Beendigung des Arbeitskampfes. Dieser Personenkreis kann aber gegebenenfalls Sozialhilfe beanspruchen, die freilich nur für das sozialstaatlich garantierte Existenzminimum sorgt. Handelt es sich dagegen bei den entlassenen Arbeitnehmern um solche, denen gegen-

---

108 Vgl. *Säcker*, Gruppenparität, S. 85.

109 So insb. *Säcker*, Gruppenparität, S. 56 ff. m. w. N.; a. A. *Schwerdtfeger*, S. 31, Fußn. 85.

110 Vgl. *Weber / Paul*, AFG, § 116 Anm. 6; *Säcker*, Gruppenparität, S. 70 f.; *Gerke*, ABA 1973, S. 380.

über der Arbeitgeber bis zur Beendigung des Arbeitsverhältnisses nach der neugefaßten Betriebsrisikolehre zur Lohnfortzahlung verpflichtet war, dann steht § 116 III AFG i. V. m. der Neutralitäts-Anordnung der Zahlung von Arbeitslosengeld nicht entgegen. An die Stelle des vorher gegebenen Lohnanspruchs tritt der sozialversicherungsrechtliche Lohnersatzanspruch.

Zusammenfassend ist festzustellen: Die entgegen der h. L. weitgehend anzuerkennende Pflicht der Arbeitgeber zur Lohnfortzahlung auch bei arbeitskampfbedingten Betriebsstörungen bedeutet keineswegs, daß die Regelung des § 116 III AFG obsolet wird. Mit Rücksicht darauf kann man also nicht für die Beibehaltung des derzeitigen Rechtszustandes plädieren. Im Gegenteil unterstützen § 116 III AFG und die Neutralitäts-Anordnung die hier begründete Neuverteilung des kampfbedingten Lohnrisikos, da sich für Arbeits- und Sozialversicherungsrecht insoweit dasselbe materielle Problem stellt, nämlich den Kreis der vom koalitiven Regelungsverfahren betroffenen Arbeitnehmer zu bestimmen, denen individueller Risikoschutz bezüglich regelungsbedingter Risiken versagt werden muß.

IV. Ergebnis

Nur solche Arbeitnehmer, deren Interessen die kampfführende Gewerkschaft vertreten darf und deren Arbeitsverhältnisse konkret regelungsbetroffen sind, tragen das arbeitskampfbedingte Lohnrisiko. Keine Lohnfortzahlung beanspruchen können daher regelmäßig die Arbeitnehmer im räumlichen und fachlichen Geltungsbereich des umkämpften Tarifvertrages.

Darüber hinaus verlieren die Arbeitnehmer in fachgleichen Tarifbezirken den Schutz der Betriebsrisikolehre, wenn der umkämpfte Tarifvertrag eine Modellregelung statuiert.

Dies setzt voraus, daß

(1) die Tarife in den anderen Tarifgebieten ebenfalls gekündigt sind,

(2) dort bei wirtschaftlicher, nicht formal-numerischer Betrachtungsweise im wesentlichen die gleichen Forderungen erhoben werden und

(3) die umkämpfte Regelung deshalb mit großer Wahrscheinlichkeit übernommen werden wird[111].

---

[111] Wichtige Anhaltspunkte für eine Modellsituation sind ferner
— „die Zusammensetzung der Tarifkommissionen (Sicherung der Einheitlichkeit durch personelle Verklammerung),
— augenfällig überörtliche Steuerung des Arbeitskampfes auch in propagandistischer und publizistischer Hinsicht,
— die Verhältnisse und Erfahrungen in der Vergangenheit.“ Vgl. *Weber / Paul*, AFG, § 116 Anm. 8.

Handelt es sich um die bundesweite Tarifrunde eines Wirtschaftszweiges, dann können sich also Zuständigkeitsbereich der Gewerkschaft und Regelungszone decken, so daß der in personeller Hinsicht bestehende Zurechnungsrahmen ganz ausgefüllt würde[112].

Nicht regelungsbetroffene Arbeitnehmer, d. h. in jedem Fall solche, für die andere Gewerkschaften als die kampfführende zuständig sind, behalten dagegen ihren Lohnanspruch auch bei arbeitskampfbedingten Betriebsstörungen, da ihnen der „fremde" Arbeitskampf ebensowenig wie ein Naturereignis als Risikoursache zugerechnet werden kann.

D. Das arbeitskampfbedingte Wirtschaftsrisiko

War bisher schon einheitlich vom arbeitskampfbedingten Lohnrisiko die Rede, so ist damit vorweggenommen worden, daß der Unterscheidung von Betriebs- und Wirtschaftsrisiko insofern keine Bedeutung zukommt. Das bedarf noch einer kurzen Erläuterung.

Wie verschiedentlich richtig festgestellt wird, ist es dem Zufall überlassen, ob ein Unternehmen als Abnehmer (Betriebsrisiko) oder als Zulieferer (Wirtschaftsrisiko) der Kampfbetriebe betroffen wird[113]. In dem einen wie anderen Fall ist die Arbeitseinstellung kampfbedingt. Auch die wirtschaftlichen Folgen mögen die gleichen sein. So wird einerseits das kampfunbeteiligte Zulieferunternehmen meist schon aufgrund vertraglicher Regelung weder Abnahme der bestellten Ware noch Schadensersatz verlangen können, ebensowenig wird andererseits jemals eine Schadensersatzpflicht des kampfbeteiligten Lieferanten gegenüber dem mittelbar betroffenen Kunden bestehen[114]. Allein diese Gleichheit von Ursache und Folgeschäden rechtfertigt noch nicht die Gleichbe-

---

112 Vgl. oben 5. Teil, B.

113 Vgl. *Brox / Rüthers*, Arbeitskampfrecht, S. 268; *Löwisch*, RdA 1967, S. 45, 50.

114 Vgl. zum Problemkreis Arbeitskampf und Vertragserfüllung zuletzt umfassend *Löwisch*, AcP 174 (1974), S. 202 ff., dessen freilich nicht unbestrittene Kernthese lautet (S. 262): „Der Unternehmer, der einen Vertrag nicht oder nicht rechtzeitig erfüllt, weil er in einer Auseinandersetzung über die Arbeitsbedingungen eine Aussperrung vorgenommen oder in einem Streik nicht nachgegeben hat, begeht grundsätzlich keine Vertragsverletzung. Die Erfüllung der Sozialpartnerfunktion hat im Konfliktsfall Vorrang vor der Vertragserfüllungspflicht." Auf die schwierigen Haftungsprobleme, insb. auf die Frage, ob der mittelbar betroffene Arbeitgeber von seinem kampfbeteiligten Vertragspartner die Kosten der Lohnfortzahlung als Folgeschaden ersetzt verlangen kann, kann hier nicht weiter eingegangen werden. In der Praxis sind übrigens derartige Streitfälle wegen der verbreiteten Freizeichnungsklauseln und nicht zuletzt wegen der „Solidarität der Unternehmer untereinander" außerordentlich selten. Vgl. *Löwisch*, AcP 174 (1974), S. 223 ff. mit Fußn. 73, S. 252 f.; zum ganzen ferner *Mühlen*, Die Schädigung von Drittbetrieben im Arbeitskampf (Diss. 1967), S. 2 ff.

handlung des arbeitskampfbedingten Betriebs- und Wirtschaftsrisikos im Arbeitsvertragsrecht[115].

Wesentlich ist vielmehr, daß die grundsätzliche Belastung des Arbeitgebers mit Betriebs- und Wirtschaftsrisiko auf dem Arbeitnehmerschutzprinzip beruht[116]. Folglich kann die Entscheidung darüber, inwieweit diese Risiken ausnahmsweise den Arbeitnehmern aufzuerlegen sind, nur einheitlich erfolgen. Die regelungsbetroffenen Arbeitnehmer, deren individueller Risikoschutz hinsichtlich der Kampffolgen suspendiert ist, müssen daher nicht nur bei betriebstechnischen Störungen auf ihren Lohn verzichten, sondern auch dann, wenn die Weiterarbeit wirtschaftlich unsinnig ist. Sie tragen kurzum das arbeitskampfbedingte Lohnrisiko.

E. Folgeaspekte

I. Lohnzahlungspflicht und Sympathieaussperrung

Soweit die Betriebsrisikolehre auf arbeitskampfbedingte Störungen anwendbar bleibt, muß sichergestellt sein, daß sich die Arbeitgeber von ihrer danach bestehenden Lohnzahlungspflicht nicht im Wege der Sympathieaussperrung befreien können. Ohne die Problematik des Sympathiearbeitskampfes vertiefen zu wollen[117], sollte doch soviel feststehen, daß unterstützende Kampfmaßnahmen nur aus vorgeblicher Solidarität mit den Parteien des Hauptarbeitskampfes nicht erlaubt sind[118]. Andernfalls stünde es im Belieben drittbetroffener Unternehmer auszusperren und damit die Risikoverteilung in ihrem Sinne zu korrigieren.

Freilich muß es den Arbeitgebern möglich sein, „den kraft Sachzusammenhanges richtigen Arbeitskampfrahmen herzustellen", insbesondere wenn der Gegner den Streik in taktischer Engführung betreibt[119]. Genauer gesagt: Der Arbeitskampf darf auf den ganzen Regelungsbereich erstreckt werden. Demnach könnten etwa bei Vorliegen einer Modellsituation Arbeitgeber und Arbeitnehmer in Nachbartarifbezirken (Sympathie-)Kampfmaßnahmen[120] ergreifen, um auf die Modell-

---

115 So aber *Brox / Rüthers*, Arbeitskampfrecht, S. 268 f.; *Löwisch*, RdA 1967, S. 45, 50; *Ehmann*, DB 1973, S. 1994, 1999.

116 Vgl. oben 3. Teil, C.

117 Vgl. dazu nur *Seiter*, Streikrecht, S. 502 ff.; *Hoffknecht*, S. 91 ff.; beide m. w. N.

118 Vgl. *Rüthers*, BB 1964, S. 312, 313; *Söllner*, Arbeitsrecht, S. 90; einschränkend auch *Seiter*, Streikrecht, S. 537.

119 Vgl. *Wiedemann*, RdA 1969, S. 321, 333; ferner *Lieb*, Schwerpunkte, S. 124 f.

120 Vgl. zu der Frage, ob dies noch Sympathiekampf oder schon Hauptkampf ist, *Seiter*, Streikrecht, S. 503.

regelung, die sie ja auch betrifft, Einfluß zu nehmen. Hier schließt sich der Kreis: „Der sachlich faire Arbeitskampf hat die gleiche Grenze wie die individualrechtliche Betriebsrisikolehre“[121]; nur regelungsbetroffene Arbeitnehmer haben zu befürchten, mittels Aussperrung in den Kampf einbezogen zu werden.

II. Einführung von Kurzarbeit in kampfbetroffenen Drittbetrieben

Es soll nicht verkannt werden, daß die Lohnfortzahlungspflicht nach der Betriebsrisikolehre für kampfbetroffene Drittbetriebe eine gewisse Mehrbelastung mit sich bringt, die den ohnehin eintretenden Schaden (Ertragseinbußen durch Produktionsausfall oder mangelnden Absatz) vergrößert. Als Regulativ besitzt der Arbeitgeber freilich einmal das Mittel der ordentlichen Kündigung und zum anderen das wesentlich flexiblere Mittel der Kurzarbeit, von dem in der Praxis üblicherweise Gebrauch gemacht wird. Denn in den seltensten Fällen werden mittelbar vom Arbeitskampf betroffene Betriebe von heute auf morgen zur Arbeitseinstellung gezwungen. Vielmehr können die Auswirkungen kurzer Arbeitskämpfe regelmäßig schon durch geeignete Lagerhaltung bzw. auf-Lager-Produktion kompensiert werden. Sobald sich im Einzelfall vor allem bei länger andauernden Konflikten Engpässe in der Rohstoffversorgung oder auf dem Absatzsektor abzeichnen, erscheint die Einführung von Kurzarbeit für einzelne Betriebsabteilungen oder auch für den ganzen Betrieb zweckmäßig. Kurzarbeit kann dabei bedeuten eine Verkürzung der täglichen Arbeitszeit, den Ausfall ganzer Arbeitstage, einzeln oder nacheinander, bis hin zur vorübergehenden Betriebsschließung[122].

Da der Arbeitgeber Kurzarbeit mit der Folge entsprechender Lohnkürzung nicht einseitig kraft seines Direktionsrechts anordnen kann, braucht er dazu eine besondere Ermächtigung[123]. Diese ergibt sich vielfach aus einer individual- oder kollektivrechtlich (Tarifvertrag, Betriebsvereinbarung) vereinbarten Kurzarbeitsklausel[124], in der die näheren Voraussetzungen für die Einführung von Kurzarbeit festgelegt sind[125]. Möglich sind auch sog. ad-hoc-Vereinbarungen[126]. In jedem Fall

---

[121] *Wiedemann,* RdA 1969, S. 321, 333.

[122] Vgl. *Rumpff / Dröge,* Kurzarbeit (1975), S. 33 f.; *Simitis / Weiss,* DB 1973, S. 1240, 1244; zu der bevorzugten „Kurzarbeit auf Null“ bei kampfbedingten Betriebsstörungen auch *Gerke,* ABA 1973, S. 380, 382.

[123] Vgl. nur *Lieb,* Schwerpunkte, S. 65.

[124] Vgl. zu deren Zulässigkeit eing. *v. Stebut,* RdA 1974, S. 332, 335 ff.; krit. im Hinblick auf eine entsprechende Betriebsvereinbarung *Lieb,* Schwerpunkte, S. 66 f.

[125] Oft begnügt man sich freilich auch mit generalklauselartigen Umschreibungen. Vgl. die Beispiele aus der Tarifpraxis bei *Simitis / Weiss,* DB 1973, S. 1240, 1251.

[126] Vgl. *Rumpff / Dröge,* S. 50.

aber bedarf die konkrete Anordnung der Kurzarbeit zu ihrer Wirksamkeit der Zustimmung des Betriebsrats gem. § 87 I Nr. 3 BetrVG[127].

Insoweit ist mit dem Einwand zu rechnen, der Betriebsrat werde dem Arbeitgeber kaum die Einführung von Kurzarbeit gestatten, damit dieser die Lohnzahlung reduzieren und so einen Teil seines arbeitskampfbedingten Betriebs- und Wirtschaftsrisikos auf die Arbeitnehmer abwälzen könne.

Diese Konfliktlage besteht jedoch generell[128]. Der Betriebsrat kann auch bei der Einführung von Kurzarbeit im Gefolge von Arbeitskämpfen keine „strategische“ Sperrfunktion ausüben, weil er die Interessen der Belegschaft zu vertreten hat. Er wird deshalb zustimmen, wenn durch die Kurzarbeit Kündigungen vermieden und Arbeitsplätze gesichert werden können. Der Arbeitgeber muß den Betriebsrat daher zu überzeugen versuchen, daß die geplante Kurzarbeit auch im unmittelbaren Interesse der Arbeitnehmer liegt. Das wird ihm insbesondere dann gelingen, wenn die betroffenen Arbeitnehmer Kurzarbeitergeld aus der Arbeitslosenversicherung (§§ 63 ff. AFG) beziehen können. § 116 III AFG und die Neutralitäts-Anordnung i. V. m. § 70 AFG stehen dem, wie bereits erwähnt, nicht entgegen[129].

Insofern wird man noch einen Schritt weitergehen und annehmen müssen, daß in den Fällen, in denen die Voraussetzungen des AFG für die Gewährung von Kurzarbeitergeld vorliegen, die Ablehnung der Kurzarbeit durch den Betriebsrat in der Regel rechtsmißbräuchlich ist. Denn die Möglichkeit der arbeitsförderungsrechtlichen Leistungsgewährung indiziert die Zweckmäßigkeit der Kurzarbeit, womit der Ermessensspielraum des Betriebsrats zumindest stark eingeengt, wenn nicht „auf Null“ reduziert wird.

Der Arbeitgeber hat ferner dann einen „Anspruch“ auf Zustimmung des Betriebsrats zur Einführung von Kurzarbeit, wenn er sich auf eine detaillierte tarifliche Kurzarbeitsklausel berufen kann. Sind deren Voraussetzungen nachweislich erfüllt, so muß der Betriebsrat zustimmen, will er nicht gegen höherrangiges Recht verstoßen. Ähnliches gilt, wenn die näheren Voraussetzungen für die Anordnung von Kurzarbeit in einer Betriebsvereinbarung festgelegt worden sind. Daran ist der Betriebsrat natürlich bei seiner konkreten Entscheidung gebunden[130].

---

127 Vgl. *Simitis / Weiss*, DB 1973, S. 1240, 1249; *v. Stebut*, RdA 1974, S. 332, 337.

128 Vgl. *v. Stebut*, RdA 1974, S. 332, 336.

129 Vgl. oben 5. Teil, C. III.

130 Zu der weiteren Frage, ob der Arbeitgeber bei Fehlen einer Kurzarbeitsklausel ein Initiativrecht zum Abschluß einer diesbezüglichen Betriebsvereinbarung oder auch einer sog. ad-hoc-Vereinbarung besitzt, vgl. einerseits GK-*Wiese*, § 87 Rdnr. 79, andererseits *v. Stebut*, RdA 1974, S. 332, 343.

Auch wenn es einmal zu Meinungsverschiedenheiten kommen sollte, ist der Arbeitgeber nicht einer etwaigen Hinhaltetaktik des Betriebsrats ausgeliefert. Er kann vielmehr im Eilfall gem. § 85 II ArbGG beim Arbeitsgericht eine einstweilige Verfügung beantragen, mit der die Kurzarbeit vorläufig, d. h. bis zu einer Einigung der Betriebsparteien oder bis zum Entscheid der vielfach erst noch zu bildenden Einigungsstelle, gestattet werden kann[131]. Dabei hat der Arbeitgeber dem Gericht die betriebliche Notwendigkeit der Kurzarbeit mit Hinweis auf die mögliche Inanspruchnahme von Kurzarbeitergeld glaubhaft zu machen. Mit der Gewährung des einstweiligen Rechtsschutzes wird zweierlei erreicht: einmal kann sich der Arbeitgeber gegen einen eventuellen Mißbrauch des Mitbestimmungrechts schnell und wirkungsvoll zur Wehr setzen, zum anderen wird das Mitbestimmungsrecht auch in Eilfällen grundsätzlich respektiert. Denn der Arbeitgeber darf die geplante Kurzarbeit erst einführen, wenn der Betriebsrat damit einverstanden ist bzw. eine einstweilige Verfügung dies erlaubt. Eine einseitige vorläufige Anordnung des Arbeitgebers ist demnach unzulässig[132].

Rechtspolitisch darf man es schließlich wohl begrüßen, daß drittbetroffene Arbeitgeber nicht mehr unter Hinweis auf kampfbedingten Rohstoff- oder Absatzmangel den Betrieb stillegen können, sondern dies nunmehr der Kontrolle des Betriebsrats zugänglich ist. Damit wird dem in letzter Zeit häufig besonders von Gewerkschaftsseite[133] geäußerten Vorwurf, der Arbeitgeber könne eine „kalte Aussperrung" vornehmen, die Grundlage entzogen. Die gemeinsame Verantwortung von Arbeitgeber und Betriebsrat bietet Gewähr dafür, daß Kurzarbeit nur in wirklich begründeten Fällen eingeführt wird.

Die prinzipielle Lohnfortzahlung in kampfbetroffenen Drittbetrieben außerhalb der Regelungszone[134] bewahrt nicht zuletzt die Arbeits-

---

131 Vgl. eing. *Dütz,* ZfA 1972, S. 247 ff.; ferner *Hanau,* BB 1972, S. 499, 501; *Dietz / Richardi,* § 87 Rdnr. 14; *Stege / Weinspach,* BetrVG, 2. Aufl., 1975, S. 239; z. T. a. A. *Simitis / Weiss,* DB 1973, S. 1240, 1244; *Rumpff / Dröge,* S. 208, die eine einstweilige Verfügung vor Entscheid der Einigungsstelle nicht zulassen wollen.

132 Vgl. BAG AP Nr. 1 zu § 87 BetrVG 1972 Kurzarbeit = NJW 1974, S. 1724, 1726; LAG Hamm, DB 1975, S. 1515; *Simitis / Weiss,* DB 1973, S. 1240, 1243 f.; *Fitting / Auffahrt / Kaiser,* § 87 Rdnr. 8; *Rumpff / Dröge,* S. 208; für ein *N*otentscheidungsrecht des Arbeitgebers bis zum Erlaß der einstweiligen Verfügung allerdings *Dütz,* ZfA 1972, S. 247, 267; *Hanau,* BB 1972, S. 499, 501; *Dietz / Richardi,* § 87 Rdnr. 15 f.; ähnlich GK-*Wiese,* § 87 Rdnr. 51 f. Eine allgemeine Eilfall-Theorie vertritt schließlich entgegen der h. M. *Adomeit,* in Hanau / Adomeit, 4. Aufl., 1976, S. 108.

133 Vgl. etwa *Muhr,* RdA 1973, S. 9, 10; *Radke,* RdA 1973, S. 14, 21; ferner *Bergmann / Jacobi / Müller-Jentsch,* S. 255.

134 Vgl. zu der ähnlichen Rechtslage in anderen europäischen Staaten, so etwa in Italien und Frankreich, die Nachweise bei *Säcker,* Gruppenparität, S. 49, Fußn. 56 und 57; speziell zum italienischen Recht *Runggaldier,* RdA 1975,

losenversicherung vor übermäßiger oder gar mißbräuchlicher Inanspruchnahme. Denn es ist nicht deren typische Aufgabe, Arbeitskampffolgeschäden zu finanzieren, sondern das normale Arbeitsmarktrisiko abzudecken[135].

S. 238, 244 ff.; zum französischen Recht *Mühlen*, Die Schädigung von Drittbetrieben im Arbeitskampf, Vergleichende Darstellung der Rechtslage in Deutschland und Frankreich (Diss. 1967), S. 79 ff.

135 Vgl. LSG Baden-Württemberg, Urt. v. 27. 11. 1972, abgedr. bei *Schwerdtfeger*, S. 129; *Weber / Paul*, AFG, § 116 Anm. 1; *Jülicher*, DB 1973, S. 720, 721; *Gerke*, ABA 1973, S. 380, 383; *Möller-Lücking*, AuR 1973, S. 295, 302.

Sechster Teil

Zur Dispositivität der Lohnfortzahlungsregel

Die Untersuchung wäre unvollständig, würde nicht noch ein Problem aufgegriffen, das — als solches bisher kaum erkannt — ebenfalls, und zwar in ganz entscheidendem Maße, die Reichweite der Betriebsrisikolehre beeinflußt. Es ist dies die Frage nach der Geltungskraft der Lohnfortzahlungsregel. Die höchstrichterliche Rechtsprechung hat bekanntlich immer wieder den Standpunkt vertreten, daß die Verteilung des Betriebsrisikos mangels zwingender gesetzlicher Bestimmungen der freien Vereinbarung unterliege und deshalb die von ihr aufgestellten Grundsätze kollektiv- oder einzelvertraglich abgeändert werden könnten[1]. Damit werden die Regeln der Betriebsrisikolehre nicht nur zu tarifdispositivem, sondern zu schlechthin nachgiebigem Richterrecht erklärt. Wie weit dem gefolgt werden kann, ist nunmehr zu überprüfen. Wäre diese Auffassung nämlich richtig, so bedeutete dies die vollkommene Relativierung der bisher gefundenen Ergebnisse: die Lohnfortzahlungsregel stünde unter dem Geltungsvorbehalt, daß konkret nichts anderes vereinbart worden ist.

A. Die mangelnde Dispositionsbefugnis der Arbeitsvertragspartner

I. Die rechtsquellentheoretische Ausgangslage

1. Gesetzgeberähnliche Gestaltungsfreiheit des Richters in bezug auf die Geltungsanordnung?

Wegen der ausdrücklichen Erklärung des BAG, die Lohnfortzahlungsregel sei schlechthin nachgiebiges Recht, gewinnt zunächst die von *Herschel*[2] und *Adomeit*[3] vertretene Ansicht Bedeutung, es stünde im Ermessen des rechtsfortbildenden Richters, den aufgestellten Rechtssätzen zwingenden, dispositiven oder tarifdispositiven Charakter beizulegen. Der Richter könne sich, meint *Herschel*[4], bei der Rechtsfortbil-

[1] Vgl. zuletzt BAG AP Nr. 29 zu § 615 BGB Betriebsrisiko a. E.; ferner BAG SAE 1969, S. 115 m. krit. Anm. v. *Hanau.*

[2] Vgl. *Herschel,* DB 1967, S. 245, 247; ders., DB 1971, S. 2114, 2115; ders., RdA 1973, S. 147, 149.

[3] Vgl. *Adomeit,* Rechtsquellenfragen im Arbeitsrecht (1969), S. 160.

dung „ja allgemein in dem Rahmen bewegen, der dem einfachen Gesetzgeber zur Verfügung steht. So kann das Richterrecht erklären, daß es im Verhältnis zur Privatautonomie nur subsidiär gelten will. Dann ist es eben nachgiebiges Recht. Wenn es sich um Arbeitsrecht handelt, kann die gerichtliche Rechtsfortbildung deutlich machen, daß sie sogar gegenüber ihrem für die Parteien des Arbeitsvertrages zwingenden Inhalt tariflichen Normen den Vorrang läßt". An anderer Stelle schreibt *Herschel*[5], daß der Richter, der seine Rechtsfortbildung mit einer weicheren Geltungsanordnung umgebe, nicht bloß im Sinne menschlicher Freiheit, sondern auch im Interesse des Bestandes seines Spruches handele. Wohl am stärksten trete diese Wirkung ein, wenn der Richter sein Recht als schlechthin nachgiebiges Recht ausgestalte; denn solchen Falles beeinträchtige es die Privatautonomie nur minimal und sei daher am ehesten in dieser Sicht vertretbar. Schließlich habe der rechtsfortbildende Richter eine ungemein freie Stellung: „Er genießt die Freiheit, die einem jeden Rechtsschöpfer zusteht, er braucht sich nicht mit einem Erkennen des Rechtsinhalts innerhalb eines Beurteilungsspielraums zu begnügen, er darf einen Raum frei wählenden Ermessens für sich in Anspruch nehmen[6]."

2. *Kritik*

Diese Meinung ist deswegen höchst bedenklich, weil sie Gesetzgeber und Richter als Rechtsschöpfer auf eine Stufe stellt, dem Richter mithin bei der Rechtsfortbildung die ganze Breite des gesetzgeberischen Ermessens einräumt. Damit wird den Gerichten eine Kompetenz zugestanden, die sie im gewaltenteilenden demokratischen Rechtsstaat nicht haben können. Dies ergibt sich unmittelbar aus Art. 20 III GG, wonach die Rechtsprechung ebenso wie die vollziehende Gewalt an Gesetz und Recht gebunden ist. Diesen verfassungsrechtlich statuierten Vorrang des Gesetzes darf man nicht eng auffassen, sondern muß ihn auf die in den Gesetzen zum Ausdruck kommenden Grundwertungen und allgemeinen Rechtsprinzipien erstrecken[7].

Konkret folgt daraus, daß der Richter nicht ohne weiteres den von ihm aufgestellten Rechtssatz für (tarif-)dispositiv erklären kann. Er hat vielmehr verwandte Problemstellungen und insbesondere gesetzliche Vorbilder (tarif-)dispositiver Normen zu beachten, damit keine Wertungswidersprüche entstehen. Der Richter muß nämlich die innere

---

4 *Herschel,* DB 1967, S. 245, 247.

5 *Herschel,* AuR 1972, S. 129, 134.

6 *Herschel,* AuR 1972, S. 129, 135.

7 Vgl. *Larenz,* Methodenlehre, S. 353, 428; ders., Festschr. f. Heinrich Henkel, S. 31, 34 f., 43 ff.; *Hilger,* Festschr. f. Karl Larenz, S. 109, 112; *Canaris,* Gedächtnisschr. f. Rolf Dietz, S. 199, 202 f.

Einheit und Folgerichtigkeit der Rechtsordnung optimal gewährleisten, „wohingegen der Gesetzgeber insoweit wesentlich freier gestellt und nur durch das Willkürverbot beschränkt ist“[8].

Anders als der Gesetzgeber sind die Gerichte bei der Rechtsfortbildung auch an das Prinzip vom Vorbehalt des Gesetzes dergestalt gebunden, daß sie die neugeschaffenen Regeln auf eine im geltenden Recht vorhandene Legitimationsgrundlage zurückführen müssen und ihnen daher (tarif-)dispositive Wirkung nur dann zuerkennen dürfen, „wenn das mit dieser Grundlage, also mit der ‚ratio‘ der richterrechtlichen Norm vereinbar ist“[9]. Bejahendenfalls ist die Anordnung dispositiver Geltung wiederum besonders zu rechtfertigen, da sie ja selbst auch einen Akt der Rechtsfortbildung darstellt.

Dem rechtsquellentheoretischen „Vorverständnis“ von *Herschel* und *Adomeit* kann somit nicht gefolgt werden. Es ist keineswegs dem freien Ermessen des Richters überlassen, ob er das von ihm geschaffene Recht (tarif-)dispositiv ausgestaltet oder nicht. Vielmehr gebietet Art. 20 III GG die Prüfung, ob die Abdingbarkeit mit den Wertungen des Gesetzesrechts harmoniert, und ganz besonders, ob sie mit der ratio der rechtsfortbildenden Norm in Einklang steht.

II. Der zwingende Normgehalt der Betriebsrisikolehre

1. *Risikoverteilung als dispositives Schuldvertragsrecht?*

Einen Versuch zur Rechtfertigung der einzelvertraglichen Dispositivität der Betriebsrisikoregeln hat beiläufig *Vossen*[10] unternommen. Er geht zunächst zutreffend davon aus, daß auch im Individualarbeitsrecht Vertragsfreiheit herrscht, „soweit nicht eine zwingende Gesetzesnorm oder ein aus zwingendem Gesetzesrecht ableitbarer Rechtsgedanke entgegenstehen“. Zwingendes Normgut zur Begründung der Richternormen auf dem Gebiet des Betriebsrisikos sei aber nicht ersichtlich. Vielmehr handele es sich um die gerechte Verteilung eines wirtschaftlichen Risikos, wie es sich in vielen dispositiven Normen des Schuldrechts des BGB finde. Die richterliche Regelung des Betriebsrisikos habe lediglich die Funktion, bei Fehlen einer vertraglichen Abrede anzugeben, wie sich die Rechtsordnung einen gerechten und billigen Ausgleich des Lohnrisikos vorstelle. Der Richter, schließt *Vossen*, habe hier die eigentlich dem Gesetzgeber zustehende Aufgabe übernommen, dispositives Schuldvertragsrecht zu schaffen.

---

[8] *Canaris*, Gedächtnisschr. f. Rolf Dietz, S. 199, 203; ähnlich *Hilger*, Festschr. f. Karl Larenz, S. 109, 112.

[9] *Canaris*, Gedächtnisschr. f. Rolf Dietz, S. 199, 205.

[10] *Vossen*, Tarifdispositives Richterrecht (1974), S. 88.

2. *Die Lohnfortzahlungsregel als zwingende Arbeitnehmerschutznorm*

Diese Betrachtung läßt jedoch einen wesentlichen Aspekt außeracht. Das weithin dispositive Schuldrecht des BGB funktioniert nämlich nur unter der Voraussetzung echter Vertragsfreiheit, es basiert auf der Gleichberechtigung der Kontrahenten, die ihre Interessen bei der Vertragsgestaltung selbst in ausreichendem Maß wahrzunehmen vermögen[11]. Der privatautonome Interessenausgleich bedarf daher seiner Idee nach keiner zwingenden Reglementierung, was freilich nicht ausschließt, daß die nachgiebigen Vorschriften des Schuldrechts als Maßstab der Vertragsgerechtigkeit dienen.

Demgegenüber orientiert sich das Individualarbeitsrecht am Phänomen der gestörten Vertragsfreiheit[12]. Es bezweckt und verwirklicht den Schutz des sozial Schwächeren, indem es die Machtbefugnisse des Arbeitgebers durch zwingende Normen beschränkt. Während also Schuldrechtsvorschriften im allgemeinen dispositiver Natur sind, handelt es sich bei solchen des Arbeitsrechts typischerweise um ius cogens. Der Normzweck bedingt die zwingende Geltung.

Dies trifft auch auf die Lohnfortzahlungsregel zu. Ausgangspunkt und Leitgedanke der Rechtsfortbildung durch die Betriebsrisikolehre ist die Schutzbedürftigkeit des Arbeitnehmers, sie beleuchtet die Regelungslücke in § 323 I BGB und begründet die Notwendigkeit entsprechender Lückenfüllung[13]. Hat man dies einmal erkannt, kann sich die Frage nach der einzelvertraglichen Abdingbarkeit der Lohnfortzahlungsregel nicht mehr stellen. Entsprechend ihrer ratio, nämlich den Lebensstandard des unselbständig Beschäftigten zu sichern, verlangt sie unbedingte Geltung. Als Schutznorm hat sie wesensgemäß zwingenden Charakter. Das zeigen auch die verwandten gesetzlichen Lohnfortzahlungsbestimmungen, von denen einzelvertraglich zuungunsten des Arbeitnehmers nicht abgewichen werden darf (vgl. explizit §§ 616 II 1 BGB, 9 LFG, 13 I 3 BUrlG). Ebenso wie bei diesen Vorschriften handelt es sich bei der Regelung des Betriebs- und Wirtschaftsrisikos um „mit striktem Geltungsanspruch in die Vertragsfreiheit eingreifende, mit der Nichtigkeitsfolge als Sanktion ausgestaltete Verbotsnormen“[14].

---

[11] Vgl. nur *Larenz*, Schuldrecht I (10. Aufl.), S. 41 f.

[12] Vgl. *Gamillscheg*, Festschr. f. Werner Weber (1974), S. 793, 796 f.

[13] Vgl. oben Dritter Teil, C.

[14] Treffend *Lieb*, RdA 1972, S. 129, 135; vgl. im Ergebnis ebenso jetzt auch *Käppler*, Voraussetzungen und Grenzen tarifdispositiven Richterrechts (1977), S. 115.

B. Die Unzulässigkeit einer abweichenden Betriebsvereinbarung

Die Lohnfortzahlungsregel kann auch nicht in einer Betriebsvereinbarung zum Nachteil der Arbeitnehmer abgeändert werden. Denn wie auf der arbeitsvertraglichen Ebene fehlt es auch auf der betrieblichen Ebene an einem effektiven Gleichgewichtsverhältnis zwischen den Vertragsparteien als Grundvoraussetzung dispositiver Rechtsgeltung.

So hat das BAG[15] völlig zurecht festgestellt, daß seine für einzelvertragliche Gratifikationsrückzahlungsklauseln aufgestellten, angeblich tarifdispositiven Regeln von den Betriebsvereinbarungspartnern strikt einzuhalten sind, weil der Betriebsrat nicht über eine der Gewerkschaft vergleichbare machtvolle Verhandlungsposition verfügt: „Die Mitglieder des Betriebsrates sind Arbeitnehmer des Unternehmens, als solche also vom Arbeitgeber abhängig. Sie genießen einen nur beschränkten Kündigungsschutz. Dem Betriebsrat steht vor allem das schärfste Machtmittel der Gewerkschaften, der Streik, nicht zur Verfügung, wie sich aus § 49 BetrVG (§ 74 II BetrVG 1972, Verf.) ergibt. Sie sind zudem kraft dieser Vorschrift gehalten, stets auch die Belange des Betriebes im Auge zu behalten. In einzelnen Gesetzen, so in § 7 AZO und § 13 BUrlG, ist vorgesehen, daß Tarifverträge zuungunsten der Arbeitnehmer von den gesetzlichen Vorschriften abgehen dürfen. Solche Befugnisse sind dagegen den Betriebspartnern dort nicht gewährt; auch darin drückt sich aus, daß deren Stellung schwächer ist als diejenige der Tarifpartner[16]."

Diesen Ausführungen des BAG kann man nur zustimmen[17]. Demnach ist es Arbeitgeber und Betriebsrat verwehrt, von richterrechtlichen Schutznormen im Wege einer Betriebsvereinbarung zuungunsten der Belegschaft abzuweichen. Die Betriebsrisikolehre stellt auch insoweit zwingendes Recht dar.

C. Zur Dispositionsbefugnis der Tarifvertragspartner

Anders als auf arbeitsvertraglicher und betrieblicher Ebene besteht zwischen den Tarifpartnern eine reale Gleichgewichtslage und somit die Chance für einen gerechten Interessenausgleich. Wenn nun die Tarifpartner selbst angemessene Arbeitsbedingungen vereinbaren, so kann diese tarifliche Ordnung mit einer staatlichen Regelung der glei-

---

15 BAG AP Nr. 63 zu § 611 BGB Gratifikation m. zust. Anm. von *Gamillscheg*.

16 BAG, a.a.O., Bl. 2; ferner BAG AP Nr. 68 zu § 611 BGB Gratifikation.

17 So auch *Gamillscheg*, RdA 1968, S. 407, 409; *Säcker*, Gruppenautonomie, S. 448 f.; ders., AR-Blattei (D) „Betriebsvereinbarung III", unter A. 2; eing. ferner *Thiele*, Festschr. f. Karl Larenz, S. 1043, 1057 ff.

chen Materie zusammentreffen. Da jeweils eine dieser Regelungen zum Schutz der Arbeitnehmer ausreicht, könnte die Konkurrenz jedenfalls theoretisch auch so gelöst werden, daß die gesetzlichen bzw. richterrechtlichen Schutzvorschriften gegenüber dem Tarifvertrag zurücktreten, also bloß subsidiär gelten[18]. Hieraus erklärt sich die Figur des tarifdispositiven Arbeitsrechts.

Es geschieht zunehmend häufiger, daß arbeitsrechtliche Schutzgesetze mit sog. Zulassungsnormen bzw. Tariföffnungsklauseln versehen werden, d. h. die Regelung zwingend nur für die Arbeitsvertrags- und Betriebsvereinbarungspartner gilt, während die Tarifparteien von ihr in bestimmtem Umfang zuungunsten der Arbeitnehmer abweichen dürfen[19]. Seitdem nun auch das BAG[20] auf Anraten insbesondere *Biedenkopfs*[21] über den Bereich der Betriebsrisikolehre hinaus andere wichtige Teile seines Richterrechts für tarifdispositiv erklärt hat, ist eine rege literarische Diskussion über die Zulässigkeit oder gar Notwendigkeit solcher Tarifdispositivität von gesetzlichen und speziell richterrechtlichen Schutznormen entstanden[22]. Die Problematik ist zu vielschichtig, als daß sie hier umfassend erörtert werden könnte. Es sollen daher die verschiedenen Standpunkte nur skizziert und kritisch beleuchtet werden, um daran anschließend die konkrete Frage nach der Tarifdispositivität der Lohnfortzahlungsregel zu beantworten.

Anzuknüpfen ist wieder an das Ergebnis der rechtsquellentheoretischen Vorüberlegungen, wonach es dem Richter nicht gestattet ist, die von ihm aus übergeordneten Rechtsprinzipien, namentlich dem Arbeitnehmerschutzprinzip, abgeleiteten Rechtssätze kraft eigener Rechtsetzungsgewalt tarifdispositiv auszugestalten. Insoweit bedarf es vielmehr einer besonderen Legitimation, damit der Rechtsordnung Wertungswidersprüche erspart bleiben.

I. Die Lehre von der Normsetzungsprärogative der Tarifvertragsparteien (Biedenkopf, Säcker, u. a.)

Eine Schlüsselrolle fällt dabei der von *Biedenkopf*[23] ausführlich begründeten und besonders von *Säcker*[24] fortgeführten Theorie eines ver-

---

[18] Vgl. *Biedenkopf*, Tarifautonomie, S. 158; *Preis*, ZfA 1972, S. 271, 284.

[19] Vgl. etwa §§ 622 III BGB, 13 I BUrlG.

[20] Vgl. BAG AP Nr. 57 zu § 611 BGB Gratifikation, Bl. 2; BAG AP Nr. 32, 37 zu § 620 BGB Befristeter Arbeitsvertrag.

[21] *Biedenkopf*, Anm. zu BAG AP Nr. 54 zu § 611 BGB Gratifikation.

[22] Vgl. etwa *Herschel*, DB 1971, S. 2114 ff.; ders., RdA 1973, S. 147 ff. einerseits und *Lieb*, RdA 1972, S. 129 ff. andererseits; ferner *M. Wolf*, ZfA 1971, S. 151, 154 ff.; *Preis*, ZfA 1972, S. 271 ff.; *Thiele*, Festschr. f. Karl Larenz, S. 1043 ff.; *Canaris*, Gedächtnisschr. f. Rolf Dietz, S. 199 ff.; *Richardi*, Gedächtnisschr. f. Rolf Dietz, S. 269 ff.; *Vossen*, Tarifdispositives Richterrecht

fassungsrechtlich anzuerkennenden Vorrangs der tariflichen Normsetzung zu[25].

1. Darstellung

In Übereinstimmung mit dem BVerfG[26] geht diese Lehre davon aus, daß Art. 9 III GG den Koalitionen gegenüber dem staatlichen Gesetzgeber einen Kernbereich eigenverantwortlicher Gestaltung der Arbeits- und Wirtschaftsbedingungen sichert. Bei *Biedenkopf*[27] heißt es dann weiter: „Die Befugnis der Gesetzgebung, ihre ausschließliche Zuständigkeit zu begründen, wird durch diesen Kernbereich begrenzt. Innerhalb des verfassungsrechtlich geschützten Zuständigkeitsbereichs der Tarifparteien ist es dem Gesetzgeber untersagt, zwischen seinen und den tarifvertraglichen Normen ein Rangverhältnis zu konstituieren, das die tarifliche Regelung nachordnet. Die hierarchische Rangordnung der Normen gilt im Kernbereich der ‚autonomen Sphäre' nicht. Das bedeutet nicht, daß der Gesetzgeber in diesen Bereich überhaupt nicht regelnd eingreifen kann. Es ist ihm vielmehr unbenommen, auch dort materielle Arbeitsbedingungen durch Gesetz zu statuieren. Aber er kann den Vorrang der tarifvertraglichen Regelung nicht aufheben. Es gilt der Grundsatz der Subsidiarität."

Nach Ansicht *Biedenkopfs* erstreckt sich die vorrangige Zuständigkeit der Koalition auf den weiten Bereich jenseits der nach dem „Menschheitsbild des Grundgesetzes" geforderten „Existenzminimen", zu deren Normierung der Gesetzgeber ausschließlich berufen sei[28]. Eine gesetzliche Regelung, die oberhalb dieser Untergrenze einen gerechten Ausgleich zwischen Arbeitgeber und Arbeitnehmern zum Schutz des Arbeitnehmers bezwecke, könne nur subsidiär gelten. Insoweit spreche eine Vermutung zugunsten des Tarifvertrages als der besseren, sachgerechteren und deshalb von der Rechtsordnung bevorzugten Regelung der betroffenen Fragen[29].

(1974); dazu wiederum *Herschel*, RdA 1975, S. 333 ff.; zuletzt eing. *Käppler*, Voraussetzungen und Grenzen tarifdispositiven Richterrechts (1977).

23 Vgl. *Biedenkopf*, Tarifautonomie, S. 178 ff.; ders., Sinn und Grenzen der Vereinbarungsbefugnis der Tarifvertragsparteien, in: Verh. des 46. DJT (1966), Bd. I, S. 97 ff., insb. S. 112 f.

24 Vgl. *Säcker*, Grundprobleme, S. 45 ff.; ders., Gruppenautonomie und Übermachtkontrolle im Arbeitsrecht (1972), S. 253 ff.; ders., AR-Blattei (D) „Tarifvertrag I C", unter I und V.

25 Vgl. ferner *Zöllner*, Differenzierungsklauseln, S. 54; *Wiedemann*. Anm. I zu BAG AP Nr. 35 zu § 620 BGB Befristeter Arbeitsvertrag, unter II. 1.; neuerdings auch *Käppler*, S. 51 ff.

26 Vgl. BVerfGE 4, S. 96, 106; 18, S. 18, 26; 20, S. 312, 317.

27 *Biedenkopf*, Tarifautonomie, S. 188 f.

28 Vgl. *Biedenkopf*, Tarifautonomie, S. 154 f., 209 f.

29 Vgl. *Biedenkopf*, Tarifautonomie, S. 210; ders., DJT-Gutachten, S. 112.

2. *Kritik*

Während man *Biedenkopf* in der vertikalen Ausgestaltung des Zuständigkeitsbereichs der Koalitionen von der Untergrenze des Existenzminimums bis hin zur Obergrenze der „gruppenegoistisch übersteigerten, gemeinwohlschädlichen Regelung"[30] durchaus beipflichten kann, erscheint die horizontale Ausdehnung auf praktisch sämtliche Arbeits- und Wirtschaftsbedingungen[31] bedenklich, weil insoweit von einem „Kernbereich" nicht mehr gesprochen werden kann[32]. Wollte man die tarifliche Normsetzungsprärogative derart auf den Gesamtbereich der Regelungsmaterie erstrecken, bedürfte es der grundrechtsdogmatisch ziemlich „kühnen" Einführung eines Gesetzesvorbehalts in Art. 9 III GG, „um den von der Verfassung mit der Arbeitsrechtskompetenz ausgestatteten Gesetzgeber nicht in die Rolle eines Zuschauers abzudrängen"[33]. Das Problem bei der vom Ansatz her überzeugenden Lehre *Biedenkopfs* liegt also in der vernünftigen gegenständlichen Eingrenzung des noch weithin konturenlosen Kernbereichs der Tarifautonomie.

Um diese Konkretisierung hat sich besonders *Säcker* bemüht. Er betont mit Recht den funktionellen Charakter der Kernbereichsgarantie, die gewährleisten soll, „daß die den Koalitionen durch Art. 9 III GG zugewiesene Ordnungsaufgabe nicht dadurch ausgehöhlt wird, daß der Gesetzgeber diese den Koalitonen entzieht oder durch eine zwingende gesetzliche Totalregelung der Arbeits- und Wirtschaftsbedingungen praktisch gegenstandslos macht"[34]. Den Tarifparteien muß deshalb soviel an substantieller Regelungs- und Mitwirkungsbefugnis belassen werden, daß sie zu effektiver Einflußnahme auf die Gestaltung des Arbeits- und Wirtschaftslebens in der Lage sind[35].

Der hier allein interessierende Kernbereich verbandsmäßiger Regelung der Arbeitsbedingungen bedarf, wenn er gegenständlich faßbar werden soll, weiterer Eingrenzung durch die Bildung von sog. Unterkernbereichen, welche den verfassungsrechtlich garantierten Mindestumfang der Normsetzungsprärogative primär gegenüber dem Staat, aber auch gegenüber Privaten konkret festlegen[36]. Als wichtigster Un-

---

30 Formulierung von *Säcker*, Grundprobleme, S. 55.

31 Vgl. dazu noch einmal *Biedenkopf*, Tarifautonomie, S. 167 ff.; ders., DJT-Gutachten, S. 112 f. und S. 139 ff.; ähnlich weitgehend *M. Wolf*, ZfA 1971, S. 151, 158.

32 Kritisch zurecht *Säcker*, Grundprobleme, S. 55 f.; *Lieb*, RdA 1972, S. 129, 132 f.; *Vossen*, S. 54 f.; gegen jede Vorrangkompetenz *Thiele*, Festschr. f. Karl Larenz, S. 1043, 1046 f.

33 *Säcker*, Grundprobleme, S. 56.

34 *Säcker*, Grundprobleme, S. 55; vgl. ähnlich *Zöllner/Seiter*, Paritätische Mitbestimmung und Art. 9 III GG (1970), S. 49 f.

35 Vgl. *Säcker*, Grundprobleme, S. 91.

terkernbereich allgemein anerkannt ist das Gebiet koalitionsmäßiger Lohngestaltung[37]. Mit *Biedenkopf* und *Säcker* darf man in der Arbeitszeitgestaltung eine weitere Kernmaterie erblicken[38]. Welche Unterkernbereiche darüber hinaus anzuerkennen sind, etwa die Regelung des Urlaubs, des Arbeitsplatzschutzes und des Prämienwesens, ist bis heute noch weitgehend ungeklärt. Solange aber diese positive Festlegung nicht erfolgt ist, wird man bei erkennbarem Funktionieren der Tarifautonomie davon ausgehen müssen, daß sonstige Regelungsbereiche außer den beiden genannten nicht zum Kernbereich tariflicher Normsetzungsprärogative gehören.

3. Nichtzugehörigkeit der Betriebsrisikofrage zum Kernbereich koalitiver Vorrangkompetenz

Nach dem gerade Ausgeführten müßte die Lohnfortzahlungsregel von Verfassungs wegen tarifdispositiv ausgestaltet werden, wenn man die Betriebsrisikomaterie zum Unterkernbereich der Lohngestaltung rechnen könnte. Dafür könnte sprechen, daß mit der Verteilung des Betriebsrisikos über den Umfang der Lohnzahlungsverpflichtung des Arbeitgebers entschieden wird. Wollte man indessen jede Regelung, die sich auf die Lohnzahlung auswirkt, in den Unterkernbereich einbeziehen, so würde sich die Frage nach weiteren Kernbereichen etwa des Provisions-, Prämien- und Gratifikationswesens gar nicht mehr stellen. Gesetzliche oder richterrechtliche Schutzvorschriften in diesen Bereichen müßten dann ebenso zur Disposition der Tarifpartner stehen wie etwa die Lohnfortzahlungsregel im Krankheitsfall. Durch die Einbeziehung all dieser Regelungskomplexe in den Unterkernbereich der Lohngestaltung würde dieser seine Abgrenzungsfunktion nahezu vollständig verlieren. Richtigerweise geht es daher bei der Lohngestaltung nur um die Frage der unmittelbaren Austauschgerechtigkeit. Allein die Fixierung des „richtigen" Wertes der Arbeitsleistung, also der Lohnhöhe, fällt unter die Normsetzungsprärogative der Tarifpartner, die ihnen einen Gestaltungsspielraum zwischen Existenzminimum und gemeinwohlschädlicher Regelung sichert.

Demzufolge kann man Fragen der Risikoverteilung zwischen Arbeitgeber und Arbeitnehmer nicht mehr dem Unterkernbereich „Lohngestaltung" zuordnen. Es besteht daher für den Gesetzgeber oder den ihn vertretenden Richter kein verfassungsrechtliches Gebot, der zum

---

[36] Vgl. *Säcker*, Grundprobleme, S. 93 f.; zust. *Lieb*, RdA 1972, S. 129, 133.

[37] Vgl. BVerfGE 4, S. 96, 110; 18, S. 18, 26; *Säcker*, Grundprobleme, S. 94; *Canaris*, Gedächtnisschr. f. Rolf Dietz, S. 199, 210; *Vossen*, S. 55.

[38] Vgl. *Biedenkopf*, DJT-Gutachten, S. 112, 164; *Säcker*, Grundprobleme, S. 94; a. A. aber *Wiedemann*, Anm. I zu BAG AP Nr. 35 zu § 620 BGB Befristeter Arbeitsvertrag, unter II. 1.

Schutz des Arbeitnehmers aufgestellten Lohnfortzahlungsregel tarifdispositive Wirkung beizulegen.

II. Die Lehre von der beschränkten richterlichen Überprüfbarkeit des Tarifvertrages (Gamillscheg, Richardi, Vossen)

1. Darstellung

Nach einer anderen, vor allem von *Gamillscheg*[39] und *Richardi*[40] vertretenen Auffassung sollen die Tarifpartner generell in bestimmtem Umfang von ansonsten zwingenden Schutzvorschriften abweichen dürfen, weil die tarifliche Regelung einer materiellen Richtigkeitsgewähr entspreche und insofern gerichtlicher Kontrolle entzogen sei. Zur dogmatischen Erhellung dieser Theorie führt *Gamillscheg*[41] aus, daß der Richter nach wie vor das Recht und die Pflicht habe, Tarifverträge auf ihre Vereinbarkeit mit dem Grundgesetz oder sonstigen höherrangigen Normen, also auf ihre „Richtigkeit“ zu überprüfen. Doch besäßen die Tarifparteien eine gewisse Bandbreite des Ermessens, die richterlicher Kontrolle nicht zugänglich sei. Zwar bleibe es dabei, daß die vom Gericht getroffene Regelung an sich die richtige sei, aber dem Gericht sei die Prüfung der tariflichen Ordnung so lange verschlossen, als die Abweichung nicht einen „klaren Verstoß“ bedeute.

Ähnlich meint *Richardi*[42], daß der Tarifvertrag wegen der ihm eigenen Richtigkeitsgewähr nicht der inhaltlichen Billigkeitskontrolle, sondern nur der Rechtskontrolle unterliege. Wenn daher das BAG eine tarifvertragliche Abweichung von seinen allgemeinen Richtlinien gestatte, so werde dadurch lediglich eine Dezision des Richters durch eine Dezision der Tarifvertragsparteien ersetzt, aber damit nicht in Frage gestellt, daß der maßgebliche Rechtsgedanke für die Entscheidung auch für die Tarifpartner gelte. Mit Rücksicht auf den Unterschied von Rechts- und Billigkeitskontrolle will *Richardi* wie *Gamillscheg* den Tarifparteien einen Ermessensspielraum konzedieren, innerhalb dessen sie der Kontrolle durch das Gericht entzogen seien.

Zu einem weitgehend gleichen Ergebnis gelangt schließlich *Vossen*, obwohl er die Unterscheidung *Richardis* zwischen Rechts- und Billigkeitskontrolle mitsamt der These von der materiellen Richtigkeitsgewähr für irrelevant hält, weil die vom BAG für Individualverträge aufgestellten Richtlinien Ausfluß der Rechtskontrolle seien[43]. Die rich-

---

[39] *Gamillscheg*, RdA 1968, S. 407, 409.

[40] *Richardi*, Gedächtnisschr. f. Rolf Dietz, S. 269 ff.

[41] Vgl. *Gamillscheg*, RdA 1968, S. 407, 409.

[42] Vgl. *Richardi*, Gedächtnisschr. f. Rolf Dietz, S. 269, 296 f.; ähnlich auch *Thiele*, Festschr. f. Karl Larenz, S. 1043, 1052 ff., insb. 1057.

[43] Vgl. *Vossen*, S. 72 ff., insb. S. 86.

terliche Überprüfung des Tarifvertrages anhand dieser Richternormen sei deshalb zulässig. Ursächlich für die zwischen Arbeits- und Tarifvertrag verschiedenen konkreten Ergebnisse der Rechtskontrolle ist nach Ansicht *Vossens* allein deren unterschiedlicher Umfang[44]. Da nämlich auf tariflicher Ebene das Prinzip der Vertragsfreiheit wegen des vermuteten Machtgleichgewichts der Tarifpartner funktioniere, biete die erzielte Vereinbarung eine Gewähr für eine vertretbare Konkretisierung eines unbestimmten Rechtsbegriffs. Deswegen müsse der Richter die tarifvertragliche Abrede seiner Konkretisierung zugrunde legen. Ob er sie tatsächlich für vertretbar halte, stehe nicht in seinem unbeschränkten Urteilsermessen, wenn der Gesetzgeber auf dem betreffenden Gebiet untätig geblieben sei. Wegen der deshalb für dieses Rechtsgebiet geltenden grundsätzlich freien Vereinbarungsbefugnis (Art. 2 I GG bzw. Art. 9 III GG) sei die von den Tarifpartnern vorgenommene Wertung nach Möglichkeit zu respektieren und erst bei einem offensichtlichen Verstoß gegen den jeweiligen Arbeitnehmerschutzgedanken zu beanstanden[45]. Diese eingeschränkte Rechtskontrolle eines Tarifvertrages in bezug auf eine unbestimmte Richternorm kennzeichnet *Vossens* Verständnis vom tarifpositiven Richterrecht[46].

2. *Kritik*

Allen diesen Versuchen, die Tarifdispositivität durch eine Beschränkung der richterlichen Überprüfungskompetenz zu legitimieren, ist entgegenzuhalten, daß die materiellrechtliche Geltungsproblematik nicht auf der Zuständigkeitsebene gelöst werden kann. Ob die Tarifpartner von einer Norm des Gesetzes- oder Richterrechts abweichen dürfen, ist nämlich keine Frage der Prüfungskompetenz, sondern eine solche der materiellrechtlichen Gültigkeit[47].

Selbst wenn man eine Konkretisierungszuständigkeit der Koalitionen bei unbestimmt gefaßten Rechtssätzen anerkennt, bleibt die tarifliche Regelung daher gerichtlich voll nachprüfbar. Insoweit stellt sich das Dispositivitätsproblem freilich noch gar nicht, weil die zwingend geltenden Schutznormen lediglich inhaltlich präzisiert werden[48].

Wenn aber eine detaillierte gesetzliche oder richterliche Regelung besteht, wie etwa nach dem Lohnfortzahlungsgesetz oder für die Zulässigkeit von Gratifikationsrückzahlungsklauseln, dann ist für eine Konkretisierungsbefugnis der Tarifparteien kein Raum mehr. So liegt es

---

[44] Vgl. *Vossen*, S. 97 ff.

[45] Vgl. *Vossen*, S. 103 f.

[46] Vgl. *Vossen*, S. 143.

[47] Vgl. insb. *Canaris*, Gedächtnisschr. f. Rolf Dietz, S. 199, 212; *Bötticher*, Anm. SAE 1967, S. 263, 264; *Lieb*, RdA 1972, S. 129, 137.

[48] Vgl. dazu näher *Lieb*, RdA 1972, S. 129, 137 f.

auch bei der Lohnfortzahlung im Betriebsrisikofall, bei deren Durchführung § 2 LFG hinsichtlich der Berechnung des fortzuzahlenden Entgelts analog anzuwenden ist. Die Frage kann alsdann nur lauten, ob die hinreichend konkrete Regelung auch für die Tarifpartner gilt, nicht aber, ob die Gerichte davon abweichende Tarifverträge unbeanstandet lassen müssen, weil ihnen die Verwerfungskompetenz fehlt: entweder verletzt der Tarifvertrag die staatliche Detailregelung und ist insoweit ungültig, was der Richter auch feststellen dürfen muß, oder die Tarifparteien sind nicht daran gebunden, so daß ihre abweichende Vereinbarung auch keine Rechtsverletzung darstellt, die beanstandet werden könnte[49].

Mit der von Rechts wegen unbeschränkten und unverzichtbaren Überprüfungskompetenz der Gerichte[50] wäre es insbesondere unvereinbar, ihnen nur die Verwerfungsbefugnis hinsichtlich „klarer" oder „offensichtlicher" Verstöße gegen den jeweiligen Schutzgedanken zu belassen. Wenn und soweit eine tarifliche Regelung gegen zwingende Schutzprinzipien verstößt, hat der davon überzeugte Richter sie für unwirksam zu erklären, gleichgültig, ob schon von einem „klaren" Verstoß gesprochen werden kann. Denn die Rechtsordnung würde Schaden nehmen, wollte man die Nichtigkeitssanktion von einem besonders hohen Grad der Rechtswidrigkeit abhängig machen. Der Gedanke an eine Tarifbestimmung, die zwar ein „bißchen" rechtswidrig ist, aber doch nicht beanstandet werden kann, muß Befremden hervorrufen. Gerade hieran erweist sich, daß mit einer Beschneidung der richterlichen Prüfungskompetenz der falsche Weg beschritten wird. Eine Abweichung von gesetzlichen oder richterrechtlichen Schutznormen ist vielmehr nur insoweit zulässig, als sie gegenüber dem Tarifvertrag keine zwingende Geltung beanspruchen.

III. Die Lehre von der unantastbaren Dignität richterlicher Schutzrechtssätze (Lieb)

Der tarifzwingende Charakter der Betriebsrisikoregelung müßte bejaht werden, wenn die Meinung *Liebs* zuträfe, wonach sämtliche richterrechtlich entwickelten Schutzvorschriften notwendig unabdingbar sein sollen[51].

1. Darstellung

Zur Begründung verweist *Lieb* zunächst auf den gegenüber herkömmlich dispositivem (Gesetzes-)Recht gesteigerten normativen Ge-

---

[49] Vgl. sehr klar *Canaris*, Gedächtnisschr. f. Rolf Dietz, S. 199, 212.

[50] Vgl. *Wiedemann*, Anm. I zu BAG AP Nr. 35 zu § 620 BGB Befristeter Arbeitsvertrag, unter II. 4.

[51] Vgl. *Lieb*, RdA 1972, S. 129 ff.; ferner *Bötticher*, SAE 1967, S. 263, 264.

halt der Schutzrechtsprechung, der sich daraus ergebe, daß das BAG seine in die Arbeitsvertragsfreiheit eingreifenden Entscheidungen auf wichtigste Rechtsgrundsätze stütze. Jede abweichende (tarifliche) Entscheidung müsse daher notwendigerweise zu einem Wertungswiderspruch führen, den sich aber keine Rechtsordnung leisten könne[52].

Auch die Art und Weise der Rechtserzeugung spricht nach Ansicht *Liebs* für den tarifzwingenden Charakter des Richterrechts, sofern man daran festhalte, daß die richterliche Rechtsfortbildung einen Vorgang der Rechtsfindung bzw. Rechtserkenntnis darstelle, die keine anderen Ergebnisse neben sich dulde[53]. Dies führe zwingend zur „Richtigkeit" der aus übergeordneten Prinzipien abgeleiteten Normen[54]. Unabhängig von der neuerdings bezweifelten methodischen Möglichkeit solcher Ableitungen sei letztlich ausschlaggebend, daß das BAG mit all seiner Autorität eine derartige Ableitung vorgenommen und seine Rechtsprechung damit begründet habe. Die Dignität, die es seinen Normen damit gegeben habe, vertrage keine irgendwie geartete Dispositivität. Die darin liegende Relativierung der zuvor bezogenen Rechtsposition müßte diese selbst zum Einsturz bringen[55].

Lieb gelangt daher zu dem Fazit[56]: „Bei der arbeitsrechtlichen Schutzrechtsprechung ... handelt es sich nicht um bloß austausch- oder ersetzbare Zweckmäßigkeitsregelungen, sondern um durch Ableitung aus allgemeinen Rechtsgrundsätzen rechtlich determinierte, mit einem Richtigkeitsanspruch und nicht nur mit einem Vertretbarkeitsanspruch auftretende Rechtsetzung. Demgemäß ist eine Abdingbarkeit, die notwendigerweise die Möglichkeit eines widerspruchsfreien Nebeneinanderbestehens mehrerer divergierender Regelungen voraussetzt, wesensmäßig ausgeschlossen."

2. Kritik

In dem zentralen Punkt seiner Überlegungen ist *Lieb* vorweg nachdrücklich zuzustimmen, nämlich darin, daß eine tarifdispositive Rechtsgeltung ausgeschlossen ist, soweit daraus für die Rechtsordnung untragbare Wertungswidersprüche zu den Regeln des Gesetzes- und Richterrechts entstehen können. Zu weitgehend erscheint freilich, daß *Lieb* die von ihm sog. Dignität auf das ganze Regelwerk des Richterrechts erstrecken will. Denn das gesetzliche Arbeitnehmerschutzrecht, das

---

[52] Vgl. *Lieb*, RdA 1972, S. 129, 135.

[53] Vgl. hierzu *Westhoff*, Die Inhaltskontrolle von Arbeitsverträgen (1975), S. 126 f. m. w. N.

[54] Vgl. *Lieb*, RdA 1972, S. 129, 135.

[55] Vgl. *Lieb*, RdA 1972, S. 129, 136.

[56] *Lieb*, RdA 1972, S. 129, 136.

rechtsquellentheoretisch als Richtschnur für die Ausgestaltung der rechtsfortbildend zu schaffenden Normen fungiert, gilt ja keineswegs immer schlechthin unnachgiebig, sondern gestattet von Fall zu Fall zumindest in gewissem Umfang tarifvertragliche Abweichungen zuungunsten der Arbeitnehmer. Erinnert sei nur an die Tariföffnungsklauseln in den §§ 7 AZO, 13 I BUrlG und 622 III BGB. Es ist daher nicht einzusehen, warum nicht auch die richterrechtlichen Normen in dem Rahmen tarifdispositiv wirken können, den das Gesetzesrecht vorgibt[57].

IV. Die vorzugswürdige Lehre von der Unterscheidung zwischen dem tarifzwingenden Grundgedanken der Schutznorm und ihrer tarifdispositiven rechtstechnischen Einkleidung (Canaris)

Hier soll deshalb dem Lösungsvorschlag von *Canaris* gefolgt werden, der nach Maßgabe des tarifdispositiven Gesetzesrechts zwischen dem tarifzwingenden Grundgedanken der Schutzvorschrift und ihrer tarifdispositiven rechtstechnischen Ausgestaltung unterscheidet[58].

1. Die Systematik des tarifdispositiven Gesetzesrechts

Die Gesetzessystematik läßt sich beipielhaft am BUrlG demonstrieren. Danach ist der Anspruch auf bezahlten Erholungsurlaub sowie dessen Mindestdauer tarifvertraglicher Disposition entzogen. Bei den ansonsten tarifdispositiven Vorschriften des Gesetzes handelt es sich etwa um die Festlegung der Wartezeit oder um die Modalitäten des Zeitpunkts, der Übertragbarkeit und der Abgeltung des Urlaubs, also im wesentlichen um technische, nach Zweckmäßigkeitsgesichtspunkten vorzunehmende Entscheidungen, welche die Grundregel des bezahlten Urlaubs nicht beeinträchtigen. Durch die zwingende Fixierung der Urlaubsmindestdauer sorgt das Gesetz zusätzlich dafür, daß dieser Grundsatz nicht ausgehöhlt werden kann.

Wo eine solche ausdrückliche Untergrenze für die tarifliche Dispositionsbefugnis fehlt, muß diese im Wege systemkonformer Interpretation ermittelt werden. So erlaubt § 616 II 2 BGB den Tarifparteien zwar vorbehaltlos die Bestimmung der als nicht erheblich anzusehenden Ausfallzeit für die Lohnfortzahlung im Krankheitsfall; die von der gesetzlichen 6-Wochen-Regel abweichende Frist darf jedoch nicht so kurz bemessen sein, daß dadurch der Lohnfortzahlungsgrundsatz umgangen wird[59].

---

[57] Vgl. *Canaris*, Gedächtnisschr. f. Rolf Dietz, S. 199, 216 f.; *Richardi*, Gedächtnisschr. f. Rolf Dietz, S. 269, 282.

[58] Vgl. *Canaris*, Gedächtnisschr. f. Rolf Dietz, S. 199, 217 ff.; dahingehend neuerdings wohl auch *Lieb*, Schwerpunkte, S. 56.

[59] Vgl. *Biedenkopf*, Tarifautonomie, S. 190 f.

Überblickt man das tarifdispositive Gesetzesrecht im Zusammenhang, so ist festzustellen, daß die Regelungen in ihrer Schutzsubstanz zwingend gelten und dem Tarifvertrag nur begrenzte Abweichungsmöglichkeiten einräumen. Diese betreffen vorwiegend numerische und sonstige, mehr rechtstechnische als rechtsethische Bestimmungen, „die in einem verhältnismäßig hohen Maß auf einem rein dezisionistischen, von spezifischen Gerechtigkeitskriterien nur geringfügig geprägten Gesetzgebungsakt beruhen“[60].

2. *Die beschränkte Tarifdispositivität im Lichte der Grundprinzipien des Arbeitsrechts*

Die nach Art des gesetzlichen Arbeitnehmerschutzrechts beschränkte Tarifdispositivität rechtsfortbildend entwickelter Schutznormen entspricht auch den Grundprinzipien des Arbeitsrechts. Denn einmal werden solche Rechtspositionen der Arbeitnehmer ganz im Sinne des arbeitsrechtlichen Schutzprinzips unantastbar festgeschrieben, die wegen ihres hohen normativen Gehalts allseits zwingende „Dignität“ beanspruchen[61]. Zum anderen wird der Grundsatz der Tarifautonomie respektiert, indem man den Tarifparteien die Möglichkeit der rechtstechnischen Einzelausformung der jeweiligen, im Kern gesicherten Schutzposition gewährt. Dies rechtfertigt sich daraus, daß die Tarifpartner wegen der zwischen ihnen bestehenden Parität und nicht zuletzt wegen ihrer Sachnähe die für sie passende „technische“ Normausgestaltung selbst vornehmen können, während der einzelne Arbeitnehmer wegen seiner Unterlegenheit durch eine detaillierte Regelung vor etwaiger Benachteiligung geschützt werden muß[62].

Wie *Canaris* zutreffend hervorhebt, liegen dann methodisch gesehen zwei Verbotsnormen vor: „eine bis in alle rechtstechnischen Einzelheiten ausgeformte Norm, die nur für die Parteien des Individualvertrages voll verbindlich, für die Tarifpartner dagegen dispositiv ist, und eine lediglich generalklauselartig formulierte Norm, die nur den ‚Kern‘ des einschlägigen Schutzgedankens enthält und insoweit auch für die Tarifpartner zwingend ist, diesen jedoch im übrigen die nähere Einzelausgestaltung überläßt[63].“

V. Ergebnis: Die sehr beschränkte Tarifdispositivität der Betriebsrisikoregelung

Nach den vorstehenden Ausführungen ist klar, daß der Grundsatz der Lohnfortzahlung im Betriebs- und Wirtschaftsrisikofall als beson-

[60] *Canaris,* Gedächtnisschr. f. Rolf Dietz, S. 199, 218.

[61] Vgl. dazu noch einmal *Lieb,* RdA 1972, S. 129, 139.

[62] Vgl. *Canaris,* Gedächtnisschr. f. Rolf Dietz, S. 199, 219; ferner *Richardi,* Gedächtnisschr. f. Rolf Dietz, S. 269, 289.

dere Ausprägung des Arbeitnehmerschutzprinzips nicht zur Disposition der Tarifvertragsparteien steht[64]. Er hat vielmehr teil an der auch gegenüber dem Tarifvertrag wirkenden „Dignität" rechtsfortbildend entwickelter, mithin unabdingbar notwendiger Arbeitnehmerschutzpositionen.

Zu denken wäre an eine Dispositionsbefugnis der Tarifpartner hinsichtlich der Länge des Lohnfortzahlungszeitraums. Dies würde freilich voraussetzen, daß überhaupt die Notwendigkeit einer zeitlichen Limitierung der Lohnfortzahlungspflicht des Arbeitgebers bestünde. Eine Begrenzung des Lohnfortzahlungszeitraums etwa nach Maßgabe der §§ 616 II 2 BGB, 1 I 1 LFG auf sechs Wochen ist aber abzulehnen, weil das Arbeitshindernis beim Betriebs- und Wirtschaftsrisiko anders als bei krankheitsbedingter Arbeitsunfähigkeit oder sonstiger persönlicher Verhinderung nicht aus der Arbeitnehmersphäre stammt, der Arbeitnehmer also noch schutzwürdiger ist. Daher besteht die Lohnfortzahlungsverpflichtung des Arbeitgebers nicht nur „für eine verhältnismäßig nicht erhebliche Zeit" (§ 616 I 1 BGB), sondern grundsätzlich unbeschränkt[65]. Abgesehen davon, daß länger andauernde Betriebsstörungen in der Regel mit Kurzarbeit und Inanspruchnahme von Kurzarbeitergeld kostenmindernd überbrückt werden, findet die Lohnfortzahlung eine zeitliche Begrenzung nur in den jeweils geltenden Kündigungsfristen, sofern Arbeitnehmer aus Anlaß der Betriebsstörung entlassen werden müssen. Da somit eine spezielle zeitliche Grenze nicht festgelegt zu werden braucht, scheidet eine dahingehende Dispositionsmöglichkeit der Tarifpartner ohne weiteres aus.

---

63 *Canaris*, Gedächtnisschr. f. Rolf Dietz, S. 199, 220 f.

64 Eine eng begrenzte Ausnahme hiervon gilt lediglich für die Tarifpartner des Baugewerbes im Zusammenhang mit der Schlechtwettergeldregelung des AFG (§§ 83 - 89). Da die Zahlung von Schlechtwettergeld voraussetzt, daß der Bauarbeiter infolge des auf zwingenden Witterungsgründen beruhenden Arbeitsausfalls (Betriebsrisiko!) für die Ausfallstunden kein Arbeitsentgelt bezieht (§ 85 I Nr. 2 AFG), haben die zuständigen Verbände den Lohnfortzahlungsanspruch im Bereich der Schlechtwettergeldregelung tarifvertraglich abbedungen (vgl. z. B. § 4 Nr. 5.1 des Bundesrahmentarifvertrages vom 1. 4. 1971 für das Baugewerbe im Bundesgebiet — allgemeinverbindlich erklärt mit Wirkung vom 1. 7. 1975 —, abgedr. in der Tarifsammlung des Bayer. Staatsministeriums f. Arbeit- und Sozialordnung unter TR 21 — 100 a 18/100 a 35; ferner zum ganzen *Hennig / Kühl / Heuer*, AFG, § 85 Anm. 8). Die Ausnahme kann deswegen hingenommen werden, weil die betroffenen Arbeitnehmer statt des Lohnes den Anspruch auf Schlechtwettergeld erhalten, womit dem Lebensstandardprinzip Rechnung getragen wird, so daß kein untragbarer Wertungswiderspruch entsteht. Hieraus folgt gleichzeitig, daß die entsprechende Dispositionsbefugnis auf den unmittelbaren Bezug zur Schlechtwettergeldregelung beschränkt ist. Vgl. zum arbeitsmarktpolitischen Zweck des Schlechtwettergeldes *Weber / Paul*, AFG, § 85 Anm. 1.

65 Ein entsprechender Standpunkt ist schon bei den Gesetzgebungsberatungen über den heutigen § 615 BGB hervorgetreten. Vgl. dazu oben 1. Teil, A. I.

Daß die Betriebsrisikoregelung dennoch in einem schmalen Bereich tarifdispositiv ausgestaltet werden kann, ergibt sich aus der Parallele zu § 2 LFG. In dieser Vorschrift hat der Gesetzgeber detailliert beschrieben, wie die Höhe des fortzuzahlenden Arbeitsentgelts zu ermitteln ist. Es handelt sich dabei also um eine geradezu typische Durchführungsbestimmung von weitgehend rechtstechnischem Charakter, die zwar für die Arbeitsvertrags-, nicht aber für die Tarifvertragsparteien verbindlich ist. Wendet man, wie dies bereits vorgeschlagen wurde, die Vorschrift bei der Lohnfortzahlung im Betriebsrisikofall entsprechend an, so gilt dies natürlich auch für die Tariföffnungsklausel in § 2 III LFG. Danach ist es den Tarifpartnern gestattet, andere als die gesetzlich fixierten Modalitäten für die Berechnung der fortzuzahlenden Vergütung zu vereinbaren, auch wenn sich dies zuungunsten der Arbeitnehmer auswirken sollte. Hierbei darf freilich der Lohnfortzahlungsgrundsatz nicht ausgehöhlt werden[66].

Den Tarifparteien verbleibt demnach ein gewisser Gestaltungsspielraum in bezug auf die praktische Durchführung der Lohnfortzahlung, innerhalb dessen sie die ihrer sachverständigen Ansicht nach zweckmäßigste Regelung vornehmen dürfen. Da es in diesem akzidentellen Regelungsbereich mehrere vertretbare Lösungsmöglichkeiten gibt, können insoweit für die Rechtsordnung untragbare Wertungswidersprüche zu der gesetzlichen Regelung nicht entstehen, weswegen diese tarifdispositiv gelten kann.

---

[66] Vgl. zu diesem Vorbehalt näher *Kehrmann / Pelikan*, LFG, § 2 Rdnr. 28; *Doetsch / Schnabel / Paulsdorff*, LFG, § 2 Rdnr. 21; *Röhsler*, AR-Blattei (D) „Krankheit III A", unter IV 5 a.

Zusammenfassung in Thesen

A. Die Rechtsgrundlage der Betriebsrisikolehre

1. Entgegen überkommener Auffassung gibt es nach heutigem Erkenntnisstand für die Behandlung des Betriebsrisikos einen festen Ansatz im BGB. Die Betriebsstörung bewirkt eine vorübergehende Primärzweckvereitelung, die im Rahmen des sich in der Zeit fortentwickelnden Arbeitsverhältnisses als dauernde Teilunmöglichkeit der Arbeitsleistung zu qualifizieren ist.

2. Da die Arbeitsunmöglichkeit — abgesehen von den mit § 324 I BGB erfaßbaren Fällen — von keiner Seite zu vertreten ist, müßte an sich § 323 I BGB zur Anwendung kommen, d. h. der Lohnanspruch des Arbeitnehmers für die Ausfallzeit versagt werden. Die Vorschrift enthält jedoch hinsichtlich des Betriebsrisikos eine verdeckte Regelungslücke, die unter Beachtung der besonderen arbeitsrechtlichen Ordnungs- und Wertproblematik auszufüllen ist.

3. Die grundsätzliche Belastung des Arbeitgebers mit dem Betriebsrisiko rechtfertigt sich aus dem arbeitsrechtlichen Schutzprinzip und trägt damit den ungleichen Positionen der Arbeitsvertragspartner Rechnung, wobei die Unfähigkeit des Arbeitnehmers zur Eigenvorsorge im Vordergrund steht. Die Lohnfortzahlungsregel beruht genauer auf einer teleologischen Reduktion des § 323 I BGB in Verbindung mit einer Gesamtanalogie zu den gesetzlichen Lohnfortzahlungsvorschriften, die allesamt das sog. Lebensstandardprinzip verwirklichen und somit den generalklauselartigen Arbeitnehmerschutzgedanken konkretisieren.

4. Bei dem Wirtschaftsrisikotatbestand handelt es sich um eine Störung des weiteren Gläubigerzwecks im Sinne der modernen Schuldrechtsdogmatik. Obwohl der Gläubiger schon nach dem BGB das „Verwendungsrisiko" der noch erbringbaren Leistung trägt, findet auch insoweit die Lohnfortzahlungsregel ihre Grundlage letztlich im Arbeitnehmerschutzprinzip. Dies verbietet nämlich wie beim Betriebsrisiko den Ausspruch fristloser Kündigungen nach § 626 BGB und beläßt dem Arbeitgeber nur die Möglichkeit der ordentlichen, fristgebundenen Beendigung des Arbeitsverhältnisses.

B. Die Reichweite der Betriebsrisikolehre

I. Das bestandsgefährdende Betriebsrisiko

1. Die bisherige, im wesentlichen mit dem Gemeinschaftsgedanken begründete Einschränkung der Lohnfortzahlungsregel für diesen Fall ist aufzugeben. Denn die mit Lohnverlust oder Lohnstundung verbundene Schlechterstellung des Arbeitnehmers gegenüber anderen Gläubigern des Arbeitgebers widerspricht der gesetzgeberischen Grundentscheidung, den Arbeitnehmer so weit wie möglich vor wirtschaftlich nachteiligen Auswirkungen einer Unternehmenskrise zu bewahren, insbesondere ihn vom Lohnrisiko im Konkurs freizustellen.
2. Der Arbeitgeber bleibt also auch bei existenzgefährdenden Betriebsstörungen zu ungekürzter und pünktlicher Lohnzahlung verpflichtet. Die insoweit revidierte Betriebsrisokolehre ergänzt das System der einschlägigen gesetzlichen Schutzvorschriften.

II. Das arbeitskampfbedingte Lohnrisiko

1. Die Sphärentheorie mitsamt der Solidaritätsthese sowie das Prinzip der Kampfparität vermögen die derzeitige Verteilung des arbeitskampfbedingten Betriebsrisikos nicht zu tragen.
2. Die Reichweite der Betriebsrisikolehre im Arbeitskampf bemißt sich vielmehr entsprechend dem Geltungsgrund der Lohnfortzahlungsregel nach der Notwendigkeit individuellen Arbeitnehmerschutzes.
3. Hinsichtlich der Risikofolgen des Arbeitskampfes fehlt dieses Schutzbedürfnis bei denjenigen Arbeitnehmern, die dem gewerkschaftlich repräsentierten Selbsthilfeverband angehören und damit in eine Gleichgewichtsbeziehung zum Arbeitgeber treten. Insoweit muß es bei der Rechtsfolge des § 323 I BGB verbleiben, damit die arbeitnehmerische Unterlegenheit nicht in sinnwidriger Weise überkompensiert wird.
4. Auf der Grundlage dieses aus der Modellkonkurrenz von staatlichem Arbeitnehmerschutz und kollektiver Selbsthilfe entwickelten Lösungskonzepts wird die Unterscheidung zwischen Streik und Aussperrung als Störungsursache hinfällig. Einheitlicher Anknüpfungspunkt ist der tarifbezogene Arbeitskampf als Bestandteil des gleichgewichtigen koalitiven Regelungsverfahrens, das die Anwendung der Lohnfortzahlungsregel auf daran partizipierende Arbeitsverhältnisse bei kampfbedingter Arbeitsunmöglichkeit ausschließt.

5. Nur solche Arbeitnehmer, deren Interessen die kampfführende Gewerkschaft vertreten darf und deren Arbeitsverhältnisse konkret regelungsbetroffen sind, tragen das arbeitskampfbedingte Betriebsrisiko.

6. Die Gewerkschaft ist nicht nur als Mitgliederverband befugt, die Interessen sämtlicher Mitglieder kampfweise wahrzunehmen, sondern besitzt darüber hinaus eine die individuelle Zurechnung erlaubende Handlungsbefugnis hinsichtlich der Außenseiter ihres Zuständigkeitsbereiches, zu der sie aufgrund ihrer Ordnungsfunktion legitimiert ist. Diese Gesamtvertretungsbefugnis kennzeichnet ihre Stellung als repräsentatives Berufsorgan.

7. Keine Zurechnungsmöglichkeit besteht dagegen bei den Andersorganisierten und denjenigen Nichtorganisierten, für die andere Gewerkschaften zuständig sind. Die Abgrenzung ist im Zweifelsfall nach der praktischen Tarifanwendung vorzunehmen.

8. Auf Betriebsstörungen im Gefolge von rechtswidrigen Verbandsarbeitskämpfen und von sog. wilden Streiks bleibt die Betriebsrisikolehre voll anwendbar.

9. Konkret regelungsbetroffen und damit risikobelastet sind zunächst die Arbeitnehmer im räumlichen und fachlichen Geltungsbereich des umkämpften Tarifvertrages.

10. Regelungsbetroffen sind ferner die Arbeitnehmer in solchen fachgleichen Tarifbezirken, für die der umkämpfte Tarifvertrag Modellcharakter hat. Dies setzt voraus, daß

    (1) der Tarif in dem anderen Tarifgebiet ebenfalls gekündigt ist,

    (2) dort im wesentlichen die gleichen Forderungen erhoben werden und

    (3) die umkämpfte Regelung daher höchstwahrscheinlich ohne neuen Kampf übernommen werden wird.

11. Gleiches gilt für die Verteilung des arbeitskampfbedingten Wirtschaftsrisikos.

12. Der Bereich, in dem die Lohnfortzahlungsregel nicht zur Anwendung gelangt, deckt sich mit dem Bereich, für den § 116 III AFG und die Neutralitäts-Anordnung das Ruhen der Arbeitslosen- bzw. Kurzarbeitergeldansprüche anordnen.

13. Soweit hiernach mittelbar kampfbetroffenen Arbeitnehmern der Lohn fortzuzahlen ist, werden sich Arbeitgeber und Betriebsrat im Bedarfsfall über die Einführung von Kurzarbeit verständigen, um das Lohnrisiko durch Inanspruchnahme von Kurzarbeitergeld im Interesse des Betriebes zu minimieren.

14. Ein „Anspruch" des Arbeitgebers auf Einführung von Kurzarbeit kann sich aus kollektivrechtlich vereinbarten Kurzarbeitsklauseln ergeben. Liegen deren nähere Voraussetzungen im Einzelfall vor, so muß der Betriebsrat zustimmen.

III. Zur Dispositivität der Lohnfortzahlungsregel

1. Die Lohnfortzahlungsregel der Betriebsrisikolehre kann weder im Arbeitsvertrag noch in einer Betriebsvereinbarung abbedungen werden. Als Schutznorm hat sie wesensgemäß zwingenden Charakter.

2. Die Lohnfortzahlungsregel steht auch nicht zur Disposition der Tarifvertragsparteien. Sie besitzt vielmehr die auch gegenüber dem Tarifvertrag wirkende Dignität einer unabdingbar notwendigen Arbeitnehmerschutzposition.

3. Analog § 2 III LFG verbleibt den Tarifpartnern allerdings ein gewisser Gestaltungsspielraum in bezug auf die praktische Durchführung der Lohnfortzahlung. Nur in diesem Randbereich ist die Regelung tarifdispositiv.

Literaturverzeichnis

Adomeit, Klaus: Rechtsquellenfragen im Arbeitsrecht, München 1969.

Ballerstedt, Kurt: Arbeitskampf und Lohnrisiko, AuR 1966, S. 225 ff.

Becker, Friedrich: Urteilsanmerkung, NJW 1973, S. 1629 f.

Bellebaum, Alfred: Soziologische Grundbegriffe, 4. Aufl., Stuttgart 1974.

Bergmann, Joachim, Otto *Jacobi* und Walther *Müller-Jentsch:* Gewerkschaften in der Bundesrepublik, Frankfurt—Köln 1975.

Beuthien, Volker: Zweckerreichung und Zweckstörung im Schuldverhältnis, Tübingen 1969.

— Das Nachleisten versäumter Arbeit — Zum Fixschuldcharakter der Arbeitspflicht —, RdA 1972, S. 20 ff.

Beuthien, Volker, Walther *Hadding* u. a.: Studienkommentar zum BGB, Frankfurt/M., Stand: 1. Mai 1975.

Biedenkopf, Kurt H.: Grenzen der Tarifautonomie, Karlsruhe 1964.

— Sinn und Grenzen der Vereinbarungsbefugnis der Tarifvertragsparteien, Gutachten für den 46. Deutschen Juristentag, in: Verhandlungen des 46. Deutschen Juristentages 1966, Bd. I, Teil 1, München 1966, S. 97 ff.

— Die Betriebsrisikolehre als Beispiel richterlicher Rechtsfortbildung, Karlsruhe 1970.

— Koalitionsfreiheit und Tarifautonomie als Strukturelemente der modernen Demokratie, in: Koalitionsfreiheit und Tarifautonomie als Probleme der modernen Demokratie, hrsg. von Duvernell, Berlin 1968, S. 199 ff.

— Anm. zu BAG AP Nr. 54 zu § 611 BGB Gratifikation.

Bobrowski, Paul und Dieter *Gaul:* Das Arbeitsrecht im Betrieb, 4. Aufl., Heidelberg 1962.

Boehmer, Gustav: Grundlagen der bürgerlichen Rechtsordnung, Zweites Buch, Zweite Abteilung, Praxis der richterlichen Rechtsschöpfung, Tübingen 1952.

Bötticher, Eduard: Waffengleichheit und Gleichbehandlung der Arbeitnehmer im kollektiven Arbeitsrecht, Karlsruhe 1956.

— Urteilsanmerkung, SAE 1967, S. 263 f.

Brox, Hans: Grundbegriffe des Arbeitsrechts, 3. Aufl., Stuttgart 1972.

Brox, Hans und Bernd *Rüthers:* Arbeitskampfrecht, Stuttgart 1965.

Canaris, Claus-Wilhelm: Die Feststellung von Lücken im Gesetz, Berlin 1964.

— Tarifdispositive Normen und richterliche Rechtsfortbildung, in: Gedächtnisschrift für Rolf Dietz, München 1973, S. 199 ff.

Danz, Fritz-Jürgen: Die Verteilung des Lohnrisikos in kampfbetroffenen Drittbetrieben, Diss. Köln 1972.

Däubler, Wolfgang: Das Grundrecht auf Streik — eine Skizze, ZfA 1973, S. 201 ff.

Dietlein, Max: Zum verfassungsrechtlichen Verhältnis der positiven zur negativen Koalitionsfreiheit, AuR 1970, S. 200 ff.

Dietz, Rolf und Reinhard *Richardi*: Betriebsverfassungsgesetz, 5. Aufl., München 1973.

Doetsch, Werner, Fritz *Schnabel* und Jürgen *Paulsdorff*: Lohnfortzahlungsgesetz, 3. Aufl., Bergisch-Gladbach 1972.

Duden: Fremdwörterbuch, 2. Aufl., Mannheim 1971.

Dütz, Wilhelm: Einstweiliger Rechts- und Interessenschutz in der Betriebsverfassung, ZfA 1972, S. 247 ff.

Ehmann, Horst: Das Lohnrisiko der an einem rechtmäßigen Arbeitskampf nicht beteiligten Arbeitnehmer, DB 1973, S. 1946 ff. (I), S. 1994 ff. (II).

Eisenstein, Rolf: Die Lohnansprüche arbeitswilliger Arbeitnehmer bei Arbeitskämpfen, Diss. Münster 1962.

Erdmann, Gerhard: Koalitionsfreiheit und Tarifautonomie aus der Sicht der Arbeitgeberverbände, in: Koalitionsfreiheit und Tarifautonomie als Probleme der modernen Demokratie, hrsg. von Duvernell, Berlin 1968, S. 93 ff.

Erman, Walter: Handkommentar zum Bürgerlichen Gesetzbuch, 6. Aufl., Münster 1975.

Esser, Josef: Schuldrecht, 2. Aufl., Karlsruhe 1960; Bd. I, 4. Aufl., Karlsruhe 1970.

Esser, Josef und Eike *Schmidt*: Schuldrecht, Bd. I, Allgemeiner Teil, Teilband 1, 5. Aufl., Karlsruhe 1975.

Evers, Hans-Ulrich: Arbeitskampffreiheit, Neutralität, Waffengleichheit und Aussperrung, Hamburg 1969.

Fabricius, Fritz: Leistungsstörungen im Arbeitsverhältnis, Tübingen 1970.

Fabricius, Fritz, Alfons *Kraft*, Wolfgang *Thiele* und Günther *Wiese*: Betriebsverfassungsgesetz, Gemeinschaftskommentar, Neuwied und Berlin 1975.

Fikentscher, Wolfgang: Schuldrecht, 4. Aufl., Berlin/New York 1973.

Fitting, Karl, Fritz *Auffarth* und Heinz *Kaiser*: Betriebsverfassungsgesetz, 11. Aufl., München 1974.

Flume, Werner: Allgemeiner Teil des Bürgerlichen Rechts, Zweiter Band, Das Rechtsgeschäft, Berlin 1965.

Gaber, Rolf: Die Bedeutung des Solidaritätsprinzips für die Verteilung des Betriebsrisikos im Arbeitskampf, Diss. Köln 1962.

Gamillscheg, Franz: Die Differenzierung nach der Gewerkschaftszugehörigkeit, Berlin 1966.

— Arbeitsrecht, Prüfe Dein Wissen, Heft 14, 3. Aufl., München 1973.

— Zur Gratifikation mit Rückzahlungsvorbehalt, RdA 1968, S. 407 ff.

— Die Solidarität als Rechtsbegriff, in: Festschrift für Erich Fechner, Tübingen 1973, S. 135 ff.

Gamillscheg, Franz: Der Abschluß des Arbeitsvertrages im neuen Arbeitsvertragsgesetz, in: Im Dienst an Recht und Staat, Festschrift für Werner Weber, Berlin 1974, S. 793 ff.

— Zivilrechtliche Denkformen und die Entwicklung des Individualarbeitsrechts, AcP 176 (1976), S. 197 ff.

— Anm. zu BAG AP Nr. 63 zu § 611 BGB Gratifikation.

Gerke, Bernd: Betriebsrisikolehre („Sphärentheorie") und § 116 Abs. 3 Arbeitsförderungsgesetz (AFG), ABA 1973, S. 380 ff.

Gift, E.: Fragen der Abwehraussperrung, RdA 1960, S. 166 ff.

Grunsky, Wolfgang: Der Entzug eines vertraglichen Ruhegeldanspruchs nach Beendigung des Arbeitsverhältnisses — BAG, NJW 1968, 1444, JuS 1970, S. 16 ff.

Hanau, Peter: Gemeingebrauch am Tarifvertrag? — BAG (GS), AP Nr. 9 GG Nr. 13, JuS 1969, S. 213 ff.

— Praktische Fragen der Mitbestimmung in sozialen Angelegenheiten, BB 1972, S. 499 ff.

— Probleme der Mitbestimmung des Betriebsrats über den Sozialplan, ZfA 1974, S. 89 ff.

— Urteilsanmerkung, SAE 1969, S. 118 f.

Hanau, Peter und Klaus *Adomeit:* Arbeitsrecht, 3. Aufl., Frankfurt/M. 1974.

Hartfiel, Günter: Wörterbuch der Soziologie, Stuttgart 1972.

— Die Entwicklung der Rolle und des Selbstverständnisses der Angestellten, GMH 1974, S. 540 ff.

Heckelmann, Dieter: Die einstweilige Verfügung im Arbeitskampf, AuR 1970, S. 166 ff.

Heilmann, Hans: Die Auswirkungen des Gesetzes über Konkursausfallgeld auf die Abwicklung von Konkursen, NJW 1974, S. 1895 ff.

Heinze, Meinhard: Der Sozialplan in Konkurs und Vergleich, DB 1974, S. 1814 ff.

Hennig, Werner, Horst *Kühl* und Ernst *Heuer:* Arbeitsförderungsgesetz, Loseblatt-Kommentar, Stand: März 1976.

Hernekamp, Karl: Arbeitskampf, Aktuelle Dokumente, hrsg. von v. Münch, Berlin 1975.

Herschel, Wilhelm: Gratifikationsrückzahlung und Tarifvertrag, DB 1967, S. 245 ff.

— Tarifdispositives Recht, DB 1971, S. 2114 ff.

— Gedanken zu Richterrecht und Tarifautonomie, AuR 1972, S. 129 ff.

— Gesetzesvertretendes Richterrecht und Tarifautonomie, RdA 1973, S. 147 ff.

— Tarifdispositives Richterrecht, RdA 1975, S. 333 ff.

Hilger, Marie Luise: Überlegungen zum Richterrecht, in: Festschrift für Karl Larenz, München 1973, S. 109 ff.

Himmelschein, Jury: Erfüllungszwang und Lehre von den positiven Vertragsverletzungen, AcP 135 (1932), S. 255 ff.

Hoffknecht, Adalbert-Christian: Die leitenden Angestellten im Koalitions- und Arbeitskampfrecht, Berlin 1975.

Hueck, Alfred: Der Treuegedanke im modernen Privatrecht, München 1947.

— Anm. zu RAG ARS 3, S. 116 ff.

— Anm. zu BAG AP Nr. 2 zu § 615 BGB Betriebsrisiko.

Hueck, Alfred und Götz *Hueck:* Kündigungsschutzgesetz, 9. Aufl., München 1974.

Hueck, Alfred und Hans Carl *Nipperdey:* Lehrbuch des Arbeitsrechts, Bd. II, 6. Aufl., Berlin 1957; Bd. I, 7. Aufl., Berlin 1963; Bd. II, 1. Halbbd., 7. Aufl., Berlin 1967; Bd. II, 2. Halbbd., 7. Aufl., Berlin 1970.

Hueck, Götz: Anm. zu BAG AP Nr. 15 zu § 626 BGB.

— Anm. zu BAG AP Nr. 16 zu § 626 BGB.

Jobs, Friedhelm: Die Bedeutung Otto von Gierkes für die Kennzeichnung des Arbeitsverhältnisses als personenrechtliches Gemeinschaftsverhältnis, ZfA 1972, S. 305 ff.

Jorns, Dieter: Das Betriebsrisiko unter besonderer Berücksichtigung der Rechtsprechung nach dem zweiten Weltkriege, Heidelberg 1957.

Jülicher, Friedrich: Die Neutralität der Bundesanstalt für Arbeit bei Arbeitskämpfen, DB 1973, S. 720 ff. (1), S. 770 ff. (2).

Kaiser, Joseph H.: Die Parität der Sozialpartner, Karlsruhe 1973.

Käppler, Renate: Voraussetzungen und Grenzen tarifdispositiven Richterrechts, Berlin 1977.

Kaser, Max: Römisches Privatrecht, 5. Aufl., München 1966.

Kaskel, Walter und Hermann *Dersch:* Arbeitsrecht, 5. Aufl., Berlin 1957.

Kaufmann, Hermann: Die Solidarität und ihre Wirkung auf das Arbeitsverhältnis, DB 1966, S. 33 ff.

Kehrmann, Karl und Wolfgang *Pelikan:* Lohnfortzahlungsgesetz, 2. Aufl., München 1973.

Kittner, Michael: Parität im Arbeitskampf? Überlegungen zur Forderung nach dem Verbot der Aussperrung, GMH 1973, S. 91 ff.

— Streik und Aussperrung, Protokoll der wissenschaftlichen Veranstaltung der IG Metall vom 13. bis 15. September 1973 in München, Frankfurt/M. 1974.

Köhler, Helmut: Unmöglichkeit und Geschäftsgrundlage bei Zweckstörungen, im Schuldverhältnis, München 1971.

Krasnitzky, Norbert J.: Die Lehre vom Betriebsrisiko, Eine ökonomisch orientierte Kritik juristisch-ökonomischer Argumente, Diss. Frankfurt/M. 1971.

Kunze, Otto: Keine Dämonisierung des Arbeitskampfes!, AuR 1965, S. 213 f.

— Koalitionsfreiheit und Tarifautonomie aus der Sicht der Gewerkschaften, in: Koalitionsfreiheit und Tarifautonomie als Probleme der modernen Demokratie, hrsg. von Duvernell, Berlin 1968, S. 101 ff.

Larenz, Karl: Lehrbuch des Schuldrechts, Bd. I, 10. Aufl., München 1970; 11. Aufl., München 1976; Bd. II, 10. Aufl., München 1972.

— Methodenlehre der Rechtswissenschaft, 2. Aufl., Berlin 1969; 3. Aufl., Berlin 1975.

Larenz, Karl: Der Richter als Gesetzgeber?, in: Festschrift für Heinrich Henkel, Berlin 1974, S. 31 ff.

Lecher, Wolfgang: Der „Neue Arbeiter“ — Differenzierung oder Vereinheitlichung der Arbeitnehmerschaft?, GMH 1974, S. 557 ff.

Leibholz, Gerhard: Die Repräsentation in der Demokratie, Berlin 1973.

Lent, Friedrich und Othmar *Jauernig:* Zwangsvollstreckungs- und Konkursrecht, 13. Aufl., München 1975.

Lerche, Peter: Verfassungsrechtliche Zentralfragen des Arbeitskampfes, Bad Homburg v. d. H./Berlin/Zürich 1968.

Leventis, Georg: Tarifliche Differenzierungsklauseln nach dem Grundgesetz und dem Tarifvertragsgesetz, Berlin 1974.

Lieb, Manfred: Arbeitsrecht, Schwerpunkte Band 10, Karlsruhe 1975.

— Begriff, Geltungsweise und Außenseiterproblematik der Solidarnormen, RdA 1967, S. 441 ff.

— Kritische Gedanken zum tarifdispositiven Richterrecht, RdA 1972, S. 129 ff.

Lorenz, Martin: Das Gesetz über Konkursausfallgeld, DB 1974, S. 1720 f.

Lotmar, Philipp: Der Arbeitsvertrag nach dem Privatrecht des Deutschen Reiches, Bd. II, Leipzig 1908.

Löwisch, Manfred: Zur Frage des Anspruchs auf Arbeitsentgelt bei Betriebsstörungen infolge von Arbeitskämpfen, DB 1963, S. 899 ff.

— Lohnansprüche bei Arbeitsausfall infolge von Arbeitskämpfen, RdA 1967, S. 45 ff.

— Die Neutralitätsverpflichtung der Bundesanstalt für Arbeit (BfA) bei Arbeitskämpfen (§ 116 AFG), RdA 1972, S. 73 ff.

— Arbeitslosengeld und Arbeitskampf, RdA 1973, S. 22 ff.

— Arbeitskampf und Vertragserfüllung, AcP 174 (1974), S. 202 ff.

Marx, Karl und Friedrich *Engels:* Manifest der Kommunistischen Partei, in: Marx, Karl, Frühe Schriften, 2. Bd., hrsg. v. Hans-Joachim Lieber und Peter Furth, Darmstadt 1971, S. 813 ff.

Maunz, Theodor, Günter *Dürig* und Roman *Herzog:* Grundgesetz, 4. Aufl., München 1974 ff.

Mavridis, Vassili: Eingliederungstheorie, Vertragstheorie und Gemeinschaftsverhältnis, RdA 1956, S. 444 ff.

Mayer-Maly, Theo: Römische Grundlagen des modernen Arbeitsrechts, RdA 1967, S. 281 ff.

— Zum Verständnis der Kampfparität, RdA 1968, S. 432 ff.

— Anm. zu BAG AP Nr. 29 zu § 615 BGB Betriebsrisiko.

Mayer-Maly, Theo und Hans Carl *Nipperdey:* Risikoverteilung in mittelbar von rechtmäßigen Arbeitskämpfen betroffenen Betrieben, Tübingen 1965.

Medicus, Dieter: Bürgerliches Recht, 7. Aufl., Köln 1975.

Möller-Lücking, Norbert: Arbeitskampf und Arbeitslosengeld, AuR 1973, S. 295 ff.

Motive: Motive zu dem Entwurfe eines Bürgerlichen Gesetzbuches für das Deutsche Reich, Band II, Recht der Schuldverhältnisse, Amtliche Ausgabe, Berlin und Leipzig 1888.

Mugdan, B.: Die gesammelten Materialien zum Bürgerlichen Gesetzbuch für das Deutsche Reich, II. Band, Recht der Schuldverhältnisse, Berlin 1899.

Mühlen, Alexander: Die Schädigung von Drittbetrieben im Arbeitskampf, Vergleichende Darstellung der Rechtslage in Deutschland und Frankreich, Diss. Köln 1967.

Muhr, Gerd: Arbeitskampf, Verwirklichung des Sozialstaatauftrags und Neutralität der Bundesanstalt für Arbeit; zu § 116 AFG, RdA 1973, S. 9 ff.

Müller, Gerhard: Einflüsse des kollektiven Arbeitsrechts auf das Arbeitsverhältnis (Teil II), DB 1967, S. 948 ff.

— Das Arbeitskampfrecht im Beschluß des Großen Senats des Bundesarbeitsgerichts vom 21. April 1971, RdA 1971, S. 321 ff.

— Der Arbeitskampf als Rechtsinstitution — Gedanken zum Arbeitskampfrecht in der Bundesrepublik Deutschland, AuR 1972, S. 1 ff.

— Fragen zum Arbeitskampfrecht nach dem Beschluß des Großen Senats des Bundesarbeitsgerichts vom 21. April 1971, GMH 1972, S. 273 ff.

Müller-Jentsch, Walter: Der Arbeitskampf in der Metallindustrie — Analyse der Tarifbewegung 1971, GMH 1972, S. 324 ff.

Musa, Wilhelm: Wechselwirkung zwischen Neutralitätspflicht der Bundesanstalt für Arbeit bei Arbeitskämpfen und Betriebsrisikolehre?, AuR 1976, S. 161 ff.

Nastelski, Karl: Die Zeit als Bestandteil des Leistungsinhalts, JuS 1962, S. 289 ff.

Natzel: Streik und Betriebsrisiko, DB 1958, S. 572 f.

Neumann-Duesberg, Horst: „Vertretenmüssen" des Gläubigers (Arbeitgebers) bei Betriebsrisiko und bei Unmöglichkeit der Arbeitsleistung, BB 1969, S. 1449 ff.

— Abgrenzung zwischen Betriebsrisiko, Unmöglichkeit und Annahmeverzug — BAG, Betr. 1969, S. 446, JuS 1970, S. 68 ff.

Nickel, Walter: Zum gegenwärtigen Verhältnis von Arbeiterschaft und Gewerkschaft, GMH 1973, S. 478 ff.

Nikisch, Arthur: Arbeitsrecht, Bd. I, 3. Aufl., Tübingen 1961; Bd. II, 2. Aufl., Tübingen 1959.

— Anm. zu BAG AP Nr. 15 zu § 615 BGB Betriebsrisiko.

Oertmann, Paul: Leistungsunmöglichkeit und Annahmeverzug, AcP 116 (1918), S. 1 ff.

— Deutsches Arbeitsvertragsrecht, Berlin 1923.

Osterland, Martin: Angleichungs- und Differenzierungsprozesse zwischen Arbeitern und Angestellten, in: Gewerkschaften und Klassenkampf, Kritisches Jahrbuch 1973, hrsg. v. Jacobi u. a., Frankfurt 1973, S. 194 ff.

Palandt: Bürgerliches Gesetzbuch, 34. Aufl., München 1975.

Pfarr, Heide M. und Michael *Kittner:* Solidarität im Arbeitsrecht, RdA 1974, S. 284 ff.

Pollmann, Hans: Repräsentation und Organschaft, Berlin 1969.

Preis, Bernd: Tarifdispositives Richterrecht, ZfA 1972, S. 271 ff.

Radke, Olaf: Arbeitskampf und Neutralitätspflicht der Bundesanstalt für Arbeit, RdA 1973, S. 14 ff.

Ramm, Thilo: Arbeitgeber und Arbeitskampf, in: Gesellschaft, Recht und Politik, Wolfgang Abendroth zum 60. Geburtstag, Neuwied und Berlin 1968, S. 275 ff.

— Der Koalitionsbegriff, RdA 1968, S. 412 ff.

— Zur Bedeutung der Rechtssoziologie für das Arbeitsrecht, in: Rechtssoziologie und Rechtspraxis, hrsg. v. Naucke, Wolfgang — Trappe, Paul, Neuwied und Berlin 1970, S. 154 ff.

— Zur Bedeutung der Rechtssoziologie für das Arbeitsrecht, Kritische Justiz 1970, S. 175 ff.

Reitzenstein, Irene von: Solidarität und Gleichheit, Ordnungsvorstellungen im deutschen Gewerkschaftsdenken nach 1945, Berlin 1961.

Reuter, Dieter: Nochmals: Die unverhältnismäßige Aussperrung — BAG (GS) AP, Art. 9 GG — Arbeitskampf — Nr. 43, JuS 1973, S. 284 ff.

— Die Entwicklung des arbeitsrechtlichen Schrifttums im Jahre 1973, ZfA 1974, S. 235 ff.

— Die Arbeitskampffreiheit in der Verfassungs- und Rechtsordnung der Bundesrepublik Deutschland, in: Festschrift für Franz Böhm, Tübingen 1975, S. 521 ff.

— Streik und Aussperrung, RdA 1975, S. 275 ff.

Richardi, Reinhard: Arbeitsrecht, Fälle und Lösungen, 3. Aufl., Karlsruhe und Heidelberg 1976.

— Koalitionsfreiheit und Tarifautonomie als Probleme der modernen Demokratie (Rezension), RdA 1969, S. 147 ff.

— Aussperrung und Arbeitsverhältnis, RdA 1970, S. 65 ff.

— Der Beschluß des Großen Senats des Bundesarbeitsgerichts vom 21. April 1971, RdA 1971, S. 334 ff.

— Richterrecht und Tarifautonomie, in: Gedächtnisschrift für Rolf Dietz, München 1973, S. 269 ff.

— Arbeitsrecht und Zivilrecht, ZfA 1974, S. 3 ff.

Röhsler, Waldemar: Die Fortzahlung des Arbeitsentgelts an Arbeiter im Krankheitsfalle, in: AR-Blattei (D) „Krankheit des Arbeitnehmers III A".

— Der Solidaritätsgedanke im Individualarbeitsrecht unter besonderer Berücksichtigung der Rechtsprechung des Bundesarbeitsgerichts, in: Das Arbeitsrecht der Gegenwart, hrsg. v. Gerhard Müller, Bd. 12, Berlin 1975, S. 107 ff.

Rümelin, Gustav: Dienstvertrag und Werkvertrag, Tübingen 1905.

Rumpff, Klaus und Hans *Dröge:* Kurzarbeit, Stuttgart—Wiesbaden 1975.

Runggaldier, Ulrich: Die streikbedingte Betriebsstörung nach italienischem Recht, Eine rechtsvergleichende Untersuchung, RdA 1975, S. 238 ff.

Rüthers, Bernd: Das Recht der Gewerkschaften auf Information und Mitgliederwerbung im Betrieb, RdA 1968, S. 161 ff.

Rüthers, Bernd: Zur Kampfparität im Arbeitskampfrecht, JurA 1970, S. 85 ff.
— Rechtsprobleme des betriebsbezogenen wilden Streiks, JZ 1970, S. 625 ff.
— Rechtsprobleme des „tarifbezogenen“ wilden Streiks, DB 1970, S. 2120 ff.
— Solidaritätsprinzip und Vertragstreue im Arbeitskampf, ZfA 1972, S. 403 ff.
— Arbeitgeber und Gewerkschaften — Gleichgewicht oder Dominanz — DB 1973, S. 1649 ff.

Ryffel, Hans: Rechtssoziologie, Neuwied und Berlin 1974.

Säcker, Franz-Jürgen: Grundprobleme der kollektiven Koalitionsfreiheit, Düsseldorf 1969.
— Gruppenautonomie und Übermachtkontrolle im Arbeitsrecht, Berlin 1972.
— Gruppenparität und Staatsneutralität als verfassungsrechtliche Grundprinzipien des Arbeitskampfrechts, Heidelberg 1974.
— Arbeitskampf und Arbeitsplatzrisiko (Teil I), DB 1969, S. 1890 ff.
— Die Rechtsprechung des Bundesarbeitsgerichts im Jahre 1969, JurA 1970, S. 165 ff.
— Zu den rechtspolitischen Grundlagen der Arbeitskampf-Entscheidungen des Bundesarbeitsgerichts vom 21. April und 26. Oktober 1971, GMH 1972, S. 287 ff.
— Die Gewährung von Kurzarbeitergeld bei Strukturkrisen, BB 1973, S. 1217 ff.
— Das Verhältnis des Tarifvertrages zu den übrigen arbeitsrechtlichen Rechtsquellen, in: AR-Blattei (D) „Tarifvertrag I C“.
— Inhaltliche Grenzen der Betriebs- und Dienstvereinbarungsautonomie, in: AR-Blattei (D) „Betriebsvereinbarung III“.

Schaub, Günter: Arbeitsrechts-Handbuch, 2. Aufl., München 1975.

Scheuner, Ulrich: Verfassungsrechtliche Gesichtspunkte zu der Fortbildung des Arbeitskampfrechts im Beschluß des Großen Senats vom 21. April 1971, RdA 1971, S. 327 ff.

Schmidt-Rimpler, Walter: Grundfragen der Erneuerung des Vertragsrechts, AcP 147 (1941), S. 130 ff.

Schmidt-Salzer, Joachim: Rechtspolitische Grenzen der zivilrechtlichen Vertragsfreiheit, NJW 1971, S. 173 ff.

Scholz, Rupert: Koalitionsfreiheit als Verfassungsproblem, München 1971.

Schwerdtfeger, Gunther: Arbeitslosenversicherung und Arbeitskampf, Berlin 1974.

Schwerdtner, Peter: Fürsorgetheorie und Entgelttheorie im Recht der Arbeitsbedingungen, Heidelberg 1970.
— Gemeinschaft, Treue, Fürsorge — oder: Die Himmelfahrt des Wortes, ZRP 1970, S. 62 ff.

Seiter, Hugo: Streikrecht und Aussperrungsrecht, Tübingen 1975.

Siebrecht, Fritz: Das Recht im Arbeitskampf, 3. Aufl., Köln 1964.

Simitis, Spiros und Manfred *Weiss*: Zur Mitbestimmung des Betriebsrats bei Kurzarbeit, DB 1973, S. 1240 ff.

Sinzheimer, Hugo: Grundzüge des Arbeitsrechts, 2. Aufl., Jena 1927.

Söllner, Alfred: Arbeitsrecht, 4. Aufl., Stuttgart 1974.
— „Ohne Arbeit kein Lohn", AcP 167 (1967), S. 132 ff.
— Zu den Rechtsfolgen der Aussperrung, DB 1969, S. 838 ff.
— Das Zurückbehaltungsrecht des Arbeitnehmers, ZfA 1973, S. 1 ff.

Soergel / Siebert: Bürgerliches Gesetzbuch, 10. Aufl., Stuttgart/Berlin/Köln/Mainz 1967 ff.

Staudinger: Kommentar zum Bürgerlichen Gesetzbuch, II. Band, Recht der Schuldverhältnisse, Teil 1 c, 10./11. Aufl., Berlin 1967, 3. Teil, 11. Aufl., Berlin 1958.

Stebut, Dietrich von: Die Zulässigkeit der Einführung von Kurzarbeit, RdA 1974, S. 332 ff.

Stege, Dieter und F. K. *Weinspach:* Betriebsverfassungsgesetz, 2. Aufl., Köln 1975.

Steinberg, Rudolf: Koalitionsfreiheit und tarifliche Differenzierungsklauseln, RdA 1975, S. 99 ff.

Steindorff, Ernst: Wirtschaftsrechtliche Maßstäbe im Arbeitsrecht, RdA 1965, S. 253 ff.

Stoll, Heinrich: Die Lehre vom Betriebsrisiko und die Neuordnung des Arbeitsrechts, DAR 1934, S. 199 ff.

Thiele, Wolfgang: Zur gerichtlichen Überprüfung von Tarifverträgen und Betriebsvereinbarungen, in: Festschrift für Karl Larenz, München 1973, S. 1043 ff.

Titze, Heinrich: Die Unmöglichkeit der Leistung nach deutschem bürgerlichen Recht, Leipzig 1900.
— Zur Risikofrage im Arbeitsverhältnis, JW 1922, S. 548 ff.

Tomandl, Theodor: Der Lohnanspruch Arbeitswilliger im Arbeitskampf, AcP 164 (1964), S. 183 ff.

Trautmann, Paul: Unmöglichkeit der Leistung und Annahmeverzug beim Arbeitsvertrage, Gruchot Bd. 59 (1915), S. 434 ff.

Uhlenbruck, Wilhelm: Zur Krise des Insolvenzrechts, NJW 1975, S. 897 ff.

Vetter, Heinz O.: Gewerkschaftspolitik in schwieriger Zeit, GMH 1975, S. 201 ff.

Vierkandt, Alfred: Solidarität, in: Wörterbuch der Soziologie, hrsg. v. Wilhelm Bernsdorf, Stuttgart 1969, S. 944 ff.

Vossen, Reinhard: Tarifdispositives Richterrecht, Berlin 1974.

Wagenitz, Thomas: Die personellen Grenzen der Tarifmacht, Frankfurt/M. 1972.

Weber, Heinz: Die Stellung der Bundesanstalt für Arbeit bei Arbeitskämpfen, RdA 1972, S. 80 ff.

Weber, Max: Wirtschaft und Gesellschaft, Grundriß der verstehenden Soziologie, 5. Aufl., Tübingen 1972.

Weber, Rolf und Gottfried *Paul:* Arbeitsförderungsgesetz, Loseblatt-Kommentar, Stand: April 1976.

Weiss, Manfred: Arbeitskampfbedingte Störungen in Drittbetrieben und Lohnanspruch der Arbeitnehmer, AuR 1974, S. 37 ff.

Westhoff, Stefan: Die Inhaltskontrolle von Arbeitsverträgen, Düsseldorf 1975.

Wieacker, Franz: Leistungshandlung und Leistungserfolg im Bürgerlichen Schuldrecht, in: Festschrift für Hans Carl Nipperdey, Bd. I, München und Berlin 1965, S. 783 ff.

Wiedemann, Herbert: Das Arbeitsverhältnis als Austausch- und Gemeinschaftsverhältnis, Karlsruhe 1966.

— Die deutschen Gewerkschaften — Mitgliederverband oder Berufsorgan?, RdA 1969, S. 321 ff.

— Zur Tarifzuständigkeit, RdA 1975, S. 78 ff.

— Urteilsanmerkung, SAE 1969, S. 265 ff.

— Anm. I zu BAG AP Nr. 35 zu § 620 BGB Befristeter Arbeitsvertrag.

Wolf, Manfred: Rechtsgeschäftliche Entscheidungsfreiheit und vertraglicher Interessenausgleich, Tübingen 1970.

— Tarifautonomie, Kampfparität und gerechte Tarifgestaltung, ZfA 1971, S. 151 ff.

Zeuner, Albrecht: Arbeitskampf und Arbeitsvertrag, JZ 1962, S. 425 ff.

— Arbeitskampf und einstweilige Verfügung, RdA 1971, S. 1 ff.

— Begrenzungen der Lohnfortzahlungspflicht als Problem der Risikotragung, AuR 1975, S. 300 ff.

Zöllner, Wolfgang: Tarifvertragliche Differenzierungsklauseln, Düsseldorf 1967.

— Über einige extreme Thesen zum Arbeitskampfrecht, ZfA 1973, S. 227 ff.

— Aussperrung und arbeitskampfrechtliche Parität, Düsseldorf 1974.

— Privatautonomie und Arbeitsverhältnis, AcP 176 (1976), S. 221 ff.

Zöllner, Wolfgang und Hugo *Seiter*: Paritätische Mitbestimmung und Art. 9 Abs. 3 Grundgesetz, München 1970.

Kolibri 360 GmbH
Ferdinand-Jühlke-Straße 7
99095 Erfurt, Deutschland
produktsicherheit@kolibri360.de

Druck:
CPI Druckdienstleistungen GmbH
im Auftrag der
Kolibri 360 GmbH
Ferdinand-Jühlke-Str. 7
99095 Erfurt